# Pasos del Due Diligence Tributario en Panamá

Por: Carlos Urbina

A la memoria de José de Antequera y Castro,

líder máximo de la revuelta comunera del Paraguay y
fundador de esa nacionalidad.

Que esta dedicatoria sirva para que Panamá, la tierra que lo
vio nacer, algún día dedique un parque, escuela, o biblioteca,
a la memoria de ese hijo tan ilustre.

# Índice

Anexo X. Recibo de Información.

Anexo XI. Bitácora de Información Recibida.

Anexo XII. Carta de Representación del Target (O de quién entrega la documentación)

Anexo XIII. Memo Resumen de Entrevista al Personal del Target

Anexo XIV. Propuesta

Anexo XV. Memo de Planificación.

Anexo XVI. PT Facturación.

Anexo XVII. PT Forma Corporativa 1.

Anexo XVIII. PT Forma Corporativa 2.

Anexo XIX. PT Apertura de Libros 1.

Anexo XX. PT Sello de Apertura de Libros.

Anexo XXI. PT Apertura de Libros 2.

Anexo XXII. PT Actualización del RUC.

Anexo XXIII. PT Info Básica 2.

Anexo XXIV. PT Info Básica 3.

Anexo XXV. PT Carreras Restringidas.

Anexo XXVII. PT Amarre Renta.

Anexo XXVIII. PT Dividendos.

Anexo XXIX. PT Reducción de Capital.

Anexo XXX. PT Complementario Como Gasto.

Anexo XXXI. PT Letreros

Anexo XXXII. PT Proceso del Departamento Contable 1.

Anexo XXXIII. PT Proceso del Departamento Contable 2.

Anexo XXXIV. PT Proceso del Departamento Contable 3.

Anexo XXXV. PT Proceso del Departamento de Impuestos.

Anexo XXXVI. PT Cuenta Tesoro Nacional ITBMS.

Anexo XXXVII. PT CPC y Crédito Recurrente.

Anexo XXXVIII. PT ITBMS Remesas.

Anexo XXXIX. PT ITBMS Crédito Sociedad Accidental.

Anexo XL PT Paz y Salvo.

Anexo XLI. PT Renta - ITBMS – Facturación.

Anexo XLII. PT ITBMS - Activo Fijo.

Anexo XLIII. PT Impuestos Municipales.

Anexo XLIV. PT Impuestos Municipales – Publicidad.

# Acerca del Autor:

Carlos Urbina es abogado y contador. Obtuvo un LL.M. en Fiscalidad Internacional en la Universidad de Leiden. Ha trabajado en Deloitte y Nexia. En el sector público ha trabajado como Administrador Provincial de Ingresos y en la Oficina de Impuestos de Suriname como consultor externo en programa financiado por el BID.

En enero de 2013 fue nombrado miembro de la Comisión de Normas de Contabilidad Financiera (NOCOFIN) por la Junta Técnica de Contabilidad del Ministerio de Comercio e Industria.

Ha publicado en revistas especializadas, artículos sobre fiscalidad y es autor de "La Aseguradora Cuativa Offshore" y "*Transfer Pricing Issues Concerning Warranties between related parties*".

Ha sido profesor de maestría y licenciatura. Editó la revista Gaceta Fiscal Panamá y actualmente edita el periódico Momento Fiscal y Reporte Fiscal.

Al momento de publicar este libro es rector del Instituto Antequera y socio director de Urbina & Asociados, firma miembro de Morison KSI en Panamá.

# Agradecimientos:

Aunque los errores de este texto son todos míos, quiero agradecer los concejos dados por Rafael Rivera, Juan Moreno, Raúl Borrell y Jhonatan Pacheco que hicieron la lectura del primer borrador de este libro.

Quiero también agradecer a mi hija Mariapaz. Cuando terminé de escribir este libro ella estaba empezando a leer. Algún día le contaré que las primeras cosas que leímos juntos fueron las palabras impuestos, propuesta y dos palabras raras que empezaban con D.

# Prefacio Raúl Borrell

## Socio - Alcogal

La obra que ahora presentamos sorprenderá gratamente al lector; y es que el propio autor, a quien he tenido el gusto de conocer por varios años, está lleno de sorpresas.

Con gran habilidad el autor transmite en esta obra, no solo los valores humanos que lo caracterizan, sino también su profunda experiencia profesional en Panamá, tanto en el sector público, como privado, complementada por su gran capacidad analítica y por su estudio incansable del tema tributario.

Mediante este libro el autor aborda un tópico complejo con la rigurosidad que la ocasión y el tema demandan, utilizando para ello un lenguaje didáctico, franco y fluido. El autor también reta, en más de una ocasión, la capacidad y los conocimientos del lector, mediante cuestionamientos de gran interés, que no necesariamente tienen una sola respuesta, ni mucho menos, una concluyente.

De manera esquemática y con matices tanto jocosos, como anecdóticos de la realidad panameña, esta obra nos transmite toda la información que se necesitará conocer para llevar a cabo un due diligence tributario con éxito, abarcando desde la elaboración de la propuesta de honorarios, hasta la entrega del reporte final. El autor también analiza, no solo los pasos específicos que se deberán completar en un due diligence tributario, sino también los temas que tal verificación deberá incluir. Asimismo, la obra incluye anexos con modelos de los documentos que se sugiere sean utilizados en un due diligence tributario.

El lector pensará que la obra que presentamos será de utilidad únicamente para contadores y, quizás, financistas; no obstante, sus características y los temas que aborda la convierte en una herramienta literaria de gran utilidad tanto para profesionales en materia tributaria, como para cualquier profesional o empresario que participa en un due diligence.

Sin más, invito al lector a sumergirse en esta obra teórica-práctica que nos entrega el autor y que estoy más que seguro que será de sumo agrado del leyente y, sobre todo, de muchísima ayuda en su próximo due diligence, sea o no de índole tributaria; luego, entonces, el lector comprenderá por qué el autor "está lleno de sorpresas".

# Prólogo de Juan Moreno

## Socio Director de GrantThornton en Panamá

En este libro Carlos logra hilvanar a la perfección dos aspectos importantes en un "due-diligence" tributario: el aspecto normativo de la legislación fiscal y el cumplimiento o incumplimiento de dichas normas.

Si usted necesita realizar un "due-diligence" fiscal, ya sea para validar el cumplimiento tributario de la empresa, para encontrar contingencias fiscales en un proceso de M&A (Merger & Acquisition), para complementar la valoración de una compañía o como parte de una revisión previa a un proceso de oferta pública de valores, le recomiendo este manual. La claridad y sencillez con la que está redactado lo hace útil para personas con diferentes formaciones profesionales: abogados, contadores, financistas, economistas, etc. Es una herramienta de consulta que agrupa, en sus dieciocho capítulos, los principales impuestos objeto de revisión en un proceso de "due-diligence".

El libro no sólo se enfoca en la parte técnica del trabajo, sino también en sus diferentes etapas: definición del alcance, contratación, ejecución del trabajo y la emisión del informe.

Carlos Urbina muestra en este libro sus conocimientos como docente, su gran experiencia como consultor tributario y contable, enriqueciendo a quienes van a ser sus lectores.

Pasos del Due Diligence Tributario en Panamá es una lectura indispensable para todos aquellos que participan de manera directa o indirecta en el diseño y la estructuración de los contratos de compra, venta o fusión de empresas.

# Introducción

Si antes de comprar un carro le has abierto la tapa al motor has hecho un *Due Diligence*. Si llamaste a un mecánico has subcontratado un *Due Diligence*.

Quizá, antes de hacer una oferta, pediste darle una vuelta para ver cómo se sentía manejarlo, le pateaste las llantas y chequeaste si las luces de reversa encendían. Esto es un *Due Diligence* más profundo. Si pediste una rebaja porque le encontraste un ruido raro al carro, has logrado entender la lección número 1 de para qué se hace un *Due Diligence*.

Si le sentiste un ruido raro, pero de todas formas compraste el carro, ignoraste el *Due Diligence* y le hiciste caso a tu intuición. Al hacerlo aprendiste la lección número 2 de un *Due Diligence*.

Esta lección es que un *Due Diligence* no puede reemplazar el instinto de un empresario con sentido común, especialmente si el que lo redacta no tiene ninguna responsabilidad y el que lo paga tiene su plata de por medio.

Sin embargo, el *Due Diligence*, aún cuando no reemplaza el instinto del empresario, ni su sentido común, es una herramienta útil para la toma de decisiones. También es una excelente herramienta para comunicar, por parte del personal del target, a la nueva gerencia, deficiencias que marcarán los pasos a seguir luego de la adquisición del negocio.

En Panamá los *Due Diligence*, comenzaron a cobrar notoriedad cuando, en post-dictadura, se privatizaron las empresas públicas. En ese momento, la ola de privatizaciones trajo empresas que, para nuestro país, eran muy grandes y tenían la cultura de investigar el mercado y las compañías en venta.

Luego de esto, el final de los 90s y los primeros años del siglo, nos trajeron la venta de la industria local a multinacionales. Es aquí donde el *Due Diligence* da un giro tributario. Luego, la DGi fue más agresiva en el cobro de impuestos y surgió, con la venta de un banco grande, la ley 6 de 2006 que marcó un antes y un después en el cálculo de compras en nuestro país.

En ese tiempo, la preocupación del *Due Diligence* estuvo enfocada en saber qué pasaba con la vida tributaria post-compra. Esta preocupación hizo que el DD involucrara a personal especializado en impuestos, quienes, junto con los profesionales de contabilidad, producían el DD.[1]

En este punto la queja recurrente fue que ambos profesionales trabajaban a ritmos distintos y, no siempre, con el mismo nivel de *seniority*[2] en la firma. Esto causaba que el personal de contabilidad tuviese un equipo y un enfoque de hacer el DD mientras que el profesional de impuestos no tuviese ese enfoque.

No recuerdo si en algún momento me topé con un procedimiento estructurado en las firmas donde laboré. Creo que en una llegué a ver algo parecido a un cuestionario que, con el tiempo, quedaba desactualizado y, como resultado, siempre caíamos de vuelta en hacer un DD en base olfato, experiencia e intuición del que lo realizaba.

Ninguna de estas tres cosas que listamos arriba son transferibles de persona a persona. Por tal razón, la queja del que hacía el DD era siempre que no podía confiar en el personal que tenía asignado porque no tenían, necesariamente, estas tres cosas (olfato, experiencia e intuición).

---

1 De aquí en adelante usaremos DD para refeirnos al término *Due Dilligence*.
2 El seniority, o nivel de autoridad en la firma, está claramente definido entre los contadores. De esta forma el Socio Director tendrá un seniority superior al Socio Equity y este lo tendrá sobre el Socio Salary, y este lo tendrá sobre el Director y este sobre el Gerente Senior y este sobre el Gerente, quien a su vez lo tendrá frente al Senior Supervisor y este sobre el Senior. En el último escalafón estará el Junior y luego el Asistente, o sencillamente el que llegó ayer y lo pondrán a cargarle la laptop al resto.

En otras ocasiones, mis colegas se quejaban de no tener la experiencia en manejar equipos. Esto los forzaba a hacer el DD ellos solos ya que confiaban más en su olfato, experiencia e intuición, que en el equipo que le asignaron. Usando su propia intuición sentían que llegaban más lejos que delegando a un equipo con menos experiencia. Esto pasa porque los gerentes y, hasta los socios de impuestos, tendemos a tener menos experiencia en manejar equipos. Con facilidad un experto de impuestos puede ser asistente legal en la DGi hoy y mañana es gerente de impuestos en una de las 4 grandes. Esto contrasta con los gerentes de auditoría que se formaron desde asistentes, senior y gerentes en un ambiente donde los equipos de 10 a 15 personas eran habituales.

También he visto quejas sobre DD que carecían de papeles de trabajo. Por esta razón, estos *engagements* no resistían una revisión de la práctica.

El presente trabajo trata de ser una aproximación para sistematizar los puntos que deben ser vistos en un DD tributario. Esta sistematización aspira a que alguien sin olfato, experiencia e intuición pueda seguir estos pasos y lograr avanzar en el proceso de DD. Al sistematizar estos pasos trato de hacer repetible este proceso y por lo tanto, medible en el tiempo.

Otro objetivo de este trabajo es comunicar el lenguaje que usamos en Panamá cuando hacemos un DD. Como en cualquier círculo nuevo, el lector tendrá que usar el lenguaje para poder ser tomado en serio. Tendrá que entender qué significan palabras en ese contexto nuevo para poder comunicarse en forma entendible. Los DD panameños han desarrollado una especie de lenguaje que necesita conocer quien se introduzca a ellos sabiendo que como con cualquier otro idioma, tomará un tiempo hablarlo bien.

## 1.1. Definición

Para propósitos de este trabajo definiremos al *Due Diligence* como "el proceso que pretende encontrar posibles contingencias en una empresa".[3]

La razón para hacer este procedimiento es, en nuestro medio, tratar de medir la responsabilidad de la administración anterior. Casi siempre, esta medición se hace con el objeto de adquirir una entidad vía fusión o compra. Este será el sesgo que nuestro trabajo tendrá, ya que nuestro énfasis principal será el procedimiento efectuado para la compra de un negocio.

Sin embargo, eventualmente el DD tendrá otros propósitos que el lector no debe ignorar y para los que también podrán aplicarse los pasos descritos en este trabajo. En algunas ocasiones el propósito será la posible integración de un socio al negocio ya existente o un

acreedor que financiará la expansión del target. En otras ocasiones el DD es pedido por un gerente nuevo, que asume el control de una entidad, sin que exista un proceso de fusión o adquisición de por medio. En otras ocasiones el DD lo pide la propia administración sin ninguna intención más que mejorar lo ya existente en la empresa.

En los últimos años, con el creciente énfasis en el gobierno corporativo, el DD ha sido pedido por la junta directiva, como medida para que un tercero vea con ojos frescos lo que se ha venido haciendo. Este mismo énfasis también nos ha traído procedimientos hechos por clientes de importancia para saber qué solidez tiene la empresa con la que contratarán o subcontratarán sus procesos sin que medie la intención de

---

3 Para ver una explicación del origen del término se puede consultar THE ART OF M&A DUE DILIGENCE (ISBN 0-7863-1150-9). De Alexandra Reed Lajoux y Charles M. Elson. Según ellos los orígenes del término se "perdieron" en el tiempo y quizá tengan que ver con el concepto romano de la diligencia del buen padre de familia.

compra. De esta forma es común, en el Panamá de hoy, que una contratista del Estado subcontrate empresas más pequeñas previa revisión de sus números con la intención de no contratar con una empresa que carezca de la solidez esperada.

También es cada vez más común que una empresa contrate un DD sabiendo que está por ser puesta en venta y necesita conocer qué contingencias encontrará un posible comprador.

El presente trabajo tendrá un sesgo contable por lo que

enfocaremos el escrito en un DD con la perspectiva de la ciencia contable, con énfasis especial en las NIAs[4] y los procedimientos de su norma 4400.

## 1.2. Norma 4400 de procedimientos acordados

En nuestro medio, es importante enmarcar a los procedimientos de DD dentro de algo que de la posibilidad de limitar el alcance del trabajo y moderar las expectativas del cliente.

Limitar el alcance del trabajo es importante para indicar que este procedimiento no es un contrato de seguro o una fianza que garantiza que no existirán contingencias post-compra.

Tampoco se debe pensar el DD como un procedimiento que agotó toda forma posible de búsqueda de contingencias. Por esto es deber de quien haga el DD no crear falsas expectativas en el cliente y recordar que el procedimiento no es, lo que la ciencia contable entiende, como una auditoría.[5]

No puede pensarse que quien realiza el DD es una especie de clarividente que descubrirá daños ocultos, fraudes, esquemas de robos, competencia desleal o mala toma de decisiones. Aunque

---

4 Normas Internacionales de Auditoría.

5 En la ciencia contable el alcance de una auditoría es significativamente mayor que el de una revisión, una revisión es significativamente mayor que un procedimiento acordado. El due diligence fiscal ha sido, tradicionalmente asociado con el régimen de procedimiento acordado regido por la norma 4400.

nuestro medio ha madurado muchísimo, todavía existen quienes creen que los estados financieros son de la firma de auditores y que esta es responsable de sus números.

De igual forma, algunos todavía creen que el DD, garantizará a quien adquiera el control de una entidad, la inexistencia de contingencias. En años recientes, con el énfasis creciente en la certificación de sistemas de gestión de calidad, hay quienes piensan que un DD logra certificarlos en ISO 9000 o cosas para las que el procedimiento no está intencionado.

Tratando de salvar estos tres puntos, nuestro medio ha visto en la NIA 4400 de procedimientos acordados, el instrumento perfecto que permite indicar lo siguiente:

1. Qué se hizo y qué no se hizo,

2. Que este procedimiento no es una auditoría y por lo tanto no expresa seguridades que pudieron existir en procesos más exhaustivos,

3. Que los procedimientos no pueden garantizar la inexistencia de fraude,

4. Que existió una materialidad en el procedimiento y por lo tanto, contingencias menores a esta, no fueron observadas / mencionadas.

Dejando esto claro, nos movemos a los pasos previos al Due Diligence.

# PARTE I

## 2. Pasos previos al Due Diligence:

Muchos años atrás, en la firma donde me formé, se me enseñó que lo más importante en un procedimiento no es hacerlo, sino planificarlo. Me tomó años apreciar la magnitud de esta frase y por tanto, quiero que el lector la tenga en mente. El que no planifica un DD se parece al que va al super y compra café, arroz, camina un poco más y toma una libra de sal, otra de azúcar, un yogurt, una libra de carne y así se va comprando cosas hasta que llega a su casa, tira todo en una olla y espera que eso sepa bien. Los cocineros que hacen esto terminan rápidamente llamando a una pizzería o pidiendo comida china. En el DD, tu rol es saber exactamente qué vas a cocinar para que cuando apagues la estufa anticipes cómo sabrá lo que está en esa olla.

Para que anticipes cómo terminará el DD, la planificación debe empezar con los puntos siguientes:

- ¿Qué áreas de riesgo nuestra intuición nos indica?
- Fijación de la materialidad
- Determinación del Plazo de entrega
- Fijación del periodo cubierto
- Persona de contacto en todas las partes
- Lugar donde se entregará la documentación
- Nombre del Proyecto
- El equipo del DD

## 2.1. Qué áreas nuestra intuición nos indica:

Existió un momento en que la auditoría financiera se basaba en el olfato del auditor, cosa que ha sido reemplazada por software de auditoría. Incluso antes de este software, la ciencia contable diseñó enfoques de auditoría que pudieran hacer medible el olfato del auditor complementándolo con criterios objetivos.

A diferencia de una auditoría financiera, en los DD, carecemos de una metodología o enfoque que nos permita dejar a un lado la intuición. La intuición no es transferible y esto, como es lógico, hace muy difícil formar un equipo que se dedique al due diligence.

Por esta razón, el presente trabajo trata de listar puntos que alguien sin intuición, incluso sin mucha experiencia, pueda realizar. Entre estos puntos he usado los siguientes tests para entender si puede o no existir algo que "suene" raro en los impuestos del contribuyente. Quien lea esto pensará que no existe medición por "sonidos", o "intuiciones". Esto es cierto, ya que la medición es un concepto numérico y por esto se hace necesario medir con números. Estos *tests* tendrán como rol asignar valores a estos "sonidos".

En este punto del DD, todavía no has empezado tu procedimiento y estarás por planificar qué cosas harás. Estos *tests* documentarán las áreas de riesgo que a priori identifiques y te llevarán a tener un papel de trabajo que sustente, con criterios medibles, porqué enfocaste tu tiempo en unas áreas más que otras.

## 2.1.1. Test 1: Tasa efectiva del contribuyente (ISR):

Con este test se trata de medir cuánto es el impuesto sobre la renta pagado como porcentaje del ingreso bruto. Por favor toma en cuenta que esta tasa efectiva toma parámetros distintos a los usados por el CAIR y por tanto no está midiendo lo mismo.

Este *ratio* está fuertemente afectado por el margen de utilidad que tenga la industria donde esté ubicado el target. Por esto es importante saber que el margen de utilidad debe ser analizado en conjunto con la tasa efectiva del contribuyente.

## ¿Por qué se usa este indicador?

Este indicador se usa para medir qué tanto del ingreso se va en impuestos. En industrias como el comercio al detal, donde los márgenes son pequeños, debemos tender a ver tasas efectivas pequeñas también. En ocasiones te puede surgir la siguiente pregunta: ¿Puede existir una empresa con margen de utilidad grande pero tasa efectiva pequeña? La respuesta será: Claro que sí, pero su riesgo aumentará en la medida en que este margen grande no esté acompañado por una tasa efectiva igualmente grande.

Para ilustrar este punto veamos los siguientes márgenes hipotéticos por industria vs tasa efectiva:

Construcción: 12% Margen - 3% Tasa efectiva

Industria Láctea: 15% Margen - 3.75% Tasa efectiva

Universidades: 18% Margen - 1% Tasa efectiva

Al verlas pregúntate: ¿Qué suena raro de estas tasas efectivas? Nota que si divides las primeras dos industrias 3% y 3.75% son exactamente el 25% del margen. En esta situación, totalmente ideal, el riesgo pareciera mínimo ya que se ha pagado el 25% de la utilidad. El ítem que sólo grava un pedazo mínimo de la utilidad es el tercero y puede ser explicado por incentivos tributarios, pérdidas arrastradas e ingresos exentos, de los que goza el contribuyente. Lo importante de haber notado esto es que tu riesgo aumentará en la medida en que tienes que revisar estos incentivos, exenciones o ingresos exentos.

Trata de pensar este punto con datos 100% panameños. A 2016, 27% de la ganancia neta reportada era del sector

| TASA EFECTIVA | | | | |
| --- | --- | --- | --- | --- |
| Fórmula: Impuesto Causado / Ingreso Bruto | 2012 | 2013 | 2014 | 2015 |
| Ventas | 1,500 | 1,458 | 1,235 | 1,654 |
| Impuesto Causado | 65 | 51 | 43 | 44 |
| Net Income | 4.33% | 3.49% | 3.48% | 2.66% |

financiero.[6] Sin embargo, este sector no fue el que aportó 26% del ISR pagado.

Para ese año, los números oficiales muestran que 26% de la recaudación está en una sóla industria, la de electricidad.[7]

¿A qué se debe esta paradoja? La respuesta está en que la industria financiera está altamente subsidiada y la de electricidad no. Por esta razón, cada dólar de ganancia neta en la industria financiera está super subsidiado y por lo tanto no gravado al 100%. De la misma forma, la industria de electricidad está casi totalmente gravado sin ninguna exención. Por tal razón, a pesar de tener poco margen neto, aporta más ISR que el sector financiero que tiene mucho más margen neto reportado.

Si hacemos un análisis de la tasa efectiva de la industria financiera, veríamos que tiene muy poca tasa efectiva, mientras si hacemos el mismo análisis en la industria eléctrica, veremos que tiene una tasa efectiva altísima.

Esta medición te diría que en la industria financiera tu DD tendría mucha más complejidad en el análisis del ISR que en la industria de la electricidad.

## ¿Cómo se mide?

Este indicador se logra tomando el total de ingresos brutos como denominador y el impuesto causado como numerador.

Para esto tendrás que usar el Estado de Resultado del Target y el impuesto causado del mismo periodo.

Al tratar de verlo en términos anuales, tendrás una idea de cómo se ha comportado este parámetro en el tiempo en que realices tu DD.

---

6 http://www.momentofiscal.com/MuseExport/intermediacionfinancieralosque-ganan.html
7 http://www.momentofiscal.comMuseExport/1decada4dolaresdeisrvinodeelectricidadygas.html

Al hacerlo pregúntate si este indicador ha venido cayendo y, por lo tanto, aumentó el riesgo de tu target. En la situación contraria pregúntate qué cambió en el target para que el indicador haya aumentado. Ambas preguntas te darán indicadores interesantes para basar tu DD.

Una variante de este análisis está en utilizar el ingreso gravable de la DR.

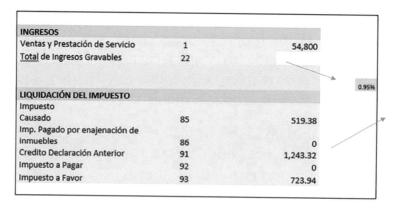

Tratemos de verlo en el siguiente cuadro donde tomaremos la línea de ingreso gravable de la DR como denominador y el impuesto causado como numerador.

Entre más alto sea este parámetro menos riesgo debe existir. Este parámetro no es ciencia cierta y puede indicar cosas que no necesariamente sean concluyentes.

Lamentablemente en Panamá no tenemos promedios por industria que nos permitan medir con certeza en qué casos se está fuera del parámetro establecido.

Usa este test como un criterio de sana lógica y sólo para marcar qué tan alto es tu riesgo del ISR.

### 2.1.2. Test 2: Crédito / Débito de ITBMS:

Con este test se trata de medir qué tan alto es el uso que el target tenga del débito de ITBMS.

Entre más alto sea el *ratio* más alto será, en teoría, el riesgo de este impuesto.

## ¿Por qué se usa este indicador?

Este indicador se usa como medida de qué tanto crédito usa el contribuyente. Esta medición nos diría que tanto riesgo puede tener el contribuyente en caso que la DGi cuestione parte del crédito.

Tratemos de ver estos márgenes hipotéticos por industria:

De los números de arriba, es evidente que el target 3, al estar en compra-venta de autos tendrá un ITBMS crédito más elevado que en el target 1 (firma de contabilidad). La razón es que el costo de un vendedor de autos es la compra y la importación a Panamá. Este carro estará gravado con ITBMS, mientras que el insumo de una firma de contadores será el sueldo de sus empleados que está siempre exento de ITBMS. La intuición te tiene que indicar que, en la compra de autos, el potencial de riesgo en el ITBMS es significativamente más alto ya que tendrás que verificar la veracidad del crédito del impuesto. Esto no siempre es el único riesgo ya que la ausencia de crédito te pone en un riesgo que, aunque menor, también debe marcar en tu DD.

> Firma de Contabilidad: 20 crédito / 100 débito = .20
>
> Restaurante: 70 crédito / 100 débito = .70
>
> Venta de Carros: 92 crédito / 100 débito = .92

Aunque vaya en contra de la intuición, usar poco crédito también puede ser un área de riesgo, ya que podría indicar pagos hechos a proveedores no organizados. Esto elevaría el riesgo de no contar con facturas o documentación relativa al gasto deducible. Lo mismo ocurre con los pagos hechos a no domiciliados que, en su casi totalidad, carecen de ITBMS.

Lo importante de esta medición no es descartar un riesgo de ITBMS sino medirlo frente a otros riesgos en una escala de mayor a menor. En este caso, el riesgo alternativo es que el crédito no utilizado será gasto deducible. Por lo tanto, tu revisión se moverá de un lugar a otro en los libros del target.

## ¿Cómo se mide?

Este indicador se logra tomando el total débito del año como denominador y el total crédito como numerador.

Tratemos de medirlo en un periodo de doce meses con la gráfica de abajo donde verás que no se ha tomado casi nada en crédito ya que el factor es sólo de 15%:

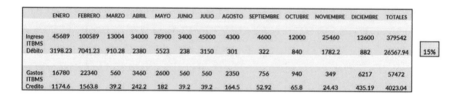

| | ENERO | FEBRERO | MARZO | ABRIL | MAYO | JUNIO | JULIO | AGOSTO | SEPTIEMBRE | OCTUBRE | NOVIEMBRE | DICIEMBRE | TOTALES | |
|---|---|---|---|---|---|---|---|---|---|---|---|---|---|---|
| Ingreso ITBMS | 45689 | 100589 | 13004 | 34000 | 78900 | 3400 | 45000 | 4300 | 4600 | 12000 | 25460 | 12600 | 379542 | |
| Débito | 3198.23 | 7041.23 | 910.28 | 2380 | 5523 | 238 | 3150 | 301 | 322 | 840 | 1782.2 | 882 | 26567.94 | 15% |
| Gastos ITBMS | 16780 | 22340 | 560 | 3460 | 2600 | 560 | 560 | 2350 | 756 | 940 | 349 | 6217 | 57472 | |
| Credito | 1174.6 | 1563.8 | 39.2 | 242.2 | 182 | 39.2 | 39.2 | 164.5 | 52.92 | 65.8 | 24.43 | 435.19 | 4023.04 | |

Obviamente esto no dice mucho más que expresar un parámetro para tratar de medir el riesgo. Este sería un ejemplo muy parecido a los márgenes que mencionábamos arriba en el negocio firma de contabilidad, donde no existe mucho crédito de ITBMS ya que los salarios están exentos de ese impuesto.

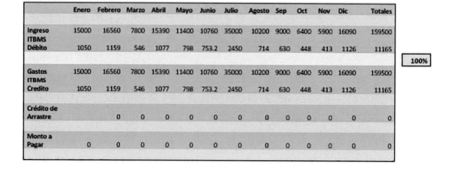

| | Enero | Febrero | Marzo | Abril | Mayo | Junio | Julio | Agosto | Sep | Oct | Nov | Dic | Totales | |
|---|---|---|---|---|---|---|---|---|---|---|---|---|---|---|
| Ingreso ITBMS | 15000 | 16560 | 7800 | 15390 | 11400 | 10760 | 35000 | 10200 | 9000 | 6400 | 5900 | 16090 | 159500 | |
| Débito | 1050 | 1159 | 546 | 1077 | 798 | 753.2 | 2450 | 714 | 630 | 448 | 413 | 1126 | 11165 | 100% |
| Gastos ITBMS | 15000 | 16560 | 7800 | 15390 | 11400 | 10760 | 35000 | 10200 | 9000 | 6400 | 5900 | 16090 | 159500 | |
| Credito | 1050 | 1159 | 546 | 1077 | 798 | 753.2 | 2450 | 714 | 630 | 448 | 413 | 1126 | 11165 | |
| Crédito de Arrastre | | 0 | 0 | 0 | 0 | 0 | 0 | 0 | 0 | 0 | 0 | 0 | 0 | |
| Monto a Pagar | 0 | 0 | 0 | 0 | 0 | 0 | 0 | 0 | 0 | 0 | 0 | 0 | 0 | |

Veamos el ejemplo contrario, el de una venta de autos donde el insumo número uno está gravado con ese impuesto. Tratemos de observar cómo los números cambian este análisis. Observa que el crédito de ITBMS es casi un espejo del débito de ITBMS:

Si te encuentras que una empresa que tiene casi 100% de crédito sobre débito, este es un impuesto cuyo riesgo no puede obviarse y debe marcar alto en tu planificación de DD.

## 2.1.3. Test 3: IBI / Valor total de los bienes raíces:

Este parámetro trata de medir el nivel de exención del IBI. Con este parámetro no medimos mucho más que si tiene casi todas las fincas exentas.

### ¿Porqué se usa este indicador?

Este indicador se usa como medida de qué tanto están exentos los inmuebles del target. En operaciones agrícolas, las fincas tendrán exoneraciones interesantes, producto de no tener valores actualizados.

El mayor riesgo que podrás identificar es hasta dónde puede existir un pasivo contingente si alguna de esas fincas no ha sido actualizada en Catastro o, en todo caso, si el fisco decide actualizar los valores de esas fincas.

### ¿Cómo se mide?

Este indicador se logra tomando el total de IBI como denominador y el total de costo de las fincas como numerador.

| Fincas | Valor Comercial | Valor Catastral | IBI | |
|--------|-----------------|-----------------|-----|---------|
| 1 | 1,500,000 | 200,000 | 0 | |
| 2 | 2,000,000 | 850,000 | 0 | 0.00019 |
| 3 | 1,000,000 | 31,000 | 200 | |
| Total | 4,500,000 | 1,081,000 | 200 | |

Veamos los números del siguiente cuadro y tratemos de tomar el resultado de la fórmula. Nota que el factor que nos daría.00019

En este caso se ve cómo a menor valor del *ratio* más nivel de exención favorece al target y por lo tanto más exposición se tiene a futuras actualizaciones de valor catastral.

Este ratio subirá al expirar la exoneración del *target* o al actualizarse estas fincas.

Este indicador también te podrá medir la posibilidad de realizar avalúos voluntarios con el fin de disminuir el impuesto a pagar en las fincas existentes.[8] Otra medición es la sensibilidad de tu cliente al comprar fincas que tendrán otro uso y por lo tanto, pierdan la exención, luego de la adquisición del target.

### 2.1.4. Test 4: Pagos no documentados con RUC / remesas pagadas:

Hasta 2012 no tuvimos tratados tributarios. Desde esa fecha existen dos tarifas diferenciadas de remesas lo que nos obliga a prestar especial atención a las desviaciones que tenga el pago de la remesa de la tarifa nominal del artículo 733 del CF. Entre más se acerque a cero este parámetro, más se desviará del 12.5% establecido en ese artículo y por lo tanto, mayor es el riesgo de remesas no pagadas. Toma este *ratio* como parámetro de cuánto debes enfocarte en las remesas de la empresa.

### ¿Por qué se usa este indicador?

Este indicador se usa como medida de qué tanto se aleja de la tarifa de 12.5% las remesas pagadas. Esto es importante porque en la medida en que este indicador se acerca más a cero, el target tiene más tratados tributarios usados y exenciones que revisar.

De tener estos tratados o exenciones, tu riesgo en este ítem

---

8 En 2018 la ANATI dictó una resolución indicando que el nuevo valor catastral será el 70% del valor comercial. Esto rige para los avalúos voluntarios. http://www.momentofiscal.com/MuseExport/70porcientovalorcatastral.html

del DD crecerá y el parámetro te indicará que debes enfocarte en este punto.

Tratamos de ver esto numéricamente:

> Firma de Contabilidad: 0 / 100 remesas = 0
>
> Restaurante: 7 / 100 remesas = .07
>
> Venta de Carros: 12.5 / 100 remesas = 12.5

## ¿Cómo se mide?

Este indicador se logra tomando el total de retenciones por remesas pagados como numerador, y el total de remesas enviadas como denominador.

> Total de retención x remesas / Total de remesas enviadas

Porcentaje de la remesa no afectado por la retención

Entre más pequeño sea este ratio, mayor el riesgo de este ítem en tu DD.

Tratemos de pensar en una empresa que tiene casa matriz en EEUU (país sin tratado) y otra que tiene casa matriz en España (país con tratado). Pensemos que ambas pagan 100 de remesas por uso del nombre comercial a su casa matriz en el extranjero. ¿Quién crees que marcaría con menos riesgo en este índice?

En la tabla LVI que encontramos en esta sección, podemos

apreciar cómo España, al ser un país con tratado tendría un índice menor de afectación de retención en la remesa y, por lo tanto, te daría más riesgo de revisión en tu DD.

Hemos colocado en esta misma tabla un ejemplo hipotético de un tercer país donde encontraríamos un punto intermedio entre la casa matriz en USA y la de España. En este caso asumimos un país con tratado pero con un poco más de remesa afectada por la retención. Este tipo de análisis te dará como base una medición del riesgo que la retención por remesas marca en tu DD.

### 2.1.5. Test 5: Pagos con partes relacionadas como porcentaje de tus costos y gastos:

En 2012, cuando se aprobó la ley de precios de transferencias comenzó la necesidad de documentar que los pagos con partes relacionadas se fijasen a condiciones de mercado. Este principio, conocido como el del "operador independiente", trae consigo la obligación de defender que tu precio no se desvía de este parámetro.

### ¿Porqué se usa este indicador?

Este indicador se usa, principalmente, como medida de qué tanto se está expuesto a la normativa de precios de transferencia y cuánto tiempo tendrás que dedicarle a este punto. Entre más se acerque a 100 este parámetro, mayor es el riesgo de precios de transferencia.

De esta forma decidirás si el target está expuesto a este riesgo o si el mismo no representa un interés material para tu DD.

Un segundo uso de este indicador es observar qué tanto se reparte en dividendos vs los pagos a partes relacionadas. ¿Qué pensarías de un target que nunca ha repartido dividendos, pero tiene el 100% de sus costos con partes relacionadas? Es seguro que tu cliente le interese este indicador como medida de la recaracterización que el fisco pueda, en el futuro, hacer de estos costos como dividendos.

En la mente del que vea este indicador, podrá estar asumir que el target ha decidido no repartir dividendos y, en lugar de esto, enviarlos vía costos a su accionista. Te sorprenderás que en algunos DD este es el indicador usado por el target para mencionar la rentabilidad financiera de su negocio aún cuando se muestran pérdidas fiscales recurrentes.

## ¿Cómo se mide?

Este indicador se logra tomando el total de las líneas de costos y gastos listadas en la renta como *"Partes relacionadas"* como numerador y el total de costos y gastos como denominador.

Veamos esta medición con la siguiente fórmula:

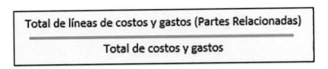

$$\frac{\text{Total de líneas de costos y gastos (Partes Relacionadas)}}{\text{Total de costos y gastos}}$$

Esta fórmula toma estos datos de la renta del contribuyente y puedes tomarla en los costos y en los gastos del contribuyente.

Luego, esta fórmula puede totalizar ambas cantidades y sacar un promedio global.

Piensa en un *target* que tiene los números que mostramos en la imagen de abajo.

Como notarás, 50% de su gasto deducible se hace con partes relacionadas.

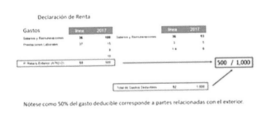

Esto indica que tu DD debe centrarse en el cumplimiento con los precios de transferencia ya que tienes mucha cantidad de pagos sujetos a este régimen.

Al ver números como este, tu DD debe dedicar más tiempo al tratamiento que los precios de transferencias han tenido en tu target.

## 2.1.6. Test 6: Costos como porcentaje del ingreso gravable:

El costo es, por definición, un valor. El término valor, en esta acepción, es aquel número que resulta de varios componentes en una operación matemática. Un ejemplo de esto es el promedio que tuviste en la escuela secundaria o en la universidad. Se tomaban varias notas, se pondera su peso en cada materia y se hace una operación aritmética. Por ejemplo, pensemos que la nota de tu materia de contabilidad de costos I, tenía las siguientes ponderaciones: Exposición 30%, Tarea en Grupo 50%, Auto Evaluación 10%, Prueba Final 10%. Esto daba un valor para tu nota que podía llegar a ser, en ese semestre digamos, 85.

¿Puedes sumar todos los exámenes y llegar a 85? Claro que no, porque la ponderación de esas notas hace imposible que una simple sumatoria llegue a este número.

Cuando empezó el CAIR en 2005, quienes controlaban la DGi llegaron a decir que los contadores no eran necesarios y llegué a escuchar a la misma Directora de turno decir que el departamento de auditoría desaparecería porque las computadoras "lo harían todo".

Esto lo decían porque alguien les comentó que podían hacerle "match" a las erogaciones de un contribuyente con los ingresos del otro. Quizás los impresionó que el sistema Etax podía crear anexos en los que debías listar el RUC de tus proveedores. Esta información podía entonces ser "matcheada" con el ingreso de ese RUC. De esta forma se podía ver gastos reportados a "URBINA, SA" y, la intuición indicaría que estos, deben ser los ingresos reportados por "URBINA, SA".

Con el nivel de improvisación que tenían esos funcionarios,

esto le sonaba casi a alquimia tributaria. Esta situación tuvo su máxima expresión con el CAIR que comenzó a pedir las facturas que sumaran el número que habías puesto en alguna línea de la declaración de rentas.

Este procedimiento es relativamente lógico si analizas las rentas tuyas a nivel personal y ves que te puedes sentar en una calculadora con 5 o 6 facturas sumarlas y decir... "Mis gastos médicos sumaron 1200 en este año". Incluso empresas grandes podrán hacer esto con algunos ítems de la declaración de rentas.

En otros ítems, por ejemplo, los costos, no resulta posible hacer una simple sumatoria de facturas ya que ni siquiera existen facturas que sumen este monto. Recuerdo que la jefa del CAIR en esos tiempos era particularmente ignorante en temas contables y me llegó a pedir el costo de los potros en un haras. Digamos que eran 10 potros. Me tocó llevarle facturas de compra e importación de varios ejemplares. Digamos que estos eran 6 de los 10 potros. Los otros 4, habían nacido en el haras. Me tocó explicarle a esta funcionaria que una yegua no pare un potro y más adelante pare una factura para que el haras se la lleve a la DGi.

¿Cómo se calcula el costo de ese potro que nació en la finca? Esta respuesta está en el sistema de costos utilizado por el haras y estará compuesto por el alimento, gastos veterinarios, horas del chalán y demás erogaciones que hicieron posible que ese potro naciera y llegara a la edad que tiene.

¿Qué facturas tendrás de este valor? Muchas. ¿Puede sumar una por una y te saldrá el número que busca la DGi? Jamás.

Uno de esos funcionarios sobrevivió ese gobierno y llegó, pese a sus limitaciones técnicas, al siguiente como jefe de auditoría. Quizá fue ese funcionario el que le dijo al director de turno que pusiera a todos a declarar todas las líneas de la renta a los RUCS que recibieron una erogación. Ese director, que era particularmente bocón, citó a los contadores a una reunión donde dijo que metería preso a algún contador y que ahí, en la línea de costos, es donde estaba la trampa de los contadores.

La pregunta en ese momento puede llevarte al ejemplo del haras y formularla de la siguiente forma: ¿Cómo listas los RUCs que sumen el costo de un potro nacido en tu finca? Luego de años la DGi nunca pudo responder esta pregunta y todavía, hasta el sol de hoy, hay ítems de la renta donde no puedes desplegar un anexo. Ese es el caso de los ítems de costo que no pueden ser resumidos en una sumatoria de RUCS y facturas.

Esta particularidad hace vulnerable esta línea ya que puede ser usada por quienes no tengan un RUC, al que asignarle un ítem que despliegue anexos en la renta. Por tanto usa este ratio para ver que tanto costo existe como porcentaje del ingreso.

## ¿Por qué se usa este indicador?

Usa este indicador para medir la complejidad que tiene la empresa en su sistema de costo. Entre más alto sea este indicador, más difícil te será atar los costos deducibles a ecuaciones sencillas como una simple sumatoria de facturas.

También te podrá indicar, en algunos casos, que existe el riesgo que la línea ha sido usada para "esconder" costos y gastos que carecen de RUCs. En ocasiones, las facturas que no tengan RUC o sencillamente cuando no existen facturas, se ha decidido de forma pragmática, llevarlas a la línea de costo. Esto se hace para evitar las malas inteligencias del que vea un proveedor sin RUC en otra línea de la renta. Esto supone una contingencia, no necesariamente un error, del target.

## ¿Cómo se mide?

Para medir este indicador se toma la línea de costos como

numerador y la línea de ingresos como denominador.

Tratemos de verlo en términos de años en una sola empresa hipotética.

Como notarás de este cuadro, en los años 2015 y 2013 se encuentra un riesgo mayor que en los años 2012 y 2014.

## COSTOS vs INGRESOS

Fórmula: Total Ingreso Gravable / Total de Costos Deducibles

|  | 2012 | 2013 | 2014 | 2015 |
|---|---|---|---|---|
| Ventas | 1,500 | 1,458 | 1,235 | 1,654 |
| Total Costo | 500 | 1,000 | 750 | 1,400 |
| Porcentaje | 33.33% | 68.58% | 60.73% | 84.64% |

Este parámetro te indica que en esos años tu revisión debe ser más exhaustiva. Pensemos que no son años, sino empresas. Como verás, en las que tiene 69.58% y 84.64% tendrás más riesgo, en este ítem, que en las otras dos.

## 2.1.7. Test 7 – Riesgo del target (Industria y Personas):

Este test mide el riesgo general de la industria del cliente y de las personas que están detrás de él.

Desde finales de los años 90s, la DGi comenzó a segmentar a los contribuyentes por industrias. La razón de esto nunca fue explicada pero podemos asumir que la DGi tiene interés en conocer qué puntos en común tienen contribuyentes en iguales circunstancias. Tú también debes tener esta curiosidad. ¿Crees que alguna industria es más riesgosa que otra? Si tu respuesta es sí tienes que tomar en cuenta este test y basar tu riesgo en ese parámetro que fijes.

Lo mismo pasa con las personas que están detrás del target. En un tiempo el referente fueron los PEPS como medida de alguien que podía estar sujeto a auditorías. Hoy, con la creciente auditoría de futbolistas en Europa, tenemos la misma curiosidad con deportistas y con miembros de la farándula. De la misma forma, la aparición de los *Panama Papers*, *Paradise Papers* y otros similares, ha dado una curiosidad adicional a las empresas ubicadas en jurisdicciones de baja fiscalidad.

Con el llamamiento a juicio en los Estados Unidos de algunos abogados ligados a Mossack Fonseca ha sido más notorio el riesgo de no cumplir con las normas de reporte, dictadas en otros países. ¿Es tu *target* proveniente de países con muchos deberes de reporte en materia fiscal? Si esto es así, es probable que tu riesgo de industria se incremente en tu DD.

Trata de pensar en términos numéricos y asígnale un valor de menor a mayor a los tipos de personas que estén detrás del target.

### ¿Por qué se usa este indicador?

Existen industrias fiscalmente más expuestas que otras. También existen contribuyentes más expuestos al riesgo fiscal. Si le pones números a estas dos variables tendrás un indicador del riesgo que maracará en tu DD.

### ¿Cómo se mide?

Toma la industria en la que está el cliente y mídela frente a otras industrias. Yo propongo este medidor, pero te animo a que armes tu propia escala.

1. No listados en esta lista, Ventas al por menor, Ventas al por mayor
2. Construcción, Salud, Educación, Turismo, Industria Agrícola
3. Servicios Legales, Servicios Financieros
4. ONGs, Tecnología, Publicidad, Concesiones públicas...

En el cuadro que ves en esta sección, coloqué en rojo a las

industrias que veo más riesgosas. Te pregunto: ¿Cuál de estas industrias ves menos riesgosa?

Al color rojo le pongo un puntaje de 5, al color celeste le he puesto 1 y al azul 3.

Matriz de Riesgo del Target

Toma el eje "y". Coloca ahí a la gente que esté detrás de tu *target*.

Yo propongo esta lista, pero también te animo a armar tu propia escala:

1. No listados en esta lista
2. beneficiados por exoneraciones, solicitantes de CAIR,
3. grupos con subsidiarias en centros de baja imposición, auditados en los años previos.
4. Gente PEP, deportistas, famosos, *target* con reconsideración u otras impugnaciones pendientes.

¿Cuál de estas ves más riesgosa? Pregúntate si concibes la forma de tener 16 para alguna situación. Esta es una medición que te ayudará a cuantificar y documentar el riesgo del *engagement*. Recuerda que todo el propósito de esto tests era ponerle números a tu intuición, este número tratará de buscar exactamente esto.

## 2.1.8. Test 8 – Número de Formularios:

Un octavo test que te ayudará a medir a tu target es el número de formularios y declaraciones a los que está obligado.

### ¿Por qué se usa este indicador?

Existen industrias fiscalmente más expuestas que otras y por lo tanto con mayor cantidad de reporte a la DGI o a otras instituciones. Al redactar este libro pedí a mi personal listar todos los formularios que mi oficina hace. En total tenemos, entre anuales, mensuales y eventuales una cantidad de 12 formularios. De aquí en adelante tengo dos tipos de target en mente. Quienes tienen un deber de reporte superior al mío y quienes tienen un reporte inferior.

## ¿Cómo se mide?

Este indicador se mide listando las obligaciones de reporte del target (entendidas como formularios que debe enviar). Luego se listan estas obligaciones en forma mensual, anual o eventual. Busca tu medición con tu último DD. Trata de ver si este indicador es mayor o menor para el target que el anterior DD que hiciste.

Si no has hecho un DD previo, trata de comprar al target con la misma empresa donde laboras. Mide que tantos formularios hace tu empresa versus qué tantos hace tu target.

## 2.1.9. Test 9 – Cuántos días opera el target para pagar sus impuestos:

Un noveno test para medir a tu target es el número de días que opera para poder pagar sus impuestos.

## ¿Por qué se usa este indicador?

Hace unos años publiqué una columna sobre el día de la libertad fiscal en Panamá. Esta columna no se basa en una idea original nuestra. La idea del día de la libertad fiscal nació en el año 1948, en los Estados Unidos. El creador fue el Señor Dallas Hostetler. Este comerciante publicó su día de la libertad fiscal por 20 años y luego legó la idea a la *Tax Foundation* que todavía lo hace en la actualidad.

La razón de usar este indicador es marcar en el año un día en la que la persona promedio paga sus impuestos y, en consecuencia, cuando empieza a trabajar para él mismo. En un DD, el test marca la fecha en la que el target genera suficiente ingreso como para saldar su cuenta tributaria.

## ¿Cómo se mide?

Este indicador se mide sumando toda la carga impositiva del *target*. Para esto tienes que listar todos los impuestos pagados y la cantidad que representaron de la facturación anual en ese año. Este resultado lo divides entre 365 y te dará la cantidad de días que el target operó para pagar sus impuestos. Al igual que lo hemos mencionado antes, trata de ver si este indicador es mayor o menor para el target que el anterior DD que hiciste.

Si no haz hecho un DD previo, trata de comparar al target con la misma empresa donde laboras. Mide que tantos días marca el target vs qué tantos días marca tu cliente.

Quizá, al terminar este test tu target pueda celebrar el día de la libertad fiscal en su empresa. Con suerte, hasta te inviten a esa fiestecita.

*Memo Infográfico:*

Una vez tengas estos tests listos, pon a alguien en el equipo a hacer un *Memo Infográfico* que muestre en forma infográfica sus resultados.

Yo he usado el que mostramos en esta sección, pero te animo a que uses uno propio. No uses siempre el mismo. Cámbialo y adáptalo a las necesidades propias de tu DD.

Este será un papel de trabajo valioso para tu expediente y servirá para comunicar a tu cliente los pasos a seguir y porqué se seguirán.

Usa este *Memo Infográfico* para comunicar los riesgos que identifiques en forma objetiva, usando ratios, estadísticas y tendencias numéricas sin recurrir a tus impresiones subjetivas sobre el target.

Un *Memo Infográfico* común puede ser el que mostramos en esta sección en conjunto con otros que hayan usado en tu oficina.

### 2.1.10. Advertencia sobre estos tests:

Habiendo dicho esto, no quiero decir que debemos dejar a un lado la intuición. Usa este trabajo y cualquier otro que encuentres sin dejar de hacer un listado de las cosas que tu corazón de auditor diga.

Haz una lista y compártela con tu equipo, incluso compártela con tu cliente. Recuerdo muchos procedimientos donde la intuición marcó desde el día 1, las contingencias que al final hicieron valioso el DD. Mantén un balance entre intuición y técnica. Ata tu intuición a algún elemento medible y sustentable o te arriesgarás a tener un DD que sonará esotérico al que lo revise.

## 2.2. EEFF y SOX:

Antes de entrar al DD, es importante entender qué EEFF te están presentando. ¿Estás frente a un EEFF auditado o te han dado un EEFF con un dictamen menor? Recuerda que existen varias categorías de dictamen y, es probable, que el EEFF que den tenga un dictamen inferior como el de revisión o incluso, procedimientos acordados. Si esto es así indaga si existe un EEFF auditado.

Compañías que están en venta pueden tener temas pendientes en su contabilidad que los hacen rebajar el alcance de la auditoría con el fin de no tener dictámenes en la opinión del auditor. En muchos DD te encontrarás con compañías tan grandes que hacen la operación panameña inmaterial y por lo tanto no sujeta a la auditoría. Esta es otra de las razones por las que el target puede no tener EEFF auditados.

Esto debes entenderlo bien antes de empezar el DD. En ocasiones el target te dirá esto con franqueza lo que te hará avanzar en tu trabajo.

En adición a los EEFF y su dictamen ten presente otras regulaciones como SOX. Esta regulación surgió luego del escándalo Enron, en los EEUU. Su nombre es la ley Sarbanes-Oxley. Esta norma hizo responsable, en cierta medida, a los ejecutivos de la contabilidad de la empresa. Adicionalmente establece normas sobre el número de años que deben tenerse los papeles de trabajo. Esta norma ha sido copiada por otras jurisdicciones y provee una fuerte limitante, así sea mental, a falsear información.

Conoce si el target está sujeto a alguna de estas normas. Esto servirá para conocer qué tan cierta serán las excusas que te dará el target y podrá ayudarte a saber qué documentos ya han sido llenados por la empresa. El más importante será quién está a cargo de la auditoría para cumplimiento con SOX.

## 2.3. Fijación de la materialidad a encontrar:

El paso #2 en los elementos anteriores a tu DD debe ser la fijación de la materialidad a encontrar. La materialidad tratará de indicar aspectos que no se verán por carecer de importancia matemática.

Como joven funcionario, recuerdo haber hecho alcances por 7.29 o 5.23 dólares. Esto duró hasta que alguien, más ilustrado que yo, me explicó la materialidad que, usábamos en ese despacho. La explicación fue: *"... Si la jefa se demora en revisarte esos alcances, más de la plata que representan, no vale la pena que el fisco pierda tiempo en ellos...."*

De la misma forma, fija tu materialidad en base a lo que represente importancia en la toma de decisiones.

La ciencia contable ha provisto muchas formas de fijar la materialidad. En un procedimiento de DD la fijación quizá puede ser más sencilla y descansar en algún criterio de sana lógica.

Tratemos de ver algunas posibilidades de materialidad.

## 2.3.1. Impuestos inmateriales y descartes "en abstracto":

Una forma fácil de encontrar una materialidad puede empezar a descartar impuestos que no tienen peso en la recaudación nacional ni en la actividad del contribuyente.

En algunas industrias, al no tener más bien inmueble que una única finca raíz, podría ser inmaterial revisar el pago de este impuesto. Piensa en la oficina donde laboras, quizá tengas una única finca raíz y ni siquiera está a nombre de la empresa. Este sería el caso perfecto para ignorar este impuesto.

Una situación contraria la encontrarías si auditas un cañal o una compañía bananera. Ahí todos tus ingresos se ligan a la tierra que se posee y el impuesto de inmueble no puede ser ignorado.

Recuerdo DDs donde se decidió no ver los impuestos municipales porque el máximo a pagar era, en ese tiempo, sólo 12 mil al año. Recuerdo otros donde el punto de inflexión de la compra fueron esos 12 mil porque sí representaban cierta importancia.

En otras ocasiones he visto materialidades fijadas en "abstracto". Por ejemplo, la revisión de los pasivos laborales no representaba un impacto material en una empresa a analizar porque el personal rotaba con mucha frecuencia y casi nadie pasaba los dos años en la empresa.

Comúnmente podemos ver las siguientes exclusiones en "abstracto":

1. Repartición de Dividendos ya que no se han generado utilidades retenidas de importancia.
2. Retención de ISR ya que la nómina no supera el mínimo exento.
3. Retención por remesas ya que no existen proveedores extranjeros.
4. Impuestos menores (timbres, impuesto de degüello, placas de vehículos, etc.)

Esta forma de materialidad debe ser complementada por otros factores ya que rara vez llega a tener lógica por sí sola.

## 2.3.2. Porcentaje de la facturación bruta:

En otros casos, se ha pensado en ligar la materialidad a una fórmula que marque un porcentaje de la facturación bruta. Por eso podrás proponer contingencias que sean, por ejemplo, mayores a 10% de la facturación bruta.

Si lees el estado de resultados de tu target, verás que, en ocasiones, el margen es muy pequeño para poder ser considerada atractiva esa empresa. Lo mismo puede pensar la autoridad fiscal y creer que algún gasto no deducible puede ser el causante de este margen pequeño.

Adicionalmente, un porcentaje de la facturación te daría campo para pensar que tu materialidad tratará de buscar el ITBMS, siendo este un impuesto que recae sobre esta base imponible.

Estas serían las dos condiciones más relevantes para *settear* tu materialidad en este porcentaje.

El mismo porcentaje lo podrás usar para determinar qué compañías del grupo del target se revisarán o no.

Veamos el cuadro que tenemos en esta sección. Ahí verás que tenemos 5 empresas.

De estas empresas verás que una de ellas no llega al 1% de la facturación del grupo.

Tu materialidad la podrás fijar en términos de ese porcentaje (1%) y por lo tanto no ver esta empresa que está por debajo de este porcentaje.

### 2.3.3. Porcentaje del ingreso antes de impuestos:

Otra de las fórmulas que puedes usar es un porcentaje del ingreso antes de impuestos. Es decir, una fórmula que diga: contingencias por encima de, digamos, 50% de esta cantidad.

En ocasiones se ha tratado de usar el ISR, con una tarifa de 25%, como la contingencia máxima y por lo tanto, tratar de decir que contingencias menores que X% de ese 25% no serán atendidas.

Estas serían variantes en las que puedes basar tu materialidad.

### 2.3.4. Porcentaje de impuestos pagados en el periodo cubierto:

Tu *Memo Infográfico* te servirá para atar estas ideas de sana lógica a elementos medibles y sustentables. Usa el área de riesgo que encontraste en tu *Memo Infográfico* y fíjale un porcentaje (digamos un 25%) de los impuestos pagados.

Tratemos verlo con un ejemplo:

Como verás de los *ratios* de arriba, el porcentaje de ITBMS crédito vs ITBMS débito muestra un promedio muy bajo. Es decir, todo lo que se podía pagar en ITBMS se ha pagado. Esta es quizá un área que no representa tanto riesgo.

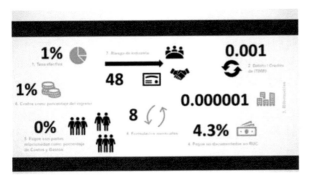

Mira el *ratio* de otros costos vs ISR. Aquí ves un *ratio* particularmente alto. Esta es quizá un área de riesgo que ya has identificado. Cuando veas algo así pregúntate: ¿Cuánto representa, en términos monetarios, un costo no deducible?

Digamos que el monto es US$ 250,000 más recargos e intereses. Multiplicas este monto por el periodo cubierto y tendrás una cantidad que rondará el millón.

Con esta cifra en mente la pregunta sería: ¿Qué tanto del total de la compra del target representa ese monto? Piensa en una compra de 100 millones. Este es un monto que quizá no llegue a detener esta compra. Pero que quizá si le interesará, como pasivo contingente a tu cliente. ¿Cuánto de este monto tolera tu cliente en materialidad?

Ahora piensa el mismo monto pero con una compra de 10 millones. ¿Contestarías la misma forma a esta pregunta? ¿Se sentirá cómodo tu cliente con la misma materialidad?

Estas son preguntas que deben acompañar a tu juicio profesional para fijar la materialidad en relación con este *ratio*.

*Conclusión sobre estos posibles criterios:*

Pregúntate si alguno de estos criterios debe ser usado en tu DD o si debes usar una combinación de al menos dos de estos criterios. Conversa esto con tu cliente. Indícale que un 100% es imposible de lograr y negocia tus honorarios en base a esta materialidad.

Las NIAs sólo te obligan a documentar el porqué de esta materialidad. Por eso, en tu procedimiento, aunque puede ser menos riguroso que una auditoría financiera, trata de guardar en tu archivo porqué llegaste a la materialidad que usarás.

Una vez lo hagas sentirás la necesidad de comunicar hallazgos que encuentres aun cuando estén por debajo de esta materialidad. Como recordarás de arriba, el impuesto municipal no siempre llega a tu materialidad. En ese caso dudarás si comunicar o no este hallazgo. No tengas miedo de hacerlo, pero ten presente que ya fijaste una materialidad y el usuario de tu DD podría entender que todas las contingencias de cuantía similar fueron comunicadas. Para evitar esto comunica que este ítem lo incluyes en tu DD a pesar de no cumplir con la materialidad fijada sin que esto signifique que otros incumplimientos de los mismos montos han sido analizados.

El Anexo I te da un papel de trabajo que puedes usar en tu fijación de la materialidad.

Una vez definida la materialidad, el DD puede planificarse sabiendo que la rapidez es siempre un factor.

## 2.4. Determinación del plazo de entrega del DD:

La planificación del DD tendrá como fuerte limitante cuánto tiempo puede invertirse en él. A diferencia de una auditoría, para la que la rapidez está definida por tiempos más largos, en el DD, los plazos pueden estar definidos por acuerdos de compra que firmaron personas distintas al procedimiento. En otras ocasiones, los tiempos están fijados por el apetito de compra o el deseo de venta, de sujetos que han decidido ignorar el resultado del DD antes de que este se realice.

Por este motivo, el siguiente punto a fijar en el DD será el tiempo en el que se podrá realizar el mismo y generar un entregable. En este punto, es sano preguntar sobre la existencia de algún plazo en que expire la opción de compra, con el objeto de saber si nuestro trabajo será evaluado a profundidad o si la intuición indica que no se contará con el tiempo necesario para evaluarlo.

En ocasiones la compra tiene que realizarse porque la rapidez dejará fuera de carrera a otro competidor. Esto no necesariamente quiere decir que el DD realizado no servirá ya que el uso puede estar dado para la operación futura. Si esto es así, la recomendación de quien realice el procedimiento del DD debe estar enfocada en entender cuánto del precio puede ser retenido para posibles contingencias.

## 2.5. Fijación del periodo cubierto:

El periodo cubierto es el tiempo en el que recaerá el DD. Aunque algunos impuestos, como el ITBMS, no tienen ciclo anual, este periodo casi siempre se fija en años.

El punto inicial para la fijación de estos años es el término de prescripción de los impuestos. El ISR, es casi siempre el impuesto principal y este vence en tres años. Por esta razón, rara vez el DD se extiende más allá de ese plazo.

Es importante recordar que entre más lejano sea el periodo analizado, más tiempo tomará el target en entregar la información y, consecuentemente, más tiempo tomará presentar el entregable.

En la tabla de esta sección hemos listado los términos de prescripción de estos impuestos.

Es siempre un requisito confrontar estos años de prescripción con la capacidad real de obtener documentación. Recuerdo DD donde el target no guardaba documentación más allá del año 5. Esta debe ser una indagación de tu DD con anterioridad al inicio del procedimiento. Una vez lo hagas, documenta la respuesta de porqué se escogió este plazo. Esto da la ocasión perfecta para limitar el alcance del compromiso a un periodo cubierto menor a este plazo.

En ocasiones, el periodo cubierto debe ir más allá del término de prescripción si existen pérdidas arrastradas o si existen créditos procedentes de años ya prescritos. Esto será un área de debate con tu *target* ya que existen dudas sobre la posibilidad real de que la DGi audite la integridad de este arrastre de pérdidas o de estos créditos.

Siempre trata de reservar esto como una herramienta de negociación para bajar el periodo cubierto si piden rebaja en tus honorarios. Entre más rebaja pidas más debes reducir el periodo cubierto.

Dentro del memo de planificación del DD debes incluir este plazo.

El Anexo III trata de documentar este ítem.

## 2.6. Decisión sobre la persona de contacto en el target y en el adquirente:

El cuarto paso para el procedimiento de DD, es establecer la persona de contacto en la empresa target, en la adquirente y en la oficina del que realice el procedimiento.

No basta con decir, "el dueño", el "gerente de contabilidad", "yo mismo". Es imprescindible fijar un protocolo de quien está a cargo de entregar la información en el target, pedirla en la oficina que haga el DD y recibir retro alimentación en el cliente.

Es importante decidir quién, en ausencia de esta persona, podrá hacer las veces de contacto en la compañía target.

Por el lado nuestro, es importante comunicar quién es el socio y gerente del compromiso. En este mismo momento debe comunicarse el protocolo para comunicaciones. En los viejos tiempos una máquina de Fax hacía las veces de email. Hoy ese protocolo ha sido reemplazado por redes sociales, emails y otras formas electrónicas. Entre tantas es necesario definir una y sólo una como la oficial.

Es fácil subestimar la importancia de esto hasta que meses o incluso años después, alguien hace alguna referencia a un email donde tu equipo se comprometió a recibir o dar alguna información. En ese momento alguien cuestionará tus hallazgos diciendo que tú recibiste tal o cual información.

Siempre tendrás una salida elegante si puedes decir que al email designado no llegó esta información y por lo tanto, no está en tu archivo.

## 2.7. Lugar donde se realizará el DD:

Luego de establecida esta persona, se procede a fijar dónde reposará la información que se va a entregar.

En el pasado, usábamos un cuarto físico al que le decíamos "Data Room". Hoy, este *data room* es virtual mediante la creación de una cuenta de Dropbox o un VPN compartido. En el futuro, el *data room* volverá a ser físico, por la creciente relevancia del hackeo informático y el espionaje comercial.

Es importante conservar las copias en algún formato que estimemos durable por la rápida obsolescencia de algunos lenguajes nativos. Esto ha sido especialmente el caso con los *software contables*[9] que, a pesar de tener la misma marca y

---

9 Peachtree Complete vs Peachtre Quatum es un ejemplo que usabamos en nuestro medio. Con la compra de Peachtree por SAGE, hemos revivido parte de estos traumas.

fabricante, no pueden ser ejecutados en versiones posteriores. También ha sido una realidad cuando la DGi pasó del programa delfín al Etax. Recientemente revivimos esta experiencia cuando la DGI pasó del Etax al Etax2.

Es aquí donde estos lenguajes nativos en los que está la aplicación que usaremos, nos podrá jugar en contra cuando necesitemos, años después del DD, sustentar algún punto o hallazgo. Lo mismo ocurre con los emails luego de unos años que, al ser archivados, no son fáciles de rastrear. Es probable que esto te fuerce a usar cosas como el PDF, impresiones JPG o la simple impresión física de los documentos que sientas más relevantes.

En adición al lenguaje en que recibas o almacenes la información, cobra relevancia que alguien en el equipo tome nota de qué se aportó inicialmente al *data room*. Este punto lo veremos más adelante en la sección de papeles de trabajo.

Tu propuesta debe evitar una trampa que, a propósito, alguien te puede inducir. ¿Puedes tomar inventario físico desde un Data *Room*? La respuesta invariablemente es no. Por esta razón es relevante poner como una salvedad que el Data *Room* no se usará en la medida en que no sea posible o sea incompatible con la parte del DD que se realice.

## 2.8. Nombre del Proyecto:

Es común asignarle un nombre al DD para evitar llamarlo: *"due diligence"*. La razón de evitar el término DD y asignarle este nombre es mantener la reserva sobre el procedimiento por los motivos que explicaremos en la sección dedicada al NDA. Esta reserva gira sobre las consecuencias de usar el nombre DD ante un target que desconoce que la empresa está en venta o en proceso de fusión con otra compañía. Si se filtra esta información, el personal del target podrá sentirse desconcertado y sus proveedores confundidos.

En un país chico como Panamá, almorzar en un lugar donde se use el nombre del target será, potencialmente, equivalente a filtrar esta información.

Por eso, no uses el término DD, búscale otro nombre a este procedimiento. El nombre favorito, y que vi usar, fue Proyecto X. Por favor, no nombres a tu *due diligence* "proyecto X". Nombres también a evitar son: Proyecto CHEVRON-TEXACO, sobre todo si el DD se lo hace ¡CHEVRON a TEXACO!

Al ponerle nombre a tu proyecto recuerda que las palabras tienen poder. Por eso el nombre de tu proyecto, si lo escoges bien, puede inspirar a tu equipo.

Mi nombre favorito fue, por muchos años, proyecto MESyAÑO. Confieso que ese sistema no unificaba a nadie y carecía completamente de cualquier originalidad. En ese sistema, *ABRIL09 y MAYO12* fueron los nombres que usé hasta que alguien me dijo que esa era la forma en que le ponían nombre a las reses en las fincas agropecuarias. Por un tiempo breve empecé a ver, en la firma donde me formé, el uso de los nombres de socios jubilados. Esto lo hicimos hasta que en el pipeline del departamento existían proyectos BURON, HERAS, CHONG, y alguien preguntó qué pasaría si en el medio hubiera un exsocio CHU. Quizá me hubieran aceptado BURON, HERAS, CHI, CHONG. Estoy seguro que reemplazar CHI por CHU hubieran sido inacepatable. Esa secuencia nunca ocurrió, pero siempre fue un chiste interno entre mis compañeros.

En resumen, busca un nombre y un sistema fácil para recordarlo. Si no tienes el tiempo o sencillamente no tienes la creatividad, usa uno de los sites que permiten generar un nombre para tu proyecto.[10] Recuérdale a tu personal que la palabra DD no puede mencionarse

---

[10] En el momento que escribimos este libro existían sites que generaban nombres de proyectos:https://www.intralinks.com/ma-project-name-generator, https://www.firmex.com/thedealroom/random-ma-deal-name-generator/

por respeto al target y para mantener la confidencialidad a la que de seguro estarás obligado.

## 2.9. Armar el Equipo de DD:

Como contadores estamos acostumbrados a trabajar en equipo. No concebimos otra forma de producir un entregable medianamente complejo. Otros gremios, como los abogados, pueden funcionar como Matlock lo hacía en la televisión, con una sóla secretaria y con suerte con un asistente. Lo mismo hace el abogado que sale en *SUITS*. Tiene un asistente y ya. Lo mismo hacían en ER, un doctor lideraba un equipo que consistía en otro doctor más y un par de enfermeras. Nosotros, como contadores, no tenemos esa forma de trabajar. Necesitamos gente, producir documentos que sean firmados por varios, tener una concurrencia y documentar todo o casi todo. Esto lo hacemos porque en nuestro gremio existen fases que deben ser cumplidas y otras que deben ser documentadas.

Como lo trata de explicar este trabajo, la documentación de porqué hacer algo es tan importante como el entregable mismo. Lo mismo ocurre con los papeles de trabajo que tendrían repercusiones años después de haber terminado el entregable.

Es casi imposible que una sola persona pueda hacer estas cosas. Por lo tanto, como mínimo, debes tener en tu equipo 3 o 4 personas para no comprometer la calidad de tu gestión.

Como en todo equipo debes contar con un líder que firme y sea responsable por el compromiso. Luego un gerente y después, al menos 1 o 2 de campo. Por política de muchas firmas, debes tener alguien que funcione como socio concurrente.

La limitante fuerte que tendrás es que muchos en tu oficina tendrás una "muralla china"[11] que les impedirá enterarse del

---

11 El término es muy común en DD y se deriva de *"chinese wall"* que usaban los americanos para decir que nadie debía conocer del procedimiento. Esto en ocasiones involucra a personas de tu propia oficina.

procedimiento. Esto es una fuerte limitante a tu calidad y a tu capacidad de armar tu equipo. Tendrás que compensar estas debilidades con algo de creatividad.

Es importante que este equipo haga *match* con tu propuesta, para evitar que cobres por algo que en verdad no puedas sustentar con gente en el campo.

Una estructura básica, junto con sus funciones, debe ser:

## Socio:

La función número uno del socio, es ser el responsable final del entregable. Esto lo debe tener 100% claro ya que la firma de la que forme parte le pondrá en sus hombros el éxito o fracaso del DD. La revisión de la práctica de la oficina, no le tolerará excusas sobre la falta de personal o la falta de compromiso del equipo.

Adicionalmente sus funciones incluyen la relación con el cliente lo que consumirá mucho tiempo, y por eso va a necesitar un equipo. Es probable que las reuniones que pida el cliente tendrán que hacerse en paralelo al DD, mientras el equipo sigue trabajando en el procedimiento. Por eso es casi imposible que el socio sea el único que esté en este equipo.

Desde el punto de vista operativo él debe servir para la elaboración del memo de planificación, revisar el entregable y proveer su intuición en el DD. Por la complejidad de las entrevistas al personal del target, es probable que este rol lo asuma el socio.

Otro rol que debe asumir el socio es evaluar el DD una vez finalizado para resumir las cosas que deben mejorarse en el siguiente procedimiento.

## Gerente:

El gerente, por definición, tiene el deber de reportar al socio. Su rol principal estará en coordinar al personal. Su más importante actividad de campo es redactar el entregable bajo las instrucciones que existieron en el memo de planificación. Es probable que parte de las entrevistas al target sean coordinadas por él.

Una segunda misión es dar seguimiento al trabajo que los seniors están realizando y orientarlos si no están rindiendo por falta de experiencia.

El gerente debe evaluar los resultados de los *tests* realizados en el DD y proponer al socio el nivel de riesgo del DD, así como las áreas en las que deben enfocarse los procedimientos.

## Senior:

Generalmente esta posición la llevan 2 o 3 personas. A estas personas les encargarán llenar los *tests* que este trabajo presenta.

En el campo se encargarán de realizar las pruebas, armar las conciliaciones y seguir las instrucciones del memo de planificación del DD (equivalente al memo de auditoría) en cuanto a los papeles de trabajo que el socio ha planificado.

Si el DD fuera un rompecabezas, el senior hace las piezas y las entrega para que el gerente las arme. En la parte final de este escrito, encontrarás varios anexos que están hechos con la intención de que un senior los llene y los entregue al gerente del compromiso. Esto será su rol principal en el DD.

## Staff:

El staff es casi siempre un personal con menor experiencia técnica dentro de la firma. Por esta limitante, las funciones principales estarán en llevar la bitácora y compilar el *master* file.

Será de mucha ayuda un staff que pueda revisar el estilo y redacción del entregable.

## Socio Concurrente:

En el mejor de los casos este equipo debe tener un socio concurrente. Esta alternativa no está disponible en muchos de los casos ya que la confidencialidad con la que se maneja el DD limita las posibilidades de involucrar a más personal.

No tener un socio concurrente te será una debilidad grande en tu DD.

### Horas a cada miembro del equipo del DD

Una de las razones por las que debes armar tu equipo de DD es saber cuánto, en horas, terminarás invirtiendo en el procedimiento. Este cálculo lo debes hacer, aún cuando sepas que no será 100% exacto.

Al hacer este cuadro recuerda que ya distes un precio, al hacer la propuesta que tenemos en la sección de abajo. Es probable que esta propuesta la hayas hecho con información que no tenías en ese momento o la hayas entregado hace semanas o, incluso, meses atrás. Todas estas circunstancias te harán realizar ajustes a la tabla de honorarios y horas hombre que diste.

Los ajustes que hagas al armar el equipo deben corresponder a ese precio que ya distes.

## 2.10. Alcance del Trabajo a Realizar:

Antes de emitir tu propuesta, debes tener una conversación con tu target sobre el posible alcance de tu trabajo. Casi siempre, este alcance lo propondrás sin siquiera emitir una propuesta y, muy probablemente, sin tener acceso a la información de tu target. Esto representará un reto de importancia que debes sortear teniendo a mano un listado genérico, basado en los tests de arriba, que sirva como inicio de esta conversación.

Recuerda que usamos la palabra "inicio" porque tu DD no puede ser un trabajo genérico, siempre será un trabajo hecho a la medida de un target específico. Usa tu experiencia y escucha a tu cliente sobre la suya. En ocasiones, tu cliente ya ha comprado negocios en el pasado y sabe qué experiencias ha vivido con estas adquisiciones. Usa su experiencia y está atento a qué le preocupa sobre el target. Al mezclar tu DD genérico, tu experiencia y las inquietudes de tu cliente podrás redactar un borrador de alcance.

Este documento te servirá de base para tu propuesta de DD. Al no tener mucha información del target, es fácil caer en lo que en nuestro medio, y entiendo que en otros países, llaman procedimientos *"high level"*, "de escritorio" o de "alcance limitado". Todos estos términos tratan de transmitir que el alcance del DD no fue profundo y que alguien con mucho *seniority*, pero con poco tiempo lo realizó. Reconozco que en algunos casos usar estos términos es lo único inteligente para definir un alcance cuando no se conoce al target ni se tiene acceso a su información. Sin embargo, te sugiero evitar estos términos y tratar de definir al menos un borrador de tu alcance vía procedimientos a realizar. Esto lo harás con la intención de atar tu propuesta a la estructura de la NIA 4400 de procedimientos acorados.

La razón de invertir tiempo en este borrador es evitar caer en situaciones recurrentes que paso a comentar. La primera de estas es definir tu alcance en términos de "lo que se pueda hacer en 2 semanas" o, "lo que permitan los honorarios pactados".

También debes evitar la tentación de definir el DD en términos de "procedimiento corto" o "procedimiento largo".

Al hacer un borrador de alcance evitarás usar estos términos ya que serán una receta para no entender la propuesta que realizarás.

Dentro del alcance, debes precisar lo siguiente en forma rápida:

1. Jurisdicciones que serán objeto de este DD.

2. Compañías del target en las que recaerá el DD.

Lo importante de definir estos dos puntos es que tendrás que involucrar a personal de otra oficina ya que, a diferencia de los DD financieros, los DD fiscales tienen un componente intrínsecamente local.

El segundo punto debes definirlo para conocer qué empresa será la que llamarás *"target"* en tu propuesta.

# 3. La propuesta del Due Diligence:

Si haces un DD en medio de una compra de negocio, es casi seguro que exista un contrato previo de intención de compra con el target. Nota que decimos "intención". Usamos esta palabra porqué el contrato es casi siempre una carta no vinculante que pactó una cláusula de DD como condición a la futura negociación de compra.[12]

Este contrato será siempre principal en la mente de tu cliente y del target, dejando tu propuesta como secundario. Pide, en la medida de lo posible, saber qué dice ese contrato principal y en qué forma se negoció la posibilidad de hacer este DD.

Recuerdo un DD donde el contrato de intención de compra claramente decía que el target sólo iba a proveer información y no podía ser consultado. Es decir, tenías un data *room* con la información.

Checklist Propuesta (1)

---

12 Jeffrey W. Berkman lo explica bien en la página 214 de la Op. Cit. En este libro, Berkman menciona las razones para firmar una carta no vinculante. Sus argumentos muy interesantes.

No tenías acceso al personal del target. Esto pone una severa limitante

a la calidad de tu trabajo y es mejor conocer bien este acuerdo previo a meterte en un DD que sería más difícil de lo que esperabas.

Habiendo dicho esto, hay que recordar que en Panamá, la propuesta es el contrato.[13] Por tal razón, todos los elementos del contrato tienen que estar en este documento.

Estos elementos comúnmente abarcan:

- Una fuerte limitación a la responsabilidad,
- Honorarios,
- Para quién se hace el procedimiento,
- Duración del trabajo,
- Salvedades al servicio (La importancia de indicar las áreas no cubiertas en el proceso),
- Qué requerimos del cliente,
- Deadlines, lo que incluye una fecha donde el entregable no será posible,
- Quién da el OK a nuestro entregable y con quién se discute,
- El tiempo en que se conservarán los papeles de trabajo,

En el Anexo IV reproducimos la imagen de esta sección. En ese anexo tratamos de recoger los puntos más relevantes de tu propuesta de DD.

Pasemos a ver estos puntos.

## 3.1. La importancia de limitar la responsabilidad:

Hemos enfatizado que la limitación de nuestra responsabilidad es particularmente importante en el procedimiento de DD. Por

---

13 Esto cumpliría con la fase de "oferta y aceptación" que el código civil entendería como un contrato entre las partes

esto la propuesta debe tener como limitación hasta qué monto seríamos civilmente responsables.

La responsabilidad civil es la necesidad de compensar a quien le hayamos causado un daño por incumplimiento de alguna obligación. En el caso del DD, tu obligación fue darte cuenta de contingencias e informarlas al cliente. En el proceso del DD el contador verá contingencias que excederán con creces el monto de honorarios que su oficina cobra al año. Esto lo expone a una contingencia impagable en caso de materializarse.

Por esta razón, en el medio se ha usado como promedio el equivalente a los honorarios cobrados.

No puede existir una propuesta que deje esta responsabilidad en blanco. Es natural que el cliente, o alguien en su equipo, quiera que el contador que haga el DD se haga responsable por montos equivalentes a contingencias no identificadas. Si esto ocurre, el contador debe indicar que tendrá que conseguir una fianza y cobrarla como costo del DD. Al hacerlo, te darás cuenta que son pocas las aseguradoras locales que estarían dispuestas si quiera a considerar este tipo de fianzas.

Con esto último suelen ceder quienes creen que el DD es una fianza emitida por el contador y que cubrirá contingencias no encontradas.

## 3.2. Honorarios:

En nuestro medio, algunos profesionales, ajenos al gremio contable, han querido fijar el honorario en términos contingentes. He visto quienes tratan de fijarlo en base a las contingencias que encuentren, así pueden cobrar X si la posible contingencia es Y.

También hay quienes quieren fijar el DD en un porcentaje del precio de compra.

Aunque el Código de Ética deja abierta la vía en casos

excepcionales, nuestro gremio pone una severa limitante a esta posibilidad. Esto pasa por que el código de ética pone a nuestro gremio contable límites a la posibilidad de cobrar honorarios contingentes. Por tal razón, rara vez podemos cobrar contra resultados.

En nuestro gremio, nuestros honorarios se fijan, según el Código de Ética así:

1. Evaluar el grado de responsabilidad asumida al aceptar un compromiso,

2. El tiempo, horas hombre

3. Especialidades que requieran para efectuar el servicio, de conformidad con las normas de la profesión.

4. El valor del servicio ofrecido al cliente,

5. Los cargos que por dicho servicio que se acostumbran hacer sus colegas profesionales

6. Otras consideraciones afines.

En Palabras del Código, ninguno de estos factores es necesariamente determinante.

Esto nos fuerza a fijar el honorario en horas[14] ya que los demás puntos del código son de difícil determinación. Es importante saber que el código de ética nos permite desviarnos del cobro en horas al agregarle un "valor" al cliente. Por esta razón, es común fijar un Premium a estas horas en atención a los puntos numerados 3 y 4 del listado de arriba.

Usa el formato de horas más un premium. Tu papel de trabajo se vería así:

Por favor, ten a mano este detalle de horas. Es común que alguien cuestione tus honorarios y pregunte cuántas horas estás asignando en este compromiso. Tu instinto puede llevarte a cobrar más sabiendo la urgencia del comprador. Recuerda que

---

14 Los honorarios del contador, según el Código de Ética, (Decreto 26 de 17 de mayo de

al negociar honorarios tu respuesta tiene que estar atada a una realidad distinta a simplemente llegar a tu presupuesto anual.

| Cargo | Tasa x Hora | Premium | Horas | Total |
|-------|-------------|---------|-------|-------|
| Socio | 300 | 30% | 30 | 11700 |
| Gerente | 200 | 30% | 55 | 14300 |
| Senior | 150 | 30% | 80 | 15600 |
| Asistente | 100 | 30% | 100 | 13000 |
| Staff | 50 | 30% | 20 | 1300 |
| **Total Horas / Fees** | | | 285 | 55900 |

Otro elemento importante en la fijación de honorarios, es conocer si nuestra responsabilidad en el trabajo ameritará una fianza. En algunas ocasiones, el comprador cree que quien hace el DD debe responder por las contingencias futuras. Algunos todavía creen que por un honorario de US$ 300,000 se responderá por contingencias de 150 millones. Como hemos comentado arriba, si el cliente carece de la madurez para entender esto, la fianza será necesaria antes de empezar el DD.

Es importante que la propuesta incluya los posibles honorarios por trabajos auxiliares como la posible fusión, escisión o cualquier otro documento pre y post venta. El cliente espera que se le ayude en los pasos de compra y en la optimización de la carga fiscal posterior a la compra.

Es importante recordar que, con algunos clientes, la firma donde

---

1984, publicado en Gaceta Oficial 20,07), en su artículo 45 se fijan así:

*"Al establecer sus honorarios el contador público autorizado debe evaluar el grado de responsabilidad asumida al aceptar un compromiso, al igual que el tiempo, horas hombre y especialidades que requieran para efectuar el servicio, de conformidad con las normas de la profesión. También deberá tomar en cuenta el valor del servicio ofrecido al cliente, **los cargos que por dicho servicio que se acostumbran hacer sus colegas profesionales** y otras consideraciones afines. Ningún factor es necesariamente determinante."*

laboremos podrá tener limitantes a este tipo de trabajo. Pide la autorización para este tipo de compromisos, con la intención de comunicar a tiempo la posibilidad o no de brindar esta asistencia.

## 3.3. ¿Para quién se hace el procedimiento?:

Una alerta recurrente en estos procedimientos es saber que nuestro cliente será el comprador y no el target. Esto es relevantísimo porque la interacción con la compañía target tiende a confundir la mente del equipo vendedor que llega a creer que se trabaja para él.

En esto se debe tener sumo cuidado ya que nuestra independencia puede ser comprometida al confiar, involuntariamente, información con el target.

La misma cautela debe tenerse con equipos de abogados u otros profesionales que participen en el DD, sea por el lado del cliente o del target. Es fácil, en procesos de alto nivel como el DD, desarrollar camaradería con tus colegas de otras firmas y cometer el error de descuidar quién es el que te contrató.

Poder determinar quién es nuestro cliente evitará solicitudes incómodas por el personal del target y nos dará una salida elegante a estas solicitudes.

Adicionalmente, tener claro quién es tu cliente te cubrirá de la posible responsabilidad civil que vimos en la sección de arriba ya que excluirá de esta a quienes no sean tu cliente.

## 3.4. Duración del trabajo:

La duración de este trabajo no debe ser confundida con el *deadline* para producir nuestro entregable. Con la duración lo que se quiere transmitir es cuando el compromiso adquirido se acaba. Esto, en forma perfecta, puede ser con la emisión del entregable (informe del DD). En ocasiones, tu cliente pedirá que se le acompañe el proceso posterior a la compra. Guarda un espacio pequeño, en tu propuesta, para la etapa post-compra donde reserves unas horas al mes para las posibles preguntas que surjan en esta etapa.

Un DD puede acabar antes de esta etapa. Por esto, la propuesta debe tener tres cosas adicionales:

1. Terminación anticipada por decisión nuestra,

2. Terminación anticipada porque el cliente así lo decide en forma explícita o tácita,

3. Terminación anticipada por falta de información del target.

La primera de estas cosas es importante ya que al hacer un DD pueden surgir conflictos de intereses dentro de la firma en la que laboramos. Por eso es necesario dejar abierta la posibilidad de darlo por terminado si nuestros mejores intereses están en otro compromiso y no en este.

En el año 2012, cuando el Estado compró los dos corredores de la ciudad de Panamá, la formación de una sóla compañía pública que administrara ambas vías era inminente. Esta compañía es hoy ENA. Esta empresa estaba destinada a ser más grande que la suma de sus partes. Quien realizara este DD tendría un cash temporal con este *engagement*. Sin embargo, tendría como fuerte limitante la posibilidad de no poder auditar a esta compañía. Este es uno de los ejemplos clásicos de un DD donde el mejor interés de la firma puede ser auditar a la empresa post-compra.

La misma situación se puede presentar en el cliente y él también debe tener una salida elegante y permitida por nuestra propuesta.

Recuerdo DD donde el tiempo de entrega de información del Target era tan dilatado que no tenía sentido seguir esperando. Mi jefe, que de por sí tenía un carácter renunciativo, decidió dar por cancelado el DD al haber pasado más de 1 mes sin entrega de la documentación. Esto sorprendió al cliente, pero trajo como consecuencia finalizar el compromiso y negociar el cobro de los honorarios.

Recuerdo otros DD donde nuestra firma estaba por cerrar un compromiso de auditoría con la empresa que resultaba luego de la compra o fusión. Eso nos hizo renunciar al compromiso sabiendo que seríamos los auditores de ese grupo y nos interesaba, como firma, esa relación más que el honorario del DD.

En todo caso, programa a tu personal por fechas, para tener cortes por tareas y puedas medir qué hacer en qué momento y dónde. El modelo Gantt,[15] como el que simplificamos en esta página, ha sido muy útil en el pasado y documenta con facilidad tus papeles de trabajo.

Este modelo pone en el eje Y las actividades a realizar y en el eje X los tiempos se planean llevar a cabo. De esta manera se expresa gráficamente cómo se hará el proyecto de DD. En el Anexo VI hemos colocado un ejemplo de este modelo Gantt, colocando actividades y tiempos de un DD modelo.

Junto al modelo Gantt, existe el modelo Pert y el modelo CPM que también puedes usar. Estos dos métodos son más complejos ya que te permiten hacer interacciones entre las actividades del DD. Quizá debes usar el Gantt en tu propuesta y dejar el PERT o el CPM para tu equipo de trabajo ya que sería muy complejo

---

15 El modelo Gantt se usa en administración de proyectos y debe su nombre a Henry L. Gantt. Varias fuentes dudan de la autoría de Gantt sobre esta gráfica. A pesar de esto su nombre se asocia con esta gráfica.

pasar del Gantt a otro en una simple propuesta de DD.

Te animo a usar un modelo similar a los que propongo y adaptarlos a tus propias necesidades. Comparte y discute este modelo con tu cliente. Esto te dará la oportunidad de que seas tú el que settee los tiempos en los que el DD caminará. Esto te dará una salida elegante a peticiones que se desvíen de estos tiempos.

## 3.5. Salvedades al servicio (La importancia de indicar las áreas no cubiertas en el proceso):

Nuestra propuesta debe incluir salvedades que en nuestro gremio contable deben empezar por indicar que un DD no es una auditoría a los EEFF de la compañía analizada. Esto nos llevará a encasillar el trabajo en lo que arriba mencionábamos como la norma 4400 de procedimientos acordados.

Otras salvedades comunes son:

1. Los periodos (años) que no se revisarán,
2. Los impuestos que no se revisarán.

En la segunda de las salvedades es recurrente informar que nuestro equipo no ve temas aduaneros y, por lo tanto, no se determinarán estas contingencias. En la mente del cliente puede ser una necesidad evaluar este tema. Sin embargo, los equipos contables en Panamá no tienen equipos expertos en esta materia y rara vez se estila analizar estos temas.

Lo mismo ocurre con los impuestos municipales de regiones apartadas donde es difícil, sino imposible, lograr un *expertise* que nos asegure la calidad de nuestros hallazgos.

Otras salvedades comunes son anotar que nuestro *expertise* es solamente relacionado con temas panameños. Es común que el target tenga actividades en otras jurisdicciones. No es común que nuestro equipo pueda contar con ese *expertise* y por lo tanto debe listarse como una limitante.

Lo mismo ocurre con la información no revelada. El *target puede*, de forma incluso inconsciente, retener información. Es común listar que esta información no será objeto del DD.

Otra salvedad común es que tu equipo maneja el idioma castellano por lo que información en idiomas distintos no podrán ser analizadas. Obviamente el idioma inglés es casi 100% aceptado como el idioma comercial, por lo que tendrás que dejarlo fuera de esta salvedad.

## 3.6. Qué requerimos del cliente:

Lo que solicitamos del cliente está fuertemente afectado por qué se está proponiendo en el DD.

En un DD clásico se pedirían, como mínimo, los siguientes documentos del periodo cubierto:

1. Declaración de Rentas,
2. EEFF,
3. Declaraciones de Dividendos,
4. ITBMS presentados,
5. Estado de cuenta de la DGi,
6. Informe de Compras del periodo cubierto,
7. Informe 930 y Estudio de Precios,
8. Libro de acciones,
9. Actas de Junta Directiva,
10. Apertura de los libros contables,
11. Estado de Cuenta del fondo de Cesantía,
12. Aprobación del Software Contable,

13. Toma de inventario, lo que incluye la toma de inventario de activo fijo,

14. Planilla 03,

15. Histórico de salarios en el periodo cubierto,

Es común pedir, aunque difícil de obtener, lo siguiente:

1. NIT,

2. Clave del SIPE,

3. Clave del MUPA o del Municipio (s) donde se esté.

El target tendrá una resistencia natural a entregar estas tres cosas ya que podrás tener la opción de ver declaraciones que van más allá del periodo cubierto en tu DD.

En forma virtual o en un *dataroom* físico, es usual pedir parte, si no la totalidad, de lo siguiente:

1. Principales Auxiliares

2. Confirmaciones independientes

3. Contratos del personal clave

En el Anexo VIII hemos puesto un detalle más exhaustivo de los documentos más comunes.

Esta petición debe ser hecha en forma escrita. En la medida en que tengas una copia de recibido de esta comunicación podrás indicar más adelante que no te han provisto la información solicitada.

**Importancia de Acordar no rectificar formularios en el periodo del DD**

Es importante limitar la posibilidad de rectificar formularios en los días en los que el DD esté ocurriendo. ¿Trabajarás con una renta que está por rectificarse? Si lo haces te lo deben decir. Para evitar la mala fe o simple descuido del *target*, asegúrate que exista el entendimiento de NO poder realizar rectificativas, a menos que te lo indiquen en forma expresa.

También deberás tener el mismo entendimiento con la posibilidad de hacer arreglos de pago.

### 3.7. *Deadlines*, lo que incluye un *Deadline* donde el entregable no será posible:

Por las razones expresadas arriba, el DD tendrá como fuerte limitante el tiempo. Esto no quiere decir que la propuesta debe ignorar los plazos.

Usualmente se usan varios *deadlines* dentro de un DD. Estos tratan de marcar los avances del proyecto. Los que nunca deben faltar en tu propuesta son:

1. Inicio,
2. Entrega de información,
3. Primer Borrador,
4. Discusión con el Target,
5. Discusión final con el Cliente,
6. Aprobación.

Es importante mencionar en la propuesta un *deadline* donde el DD no se realizará producto de no haber recibido la información. La propuesta debe decir cómo se comunica la renuncia al compromiso y el retiro del personal asignado al DD.

Adicionalmente, y como medida de seguridad para el que lo realiza, es importante fijar un *deadline* para aprobación del entregable. Luego de vencido este *deadline*, el entregable se entenderá aprobado. El target, tu cliente, abogados que participen en el DD y otros actores del DD, no entienden por qué tú necesitas este plazo. Como contador sabes que tu inventario son 8 horas al día multiplicado por cada cabeza que haya en tu equipo. Esto te fuerza a medir tu presupuesto, sino calcular tu propio ingreso, en base a horas. En ocasiones esto no es entendido por tus contrapartes en el DD.

Comunica esta necesidad que tienes. Esto evitará la tentación en el cliente de reservar tiempo para una nueva reunión que vea alguno de los puntos del DD.

## 3.8. Quién da el OK a nuestro entregable y con quién se discute:

Procedimientos complejos y rápidos pueden tener muchos actores en todas las partes. Asegúrate de tener uno y sólo uno, como aprobador para tu entregable. Esto debe estar claramente escrito en la propuesta. Lo mismo ocurre, aunque se puede ser más flexible, con las personas con las que se discutirá el entregable.

Es común encontrarse con personal del *target* que quiera discutir el entregable contigo. En ocasiones, lo que tú estás investigando ha sido propuesto por un abogado que se siente con algún grado de responsabilidad de sustentar su trabajo previo. Lo mismo puede pasar con los auditores del target que pueden sentir que su dictamen debe ser defendido en el DD que realizas. Debe estar 100% claro con el target que tu cliente no es él, ni su auditor, ni sus abogados.

También es común que el cliente decida discutir el entregable con el target. Algunos tratan de usarte como "policía malo" en el rol del DD. Hasta lo posible, esta discusión debe evitarse para no debatir con el target que, al final, no es tu cliente.

Si tienes claro quien da el OK a tu entregable estarás en posición de salir de discusiones estériles al decir que tu entregable es discutido con X persona y no con nadie más.

En este punto es importante enfatizar que alguien dio un OK

al entregable. Este OK no es una mera formalidad y debe ser entendido como un asentimiento de parte de tu cliente al entregable del DD. Con cierta frecuencia sale alguien a decir que no se compró una empresa porque el que hizo el DD dijo que no se comprara. Este no es tu rol en un DD, ni tampoco es para lo que te contrataron. Esto debe estar claro ya que tu rol e independencia como contador está comprometida cuando recomiendas comprar o no un negocio.

## 3.9. El tiempo en que se conservarán los documentos aportados y tus papeles de trabajo:

Es también importante hacer una distinción entre los papeles de trabajo y los documentos que recibas en el transcurso del DD.

Un papel de trabajo es tuyo según el Código de Ética, artículo 100. Estos serían tus cálculos, tus pruebas y demás levantados por ti mismo. Esto es la diferencia con los contratos, contabilidad, facturas y otros documentos, que el cliente te suministre.

Una de las situaciones más incómodas, en la fase post DD, es encontrarse con solicitudes de documentación meses o incluso años después de hecho el procedimiento. En ocasiones puedes encontrarte con alguien que quiere que le des el papel de trabajo en que basaste el cálculo de la posible contingencia. Esta petición se hace, la mayoría de las veces, en forma inocente. Casi siempre el que lo pide da como razón entender un negocio al que llega y donde la información del pasado no la había manejado antes. El Código de Ética no te obliga a dar este papel de trabajo. Es probable que tu firma ponga limitantes a dar estos documentos.

Estas peticiones son más comunes en los DD que en las auditorías.

Para evitar esto, toda la propuesta de DD tiene que contemplar un plazo en la que los documentos, importantes o no, no serán responsabilidad de quien hizo el DD. Este plazo debe fijarse en forma negativa. Es decir, si no se contesta, se entiende como que se está de acuerdo con la destrucción.

## 3.10. El entregable:

Es común al manual de la práctica de toda firma que todo compromiso tenga un entregable. Nuestra propuesta debe listar en forma expresa que nuestro entregable es el informe de DD bajo las normas de la NIA 4400.

Pon en tu propuesta en qué formato vendrá este entregable. En los viejos tiempos este formato era invariablemente un documento de Word muy parecido al texto que estás leyendo en estos momentos.

Hoy, cuando las cosas se leen en pantalla y no en papel, el formato PPT de slides ha reemplazado el uso del formato word.

Para evitar discusiones con tu cliente, lista en tu propuesta, qué formato tendrá tu entregable. Cualquier otra cosa distinta a tu entregable (procedimiento y hallazgo de la NIA 4400) comunícala vía carta de gerencia.[16] En el Anexo VII hemos puesto un modelo de carta de gerencia.

Este punto es especialmente necesario para evitar que alguien diga que tu rol es decir sí o no a la compra. Si mantienes la disciplina de que tu producto es tu entregable podrás decir con claridad que no fuiste contratado para decir que procediera esa compra.

## 4. Documentación interna del DD:

Una vez te firman la propuesta tienes una carrera contra el *deadline* que aceptaste tener. Esto hace que descuides la calidad de los papeles de trabajo que documentarán el procedimiento.

---

16 Para quienes no sean contadores, la carta de gerencia hace relación a la comunicación que tengas con relación a debilidades de control interno que observaste en tu procedimiento. La NIA 265 regula esta materia y establece tu responsabilidad como auditor de enviar esta comunicación.

Recuerdo muchos DD que no tenían la rigurosidad que usualmente tenemos con los papeles de trabajo que sustentan otros procedimientos. La excusa invariablemente era que no se había tenido el tiempo para guardar papeles de trabajo porque el DD tenía que hacerse en término muy corto.

Por esta razón quiero proponer, como mínimo, los siguientes papeles de trabajo e información soporte del DD.

1. Asignación y NDA del personal,
2. Bitácora de documentación recibida / entregada,
3. Confirmaciones enviadas,
4. Memo resumen de entrevistas realizadas,
5. Memo de planificación del DD,
6. Carta de Representación del Target o de quien te entregue los documentos.

Al comienzo del DD, toma un *binder* físico y ponle pestañas de cada uno de estos ítems. En pleno siglo 21 esto te parecerá anticuado. Pero hacerlo te facilitará el proceso de ordenar tus papeles de trabajo y poder sustentar tu entregable.

Estos documentos serán complementados con emails, tu propuesta y los demás papeles de trabajo que logres captar en tu *file*. Asegúrate de asignar a alguien, dentro de tu equipo, para que esté a cargo de esta misión. No lo asignes el día después del compromiso. Asígnalo desde el día 1 o verás como repites el ciclo de terminar el DD sin tener papeles de trabajo que lo sustenten.

## 4.1. Asignación y NDA del personal:

Con el tiempo recuerdo haber participado en DD sólo porque alguien me lo dijo. Es decir, nunca supe que estuve en un DD hasta que años después de terminado el procedimiento, alguien me preguntó si yo recordaba esto o aquello. La respuesta a estas preguntas siempre es no. La razón es que la persona que llenó los papeles de trabajo, en la firma donde laboraba, necesitó un "fiscalista" y usó mi nombre sin decirme que un par de emails contestados era "participar en un DD". Evita esto con un memo que claramente asigne al personal a un DD.

Este memo debe estar acompañado por un NDA firmado por este personal a cargo. Tu personal debe estar claro y así se lo debes indicar, que la información a la que tendrá acceso no puede ser compartida, discutida o publicada en ningún lugar.

Debes remarcar que es probable que el personal del *target* no sepa de la posible venta. Deben saber que revelar el objeto del DD quizá cause pánico en el target y por lo tanto el NDA no es sólo un papel de trabajo más.

El NDA es también la oportunidad que el personal tendrá de decirte qué conflicto de interés tiene con el *target*. Un país tan chico como Panamá corre el riesgo de que tu equipo conozca o incluso haya laborado con el target. Si esto es así, este personal no puede participar en el DD.

Así deben empezar tus papeles de trabajo de un DD.

Además de tener esta comunicación con tu personal, el NDA debe ser comunicado al cliente. En ocasiones hay muchas dudas de quién y por qué se pide un DD. ¿Es el target objeto de simple pirateo por parte de su competencia? ¿Estás, sin saberlo, siendo un espía corporativo? ¿Es decir, existe la intención genuina de comprar o sólo de sacar información por el precio que te pagan por el DD?

Esta pregunta la he visto hacer con alguna frecuencia en Panamá. Al igual que pasa en otros países, la competencia de un negocio puede mostrar interés por comprar y mandar a hacer un DD sólo con la intención de conocer las debilidades (o las fortalezas) del target. Esto los puede ayudar para tratar de sacar al *target* del mercado.

Cuídate de malentendidos en el futuro, con un documento sencillo que salvaguarde tu reputación. La forma es un NDA sencillo con una declaración de tu cliente sobre su intención genuina de comprar y no de piratear información.

## 4.2. Bitácora de documentación recibida / entregada:

Un DD involucra mucha información sensitiva junto con otra que es meramente intrascendente. Por momentos sentirás que el *target* te dio las fotocopias viejas que tenía en su oficina y trató de enredarte con ellas. Por esto, tu rol debe ser sortear el polvo de la paja y lograr ver la información realmente relevante.

Esto hace necesario que alguien lleve un conteo de lo que se recibió y lo que no se recibió.

Llevar esta bitácora servirá para comunicar al cliente las cosas que no se midieron porque la información no llegó a nuestras manos.

Este listado debe tener las fechas en que la información se recibió y, de aplicar, cuándo se devolvió.

Ten un documento de entrega fácil que contenga esta información. Esto llénalo a mano y pon al *target* a firmarlo. Este documento, cuya copia está en el Anexo XI serviría para alimentar la bitácora.

En el transcurso de los días se agregarán y quitarán documentos. Alguien del equipo debe llevar una bitácora de estos cambios. Es importante llenar con fecha esta información porque el target puede intencionalmente retener documentos hasta la última fecha posible con la única intención de hacer que tu trabajo sea más dificultoso. Documentar la entrega voluminosa de información en forma tardía te puede ayudar a pedir una extensión de tu plazo o demostrar qué documentación no pudo ser analizada por lo tarde que llegó.

Dentro de este protocolo debe existir una comunicación de la

| Bitácora de Recepción de Documentos: | | |
|---|---|---|
| Fecha | Documento | Persona que recibe |
| 10-jun-17 | Contrato de XYZ | Juan Pérez |
| 10-jun-17 | Acciones 01 a 09 | María González |
| 10-jun-17 | Recibo de pago de ABC | Pedro Martínez |
| 14-jun-17 | Detalle de cuenta de otros gastos | Juan Pérez |
| 14-jun-17 | Toma de inventario físico | Pedro Martínez |
| 15-jun-17 | Declaración de XXX | María González |
| ..... | ............................ | .......... |

bitácora al target y al cliente.

Guarda en esta bitácora un espacio para colocar quien recibió el documento.

No tengas miedo de llenar esto a mano. Asegúrate que tu personal pueda opinar sobre qué otras cosas has recibido del *target* y del cliente.

Es recomendable compartir esta información con el cliente, en alguna reunión de cierre, para asegurarnos de no quedarnos con información que no forme parte de nuestro expediente permanente. Esto minimizará, las peticiones de documentación en fechas posteriores al cierre de tu compromiso.

## 4.3. Confirmaciones enviadas:

Al igual que en una auditoría, en el DD se suelen enviar confirmaciones a proveedores, acreedores e instituciones bancarias.

A diferencia de una auditoría, estas confirmaciones rara vez llegan antes de finalizar el DD. Guárdalas y documenta las que no llegaron a tiempo o las que sencillamente no fueron contestadas.

Documenta como una debilidad no tener confirmaciones a la hora emitir tu DD. Esto te dará una carta de gerencia fácil de llenar y que le agregará valor a tu cliente.

Si tu cliente llega a encontrar una eventualidad en el futuro, la revisión de los documentos que no llegaron a tiempo servirá para documentar porqué esta contingencia no fue identificada.

## 4.4. Memo resumen de entrevistas realizadas:

Es común reunirse con muchas personas en el *target* y en el cliente. Cuantas más reuniones personales tengas, más información te dirá alguien relacionado con el *target*, incluso alguien en el mismo cliente. No olvides hacer un memo resumen, que diga cuándo fue la reunión y qué temas se debatieron. En una sección de este libro, hemos ahondado en ese tema y hemos provisto un modelo para resumir la entrevista. Este modelo te servirá para recordar cuál fue la impresión del personal del *target* sobre tus cuestionamientos.

El memo resumen no es este modelo. El memo resumen te ayudará a resumir las entrevistas y darles coherencia. Este documento no cumple el rol de mero resumen de cuáles entrevistas se realizaron y a quién. El rol que cumple es documentar como un todo qué conclusiones salieron de las entrevistas. Este documento es la oportunidad de expresar tus impresiones sobre la rapidez con la que te entregaron la información, la confianza que te generaron las personas entrevistadas, tu evaluación sobre sus conocimientos técnicos y cualquier otra cosa subjetiva que sientas importante documentar.

Recuerdo muchos procedimientos, no sólo DDs, donde todos los procedimientos que hicimos arrojaban perfectos resultados. A pesar de esto, algo nos decía que el negocio no estaba 100% perfecto. ¿Cómo y dónde documentar este *"feeling"*? Usa el memo resumen de las entrevistas para documentar tus instintos de auditor. Este memo es el Anexo XIII de este libro.

## 4.5. Memo de planificación del DD:

Este memo debe servir para documentar que estrategia tendrás en tu DD. La NIA 300, establece algunos pasos sobre la planificación de la auditoría. Nosotros, en el DD, podemos ser más flexibles ya que no estaremos auditando bajo NIAS. Por esto, la planificación se concentrará en la estrategia que seguirás. Esta estrategia debe descansar en lo que has podido encontrar en tu *Memo Infográfico* más lo que tu intuición te diga.

Para estas alturas del DD, ya tienes un *Memo Infográfico* que te permite medir porqué verás con más atención algún procedimiento. Este mismo Memo Infográfico te permitirá documentar porqué prestarás menos atención a otros puntos y tendrás una base técnica para sustentarlo al cliente y al expediente de tu DD. Nunca podrás dejar a un lado tu intuición, pero fórmate la disciplina de documentar las razones en las que planificas tu DD en criterios medibles.

En este momento también debes tener un personal asignado. Asígnales funciones vía este memo.

Con ambas cosas (personal y tareas), subdivide los *deadlines* que tienes en tu propuesta.

Incluir qué cosas se pretenden ver y a quién en el equipo se le asignarán, te ayudará a medir el progreso de tu equipo en las semanas del DD.

En la práctica, he visto memos tan cortos como una sóla página o tan largos que llegan a tener 10 o más.

No importa que tan corto o largo sea, el memo debe contener un resumen de las horas que se asignarán a cada tarea y fijar *deadlines* internos al equipo.

La importancia de este memo no puede ser subestimada. Saca tiempo para pensar en este documento porque evitará que pases por lo que fácilmente se puede convertir en saltar de una cosa a la otra sin en realidad alcanzar nada en tu DD. Por momentos podrás caer en la trampa de entrar en una reunión para salir a otra. Encontrar una cosita acá y otra allá. Ver que un senior hizo algo que tenía lógica y que un gerente dijo algo que tenía sentido. Luego de un mes..., no tienes nada que decir en tu DD. La pregunta que te harás es: ¿por qué? Te sentirás como el que está en una bicicleta estática. Se mueve mucho, incluso suda, pero está en el mismo lugar donde empezó.

La forma de evitar esto es gastando en tu memo el tiempo que esta tarea merece. Sólo queriendo llegar a algún lugar llegarás.

En el Anexo XV proponemos un modelo de este memo de planificación.

## 4.6. Carta de Representación del Target o de quien te entregue la información:

Esta carta de representación es muy común en procedimientos de auditoría. Sería muy fácil que alguien te contrate y luego diga que los números en los que basaste su dictamen de auditoría no son correctos. Para evitar esto se usa la carta de representación. Con esta carta el Auditor pasa la responsabilidad al cliente sobre su contabilidad. Así el auditor deja claro que su responsabilidad es con el dictamen no con los EEFF que ha auditado.

En DD hemos llegado a descuidar esta carta que debe servir para documentar el procedimiento y cubrir futuros desconocimientos del *target* sobre la información que él mismo ha provisto. No es fácil lograr esta carta ya que el *target* siente, y en realidad es así, que su relación no es contigo sino con quien lo va a comprar. El tiempo es tan estrecho que el target puede indicar que no tiene el tiempo para proveer representaciones vía carta ya que no puede dedicarle horas a una posible compra. También puede indicar que las representaciones que pidas no se pueden dar porque pocos en la organización saben del DD y la posible compra. Si esto es así, asegúrate de poner este *caveat* en tu entregable. Este *caveat* te permitirá responder a comentarios post DD donde alguien cuestione tus hallazgos indicando que no viste o indagaste lo suficiente.

Esta carta debe empezar indicando que *al data room* ha llegado la información veraz y al mejor conocimiento del target. Es común que esta representación tenga una leyenda de estar dada sin que existan registros y/o documentos materiales sin entregar o mostrar. Al ser una declaración del target, es probable que la palabra material no toma en cuenta el monto de tu materialidad. Recuerda que esta materialidad quizá solo fue discutida con tu cliente sin que el target estuviere anuente a este monto. Por lo tanto, es importante anotar esta diferencia en estos términos cuando hables con tu cliente.

En el Anexo X, hemos provisto un modelo de carta de representación que el *target* te puede dar sobre sus números y documentos.

# Parte II

Hasta este punto, sólo has recogido tus impresiones, los has tratado de medir vía tests y lo has recogido en un *Memo Infográfico*. Luego has redactado los papeles necesarios para documentar qué cosas piensas hacer, redactaste una propuesta y, con algo de suerte, te la han aceptado.

Es en este punto del DD donde debes empezar tu tarea de campo.

Esta parte del libro trata de indicar qué procedimientos deben realizarse en un DD panameño.

## 5. ¿Qué procedimientos hacer en el DD panameño?:

Una vez haz hecho los pasos de arriba, resumiremos los procedimientos del DD panameño. A pesar de que otros autores indican que no hay una lista definitiva que pueda usarse para el DD fiscal[17] pretendo dar los puntos mínimos que debe tener un DD.

En este trabajo dividiré los elementos del DD en 10 puntos que son:

1. Elementos relativos a la organización fiscal del negocio
2. Elementos relativos a descuadres generales del negocio
3. Elementos relativos a la DR
   3.1. Impuesto Complementario
   3.2. Aviso de Operación
4. Elementos relativos a retenciones laborales
5. Elementos relativos a obligaciones municipales
6. Elementos relativos a las notas de los EEFF
7. Temas laborales

---

17 Reed Lejaux y Charles M. Elson. Obra citada. Página 227.

7.1. Renta vs 03

7.2. Cálculo del Pasivo Laboral y Fondo de Cesantía

7.3. Salario en Especie

7.4. Repartición de Utilidades

7.5. Fecha de entrada de trabajadores en el SIPE vs Contratos de Trabajo

8. Mupa y otros municipios

9. Notas a los EEFF del *Target*

10. ITBMS

11. Pagos en efectivo

12. El departamento de contabilidad

13. Entrevistas al personal del *Target*

Veamos estos puntos.

## 5.1. Elementos relativos a la organización fiscal del negocio:

El primero de los bloques que conforman un DD panameño, debe ser el chequeo general de la organización fiscal del negocio.

El primero de estos puntos es conocer el nombre del *target* y su forma corporativa. En esto dedicaremos un tiempo a entender como el simple nombre puede ser una contingencia con independencia de que legalmente no sea la misma entidad que hoy tiene el target.

Luego revisaremos otros puntos sabiendo que algunos de estos *items* son muy breves para poder ser listados en forma independiente, por esta razón decidí agruparlos en una tabla sencilla que comunique los posibles incumplimientos del *target*.

### 5.1.1. Nombre y Forma corporativa:

En ocasiones el target ha pasado por transformaciones comerciales que lo han llevado a funcionar con empresas distintas a las que originalmente usaba. Esto puede generar una contingencia de importancia para tu DD porque estarás revisando empresas que el target ha tratado de sanear sin que te presenten otras en donde las contingencias son importantes.

Piensa el caso de un muchacho experto en tecnología que sólo tiene las ganas de hacer un producto nuevo y un amigo que comparte esa visión. Empieza en el garaje de la casa de sus papás y se vuelve millonario de esa forma. Este fue el caso de Apple cuando, Jobs y Wozniak, se juntaron a inicios de los 70s. ¿Qué nombre usaban? ¿Cuándo crearon la primera empresa formal y cuándo usaron el nombre *"Apple"*? Estos son puntos que quien sea que haga un DD debe preguntarse porque las fechas no necesariamente coincidirán con las inscripciones el registro público.

Por tal razón, es probable que tú y tu cliente quieran conocer qué cosas pasaron formal o informalmente con el *target* en sus otras vidas corporativas con anterioridad a la empresa que te presentan para revisión. Con esto trata de ver si existe alguna responsabilidad formal o informal para la entidad actual.

El tristemente célebre caso de Cobranzas del Istmo, donde se usó el *outsourcing* de cobros de impuestos, ilustra bien este tema. Al ser evidente que este contrato había sido otorgado por Luis Cucalón para repartirse coimas con otras personas, la opinión pública vinculó también a su superior jerárquico, el ministro del MEF. Este ministro dirigió al Banco del Istmo hasta que fue vendido a HSBC en una transacción billonaria. Este ministro del MEF, se quejaba de que todo lo que tenía nombre "del Istmo" era asociado con él. Esta asociación, que según él no existía en este caso, le causó ser indagado, aunque no imputado, por el Ministerio Público. Lo mismo ocurre cuando tu nombre ha sido usado anteriormente, sobre todo si lo has usado tú mismo. Cosas intrascendentes, pero que suenan igual, son un riesgo que asumirá tu cliente más allá de la forma corporativa que use el *target* hoy.

Para ti es relevante limitar tu responsabilidad sobre la entidad a la que le estás haciendo un DD, sin ignorar que a tu cliente le interesará si comprándola asumirá riesgos reputacionales por el uso del nombre en otras entidades.

Como fuerte limitación encontrarás que mucho de la información que pidas no estará en control del *target* ya que quizá este riesgo se refiera a sociedades que ni siquiera llegaron a existir. Lista esto en tu DD, con la intención de salvar tu responsabilidad sobre este ítem.

### Forma Corporativa:

En Panamá, la sociedad anónima fue la forma universal dehacer negocios, hasta que el sistema "check the box"[18] de los EEUU propició el uso de las sociedades de responsabilidad limitada. Algunos profesionales usan las sociedades civiles[19] y quienes necesiten mostrar capital alto, utilizan la sucursal de empresas extranjeras.[20]

A parte de estas realidades es casi imposible encontrar otras de las sociedades listadas en nuestras leyes.[21]

La importancia de documentar la forma corporativa del target está en la trascendencia que fiscalmente esta forma puede tener en el ISR y el Impuesto de Dividendos. Adicionalmente, existe la obligación de documentar en tu expediente el nombre usado, la fecha de constitución, quienes pueden representar a la empresa, entre otros temas que te servirán a lo largo del DD.

---

18 Este sistema permite total transparencia entre la entidad extranjera y la americana. La SA panameña está catalogada como "per se corporation" y por lo tanto no clasifica para este régimen.

19 El uso ha mermado ya que las cortes han aceptado que las sociedades anónimas tengan los mismos beneficios de la sociedad civil.

20 En ciertos negocios como la banca y los seguros, así como las contrataciones públicas, el capital es un requisito para poder funcionar. Por esta razón la sucursal extranjera es la opción para quienes busquen mostrar el músculo financiero de su casa matriz en el extranjero.

21 La sociedad encomandita y otras más listadas casi no existen en la práctica a pesar de que todavía se mantienen en nuestros libros.

Es sobre todo importante conocer si la forma corporativa acepta tres cosas que son comunes a la reorganización corporativa:

1. Fusión
2. Escisión
3. Redomicilio

Ninguna de estas cosas que listamos son posibles con una sucursal. La tercera no es posible en sociedades civiles. La primera no es posible entre sociedades civiles y sociedades mercantiles. Estos datos debes tenerlos claros desde el inicio del DD porque te pueden servir en la vida DD del target.

Por esta razón debes tener claridad de qué tipo de entidades están involucradas por el lado de tu cliente y por el lado del target.

Mucha de esta información está accesible de forma directa vía la web del Registro Público. Usa este web para verificar las fotocopias y la historia corporativa que el target cuente. No hay excusa para que un DD confíe sólo en la información provista por el target sin verificarla en forma independiente por este canal oficial.

Un senior de tu equipo podrá documentar estos temas con dos PTs que hemos incluido como Anexos XVII y XVIII a este libro.

### 5.1.2. Aperturas de Negocio:

Como joven empleado en firmas de contabilidad, un punto que aprendí rápido, fue preguntar si los libros legales del negocio estaban "aperturados".

Libros no aperturados

- El Código de Comercio manda a aperturar los libros de contabilidad.
- Como alternativa se puede pedir la autorización para llevar un software contable.

Esta palabra, que quizá ni siquiera exista en el idioma castellano, es muy popular entre los contadores porque tradicionalmente se ha realizado una diligencia de apertura de libros contables.

En un momento la diligencia de apertura se realizó frente a notarios hasta que, en los 90s, la DGi dictó una norma que pasaba esta responsabilidad a los contadores.[22]

Los libros que deben aperturarse son aquellos mencionados por el Código de Comercio, como aquellos que deben usar los comerciantes.[23] En el Anexo XX hemos puesto una leyenda que puede servir para esta diligencia de apertura.

En un momento los libros pudieron aperturarse en forma electrónica. Esta posibilidad se eliminó con la Ley 8 de 2010. En este año se abolió el DE26 de 1998 y por esto se está en la duda de cuál debe ser el rol del contador en esta apertura y si puede realizarse sobre softwares y otros mecanismos electrónicos.

Lo que aparentemente tiene vigencia aún es la utilización de algún software contable aprobado por la DGi. La importancia práctica de esto es saber qué libros ver en el DD.

Al momento de no contar con un software aprobado por la DGi, los libros oficiales deben ser los libros manuales.

| |
|---|
| • Libros no aperturados. |
| • Software no registrado en la Dgi. |
| • Capital que nunca se emitió o no se pagó |

Evidentemente esto es un eufemismo porque es casi imposible tener una contabilidad manual. Esto obligaría a pasar los saldos del software a los libros físicos.

---

22 En 1996 la DGi dictó la Resolución 201-909 y en 1998 la 201-1990. Ambas sirvieron como base para esta práctica que aún se mantiene. En el año 2011 la Dgi absolvió una consulta que parecía indicar lo mismo con la Nota 201-01-3297.

23 Según el Código de Comercio estos libros son un diario, un mayor, un libro de actas y un libro de accionistas.

Con la expresión "libros físicos" surge otra pregunta y es si la impresión física de los libros electrónicos cuenta como "libro físico" o si se debe llevar un libro manuscrito a la vieja usanza. No parece existir una respuesta universalmente aceptada a esta pregunta.

Un paso interesante es saber si, luego de aperturarlos, se han utilizado. Las empresas tienden a descuidar pasar los libros manuales y por tanto es siempre una forma fácil de documentar una posible contingencia.

No llevarlos actualizados no debe ser un impedimento para que realices tu DD, aunque debes indicar que la DGi, de tiempo en tiempo, ha multado a contribuyentes por no "llevar" estos libros.[24]

En adición a la apertura de libros contables, existe la obligación de llevar libros de actas y de libro de accionistas. Cualquier autoridad, según la ley 22 de 2015, puede advertir al MEF la inexistencia de estos libros lo que acarreará una multa de US$ 100 diarios.[25]

Una vez se sabe que existe contabilidad y libros aperturados, debes indagar si existen Estados Financieros. Este requisito es básico para poder contar con una renta. La obligación de tenerlos está contenida en el Código de Comercio (artículo 95) y quizá en forma más general en la obligación de que la Declaración de Rentas, se presente según la contabilidad según NIIFs contenida en la ley 6 de 2005.[26]

Para este momento del DD, ya tienes una respuesta sobre si existen o no estos EEFF. El rol en este punto no es otra cosa que entender si el que te han provisto es consistente con el que el target tiene en su oficina y en su departamento contable.

---

24 http://www.momentofiscal.com/TAT%20dice%20que%20multas%20por%20falta%20
de%20libros%20se%20imponen%20una%20%C3%BAnica%20vez.html
25 Esta norma modificó el artículo 71 del Código de Comercio imponiendo adicionalmente una marginal para quienes muestren renuencia llevar estos libros.
26 La Resolución 201-1990 de 1998 se refiere a esto vía instructivo.

Un senior en el equipo debe reportar si existen estos y qué dictamen tienen. Como discutíamos arriba, en la ciencia contable, existen 4 tipos de dictamen de EEFF que son:

- Auditados
- Revisados
- Procedimientos Acordados
- Compilación

En ese orden, los EEFF han expresado, de mayor a menor, la seguridad del que lo firma.

En ocasiones el target no tendrá EEFF porque su negocio es consolidado en otro país y, no piensa necesario cerrar sus libros en Panamá y producir este reporte. En otras ocasiones el target maneja un EEFF en su corporativo, mientras su oficina en Panamá no maneja este documento. Esta será una debilidad de importancia.

Los cambios de auditores también deben ser una contingencia que debes notar. ¿Tienes un target que fue auditado por un auditor el año 1 para luego cambiarlo el año 2 y el año 3? Esta inestabilidad debe ser cuestionada por tu equipo. La respuesta en ocasiones es la necesidad de rotación del auditor por política corporativa. En algunas industrias esta rotación es incluso mandatoria. Por lo tanto, la contingencia debe ser indagada para ver si más allá de una política de rotación estás ante un target que no presenta sus números con claridad y por eso prefiere siempre tener un "auditor nuevo".

Acciones no existen o no están pagadas...

Otro punto crucial en el DD, es saber si el libro de accionistas ha sido usado. Lo importante de esta apertura es saber quién es el accionista. Según cuenta una vieja leyenda, un famoso almacén, cuyo nombre coincidía con el apellido de sus dueños, no tenía acciones emitidas al momento de la venta.

Pensemos que el apellido de esa familia era GONZÁLEZ. La pregunta interesante que surgió fue: ¿A quién le compras si no sabes quién de los tantos González es el dueño de GONZÁLEZ, S.A.?

Una segunda pregunta que surge es quién puede cobrar un dividendo y qué tratamiento contable/fiscal deben tener los dividendos distribuidos hasta la fecha. Pregúntate cuántos "González" reciben pagos y porqué estos no pueden ser reclasificados como dividendos. Esta respuesta será particularmente interesante cuando el "González" que se sienta accionista o compañías controladas por él han recibido pagos por servicios en los años previos.

No emitir acciones fue la costumbre en Panamá y todavía deben existir empresas "sin acciones emitidas". Si este es el caso toma nota y tendrás un punto excelente en tu DD.

En el caso ideal, debe existir un asiento de apertura donde se recoja el pago de capital contra emisión de este. Si esto no existe, tu rol debe ser, sugerir reclasificar parte de la deuda con el accionista como aporte de capital o incluso pedir el pago del capital emitido y no pagado.

Los Anexos XIX y XXI muestran estos puntos y pueden ser llenados por un senior, en conjunto con el gerente, del compromiso.

### 5.1.3. Información básica desactualizada

Una parte interesante y descuidada por el contribuyente es su información básica contenida en registros oficiales.

La primera de esta información básica que me gusta ver es los formularios del contribuyente que existen, pero que nadie los firmó. La razón no es ninguna en particular salvo que nadie pensó que debían firmarse. No se está claro si alguien puede ser multado por esta falta de firma pero sí puede denotar que nadie aprobó ese formulario. Si encuentras formularios sin firmar la siguiente pregunta debe ser quién los aprobó. Pregúntale al firmante si él aprueba lo que firma. Te sorprenderás las veces que la respuesta es: No.

La razón de documentar esto es poder indicar que nadie firmó estos formularios porque la responsabilidad de los mismos la tiene alguien distinto al firmante.

Este punto siempre suena bien en un reporte de DD.

De la misma forma existe información básica del RUC que nadie se preocupa en actualizar. Por eso, revisar quién es el representante legal, dirección, teléfono, actividades realizadas, impuestos a los que se está obligados y norma financiera (NIIF o USGAAP) a usar son temas obligatorios.

Piensa en un RUC que todavía dice que el representante legal es una persona fallecida, un exempleado o alguien que ya no vive en el país. ¿Puede alguno de estos notificarse, aprobar un formulario o dar un poder a un abogado? Claro que la respuesta es no.

Lo mismo ocurre con la dirección y teléfono del target. Esta no solo es una información relevante para la DGi sino para otras entidades también.

Al comenzar el Etax2, gran cantidad de asalariados recibieron emails indicando que estaban omisos en presentación de ITBMS. La pregunta recurrente era: ¿Cómo si yo soy un asalariado? La respuesta invariable fue que, en algún momento del pasado, se había hecho una declaración de ITBMS y, el sistema, entendía que esa era una obligación del contribuyente. Hasta que esta obligación no se eliminara, el contribuyente seguía recibiendo

| | |
|---|---|
| Formularios físicos firmados | |
| Dirección actualizada | |
| Representante Legal actualizado | |
| Teléfono actualizado | |
| Impuestos actualizados | |
| Actividades Económicas actualizadas | |
| No. Aviso de Operación | |
| No. Patronal ante la CSS | |
| Existen redes sociales del *target* | |
| Redes sociales están actualizadas | |
| Quien las maneja sabe qué hacer si llega una notificación de la DGi | |

esta notificación. Qué consecuencias tendría esta situación en una empresa que tiene activada una obligación que nadie cumple. ¿Alguien ha revisado esto en el *target*?

Otros puntos importantes es el email del contribuyente y los terceros vinculados. Los terceros vinculados son las personas a las que el target le ha dado acceso a su cuenta corriente de la DGi.

Ambas cosas aparecieron con el nuevo etax2 y dicen mucho del riesgo de ser contactado por vías ya obsoletas dentro de la organización. Lo mismo ocurre con terceros vinculados que ya no tienen relación con el target.

En 2016, la DGi empezó a experimentar con las notificaciones vía redes sociales.[27] Al momento en que escribimos este libro, no existe mucha experiencia en este tema, pero de seguro la oportunidad y el deseo de usar este tipo de notificaciones por la DGi, podrá darte puntos interesantes en tu DD.

Pregunta: ¿Cuáles son las redes sociales del target? Pregunta también: ¿Conoce el que las maneja la posibilidad y seriedad de una notificación de la DGi?

La introducción de los terceros vinculados ha facilitado la observación de la cuenta corriente y el envío de formularios por personas distintas al representante legal e incluso externos a la empresa. Tu rol debe ser comunicar al representante legal que alguien manda formularios en su nombre. Esto es un

---

27 http://www.momentofiscal.com/2016JUN%20notificaciones%20se%20haran%20
  por%20email.html

riesgo de importancia ya que, sin saberlo, mandas información a la DGi que ni siquiera conoces. Por esto, la habilitación del tercero vinculado debe ser la norma en organizaciones donde se terceriza el servicio de envío de formularios y reportes a la DGI. Lo mismo ocurre cuando la organización es tan grande que tiene personal interno, distinto al representante legal, y que envía esta data.

Es importante informar esto en tu reporte porque, una vez cambiada la administración, debería actualizarse el listado de terceros vinculados en el target y demás info que hemos discutido en esta sección. Lo meticuloso que fuiste en esta sección te ahorrará tiempo al momento en que tu cliente compre al target.

El Anexo XXII y el Anexo XXIII tratan de recoger estos ítems.

### 5.1.4. Documentación Visible al Público

Por alguna razón distintas normativas obligan a tener, de forma visible, permisología del contribuyente. Esta información consiste en documentos que deben estar a la vista, por lo que en teoría no tienes necesidad de pedirla.

Las más tradicionales son:

1. Aviso de Operación,[28]
2. Registro Patronal ante la CSS,[29]
3. Distintivo - Tesorería del MUPA,[30]
4. Letrero de Facturación (Lleve su factura).[31]

Con menos frecuencia verás:

1. Exención de ITBMS,

---

28 Artículo 5 del Decreto Ejecutivo No.26 de 12 de julio de 2007.
29 No encontramos una obligación expresa, por lo que esto sólo lo listamos como mejor práctica.
30 Artículo 78, Acuerdo 40 de 2011.
31 Artículo 11 de la ley 76 de 1976 según fue reformado por la ley 72 de 2011.

2. Registros en Juntas Técnicas,[32]

3. Estados Financieros,

4. Carnet de Salubridad.

Alguien en tu equipo tendrá que verificar, si esta información básica está a la vista. No la pidas. Manda a alguien a ubicarla. Si la persona que envías lo obtiene por sí mismo esta información, tu reporte debe decir que no fue ubicada.

Si se está exento de ITBMS deberás revisar si tiene la certificación y la ubica en un lugar visible del negocio. Lo mismo puede ocurrir con registros en juntas técnicas y que sean requisito para operar. En el menor de los casos tendrás quienes están obligados a tener visibles sus estados financieros.

El Anexo XXIII recoge el papel de trabajo para esta sección. El personal más junior en el equipo debe llenar este PT.

## 5.1.5. Facturación

Hasta el año 2012, la obligación de facturar se satisfacía con la sola emisión del documento vía papel preimpreso. Este papel preimpreso tenía ciertas características a las que se refería el artículo 1 (P1) de la Ley 76 de 1976.

La norma también establecía otras obligaciones que resumimos en el pie de página.[33]

Los cambios del 2012[34] se hicieron para que sólo se pueda realizar una factura mediante la máquina fiscal. La norma impone obligaciones secundarias de mantener una facturación manual

---

32 En Panamá muchas carreras están restringidas. En el Anexo XXX hemos listado algunas de las carreras restringidas y las leyes que dieron origen o que regulan esta restricción.
33 Estos son:
    1.    Nombre, dirección y Ruc del vendedor.
    2.    Numeración corrida y punto de facturación.
    3.    Denominación del documento (factura, nota de crédito o nota de débito)
    4.    Día, mes y año de la emisión de la factura.
    5.    Descripción de la operación con cantidad y monto.
34 Ley 72 de 2011.

para momentos cuando el suministro eléctrico falta y una bitácora donde se registra las veces que se da mantenimiento a estos equipos. Pide ambos ítems para asegurarte con el cumplimento de este aspecto de la norma.

Esta norma exime a una gran cantidad de empresas y actividades de su uso. Entre las exenciones más comunes están la actividad agrícola (hasta 250 mil dólares), los alquileres de locales propios, la banca, entre otros.

En estos casos, tendrás que revisar si se cumplen los requisitos mínimos de facturación[35] y cuál es la norma en la que se basa el target para no usar el equipo fiscal.

Existen otros contribuyentes que tampoco usan máquina fiscal por una especie de dispensa de la DGI. Esto son aquellos que deben imprimir tantas facturas que exceden la capacidad de una impresora fiscal. Ejemplos de esta situación se encuentran en las compañías telefónicas y otros servicios públicos. Aquí debes revisar en qué Resolución está basado este procedimiento.

Una vez lo hagas, tendrás que ver si el software en el que se basó la resolución todavía está vigente o si el sistema (distinto al software) todavía lo está.

En caso de negocios de venta al público, alguien en el equipo debe hacer una compra controlada y verificar:

1. Emisión de la factura vía máquina fiscal,
2. Si el target pregunta sobre querer o no una factura,
3. Nombre del target coincida con el emisor de la factura,
4. Discriminación entre los ítems comprado.

No entregar facturas o sugerir no imprimirlas, debe marcar alto en tu rango de riesgo para el target. Quien no facture puede

---

35 http://www.momentofiscal.com/MuseExport/dgi-dijo-que-requisitos-deben-tener-facturas-sin-impresora-fiscal.html

creer que se ahorra mucho en ISR. Lo cierto es que la experiencia de todo auditor dice que cuando le escondes 1 dólar a la DGi, tus empleados te esconden 2 a ti.

En adición a la impresión de la factura, debes chequear el letrero sobre facturación. Este requisito, fue impuesto en 2012 y ha sido cumplido en forma más o menos regular por los contribuyentes.

En el Anexo XVI tenemos un modelo de papel de trabajo para estos temas de facturación. Un senior puede llevar a cabo estas diligencias.

Se ha vuelto común, en todas las administraciones tributarias, hacer inspecciones al cumplimiento de este requisito. Esto ocurre porque desde hace décadas existe un departamento de facturación en la DGi. Este departamento ha sido, por momentos, activado para hacer operativos que verifican el cumplimiento con el deber de facturar.

Las multas por supuestos incumplimientos de estas normas van desde mil a 5 mil dólares con una extraña sanción de 2 días de "cierre" de local.

En algunos años, el TAT ha prácticamente dedicado todo su tiempo a fallar estos casos.[36] Esto abre una contingencia para quienes tengan casos pendientes por lo largo del tiempo entre una multa impuesta por la DGi y un fallo del TAT o de Sala 3ra.

Debes documentar cómo se previene este riesgo en el target. En ocasiones un memo de personal está claramente visible a todos los empleados de caja. En otras ocasiones el target realiza capacitaciones periódicas sobre esta obligación, dándote la oportunidad de documentar la asistencia a este curso.

## 5.1.6. Cuenta Tesoro Nacional ITBMS

Los países del área tienen un plan de cuentas único que deben

---

36 http://www.momentofiscal.com/MuseExport/cair-y-multas-fue-lo-que-vio-el-tat-en-2014.html

usar los contribuyentes. Este plan de cuentas es provisto por el fisco y seguido en forma obligatoria por los contribuyentes.

Panamá no tiene un plan de cuentas oficial para la materia tributaria. Pese a esto existe el artículo 32 del DE84 de 2005 que obliga a tener una sóla cuenta para el ITBMS que tenga el nombre: *TESORO NACIONAL ITBMS.*

En esa cuenta pondrás el crédito y débito de IVA/ITBMS. La norma indica que esta debe ser una cuenta de balance, sin afectar resultados.

Esta misma norma indica que el ITBMS no compensado y que será gasto deducible, pasará a una cuenta de resultados llamada *ITBMS cuenta gastos.*

Este requisito no es entendido bien por algunas multinacionales que insisten en llevar cuentas separadas para débito y crédito de ITBMS. Esta forma de registro puede, en algunos casos, ser más eficiente que la ordenada por el DE 84, sin embargo, violaría esta norma.

Pregúntate:

1. ¿Lleva el target una cuenta TESORO NACIONAL ITBMS?,
2. ¿Es una cuenta de balance sin afectar resultados?,
3. ¿Pasa el crédito no compensado a la cuenta ITBMS cuenta gastos?.

El Anexo XXXVI trata de resumir estos puntos.

### 5.1.7. Carencias del departamento contable

Salvo este apartado y el siguiente, todo lo que puedas ver en tu DD serán sólo los síntomas de un problema. No la raíz de este. Verás debilidades en ITBMS, en retenciones por remesas y en otros puntos de la fiscalidad del negocio, pero no verás que causó estas debilidades dentro del target. Las causas de los problemas, casi siempre están en debilidades del departamento contable y en las debilidades del departamento de impuestos (si existe este).

A estos dos departamentos le dedicaremos los apartados siguientes.

Empezaré a tratar estos problemas hablándote de cómo recuerdo el gremio cuando lo conocí. Cuando comencé mi carrera profesional el contador era el que más trabajaba, el que

- Todos hemos sido llamados el 31 de marzo a las 11 para ver si podemos hacer una renta.
- ¿Quién ha podido hacer esta renta??
- Lo mismo con un DD donde la contraparte no existe...

05

No tener Contador... o cambiarlo con frecuencia ...

menos ganaba y al que peor se le trataba. Era común que en la firma donde laboraba el personal rotara sin que los gerentes o socios les importara mucho esta rotación. Siempre había alguien que tomaba el lugar del que se iba.

Con el tiempo esto fue cambiando y empezamos a ser más apreciados.

Comenzamos a escuchar a socios y gerentes de firmas hablar de falta de contadores. Los empresarios y la comunidad de negocios también empezaron a resentir esta escasez.

Hoy Panamá tiene una carencia total de contadores. Esto se traduce en una debilidad **creciente** de los equipos contables de la empresa privada, de las firmas de contadores y hasta de la misma DGi.

Pregunta y documenta cuánto tiempo tiene el equipo contable y qué tanto rota este personal. Rotaciones constantes en el equipo contable hará que la calidad y solidez de las cifras no sean buenas. Quizá recuerdas momentos en los que la oficina requiere llamar a personal que ya no está laborando ahí. Quizá un cliente hace referencia a una planificación fiscal pero el socio que la hizo ya no labora en la firma. Puedes tener una idea de lo que se hizo si lees unos slides que estén en el servidor de tu oficina, pero es difícil que puedas captar, al 100%, lo que se planificó. Así se siente el contador "nuevo" cuando toma las riendas de una empresa. Ves auxiliares, ves registros pero es difícil entender a cabalidad todo sin mayores referencias del que te precedió. Cuántas más veces se repita el ciclo de rotación del contador, más referencias al contador "anterior" se harán necesarias y menor calidad tendrá la información contable.

Con delicadeza sugiere alternativas a esta rotación. Una de las recomendaciones que me sirvieron en la vida post-DD fue recomendar mejor compensación salarial para el equipo contable. Esta recomendación es, en el 99% cierta, ya que los sueldos en Panamá no han ido de la mano con el aumento de los precios al consumidor. En todo caso en el 100% esta recomendación será un guiño positivo al colega contador. Tus colegas sabrán agradecerte esa recomendación.

### 5.1.8. Actualizaciones del equipo contable:

En ese mismo sentido, documenta qué actualizaciones tributarias paga el target. Si no paga ninguna, esta es una debilidad a documentar. Si ya estás leyendo esta página, es probable que te haya gustado el texto que estás leyendo. Quizá hasta lo has encontrado útil. Si esto es así, te pido que menciones mi periódico, Momento Fiscal, como una fuente gratuita de información. Hoy, todos los socios de firmas locales comparten información vía redes sociales con lo que todos podemos estar actualizados.

En adición a esto hay muchas fuentes adicionales de información. Esto no siempre fue así. Recuerdo ser profesor en el primer grupo de postgrado en impuestos que se dictó en Panamá. Me llamó el Profesor Edison Gnazzo para que dictará una de las clases. Yo había trabajado con él en Suriname y su prestigio hizo que dijera sí de una vez. Quizá para bajar mi entusiasmo el Profesor Gnazzo me comentó que él estaba formando un grupo en UDELAS. Me dijo que la rectora de esa Universidad le aprobó el curso pero que ahora tenía que encontrar al menos 15 estudiantes. Me dijo que no era seguro que se formara porque quizá no había mercado para ese tipo de cursos en Panamá. Al poco tiempo su grupo se formó y el Colegio de Contadores formó otro programa de postrado en impuestos en lo que fue el inicio de la UNESCPA. Al ser profesor en UNESCPA también escuché las mismas dudas sobre si el mercado panameño podía tener estudiantes en forma continúa en esa maestría. Doce años después no sólo está UNESCPA, sino muchas universidades más dictando cursos de tributación. Con la gran oferta académica, de todos los precios, que tiene el gremio contable en Panamá, no hay excusa para no capacitar al personal.

### Archivo Apropiado:

Otro punto que debes evaluar del departamento contable es si existe o no, un archivo apropiado.

Para estas alturas del DD ya han pasado algunos días desde que enviaste la lista de requerimientos al *target*.

**Carencia de un archivo apropiado**

- Mucho del atraso en hacer un DD está en no saber dónde esta la documentación.
- En una era digital la falta de un archive apropiado es una debilidad que sería de fácil corrección.

Hazte la siguiente pregunta: ¿Tienes ya en disposición los documentos que pediste? Si la respuesta es no, la razón bien puede ser la falta de un archivo apropiado.

Es probable que el target haya cumplido, con mucho esfuerzo, con la entrega de la documentación. Pide ver, o por lo menos saber, donde están los archivos. Sobre todo pregunta si estos están en Panamá o reposan en algún depósito fuera del país. Es común que empresas grandes, tengan la política de mandar a archivo la documentación que sobrepasa un término de 24 o 36 meses.

Esto debe documentarse como una debilidad si la rapidez de entrega de la documentación está comprometida.

Un tema de recurrencia es saber hasta cuándo se debe mantener una documentación. No existe un plazo para esto en ninguna norma de nuestro país. Esto fuerza a responder en función de la prescripción del impuesto.[37]

Otro tema de importancia es si te han dado o no documentos originales. Hasta hace poco, las fotocopias eran total y completamente admisibles por la DGi. En un mundo real esto debe ser así. Sin embargo, en los últimos años, el personal de la DGi, desde el director para abajo, ha tenido un énfasis excesivo con la forma. Esto se hace, quizá, para esconder su desconocimiento del fondo.

Esto los ha forzado a inventar la necesidad de contar con documentos originales. Esto les ha dado una excusa (no una razón) para negar CAIRes y hacer alcances con muy poco contenido técnico.[38]

Mientras esta realidad no cambie, tendrás que listar como una debilidad tener archivos digitales sin acceso perentorio a los físicos y originales.

A finales de los 90s, se puso de moda la desmaterialización de

---

[37] Con un espíritu pragmático la DGi ha dicho 5 años. Esto no tiene base en ninguna ley pero ha servido de respuesta informal a esta pregunta: http://www.momentofiscal. com/2015OCT%20dgi%20dijo%20que%20documentos%20se%20guardan%20por%20 5%20anos.html

[38] El pasado reciente nos dio fallos absurdos que han llegado a decir que las declaraciones de renta han de notariarse para presentarlas a la DGi: http://www.momentofiscal.com/ TAT%20dgi%20niega%20cair%20por%20poner%20en%20l%C3%ADnea%20exenta%20 los%20ingresos%20de%20enajenaci%C3%B3n%20de%20inmuebles.html

los archivos. Esta desmaterialización venía vía digitalización de los originales. La Ley de Firma Electrónica, permitía incluso la destrucción del original teniéndose al archivo electrónico como totalmente válido para todo propósito legal. Esto ha sido usado por algunas empresas siendo totalmente válido. Sin embargo, lista como una contingencia que la DGi no entiende esta realidad.

### Idioma de los Archivos:

El idioma español es oficial en Panamá. A pesar de esto, la documentación invariablemente estará en el idioma donde el contrato se hizo, la factura se expidió o donde sea que la transacción ocurrió. Esta es una seria limitante cuando se debe presentar información a la DGI o a otras instituciones oficiales.

¿Está, toda la documentación que te han provisto en castellano? Esta pregunta parece tonta, pero da siempre un punto inteligente en tu DD.

Quien reciba esa pregunta puede responderla con otra pregunta. Esta casi siempre es: ¿Qué puede hacer la DGi si le llevo información en inglés? La respuesta a esta pregunta es muy variada y empieza con la imposibilidad que tendrás de traducir información en un periodo corto que te den para producir los documentos que te han solicitado los auditores de la institución. Esto te pondrá en una seria desventaja.

La segunda parte de la respuesta es que tienes una gran desventaja en el costo de traducir información.

Cuando empezaron los celulares, toda la información de la casa matriz podía estar en sueco (Ericson) o en finlandés (Nokia). ¿Cuál de esos idiomas tendrá más traductores autorizados en Panamá? Cuando se

escribe este libro, el mercado de celulares tiene su epicentro en USA, Sur Corea y China. ¿De dónde crees que será más difícil obtener un traductor?

Lista como una dificultad traducir idiomas que no cuentan con un número plural de traductores en el país.

Para este momento del DD ya tendrás mucha de la información que pediste. ¿Cuánta de esta información está en castellano?, ¿Cuánta en inglés?, estas son preguntas que puedes responder tu mismo y rankear, de mayor a menor, el grado de sensitividad de la info que no esté en castellano.

## Manejo de Claves:

Al terminar la revisión, de los archivos pide ver quién maneja y dónde el listado de NIT, clave del SIPE y del Mupa. Este archivo es sumamente delicado. En este punto debes pedir quién o quienes manejan esta información. Te deben proporcionar un listado.

Luego debes indagar: ¿Con cuánta frecuencia se cambia esta clave?

No tener un listado de quién tiene estas claves y no tener una política de cambio periódico de estas sería una debilidad que mencionar.

Lo más seguro es que el target ya tenga un NDA firmado por ti antes de entrar al DD. ¿Qué documento similar al NDA firmaron quienes manejan las claves del NIT, SIPE y MUPA?

Aquí te servirá saber qué rotación tenía el equipo y qué documento firmaron quienes se fueron en el pasado reciente para garantizar que no usarán, indebidamente, la información que llegó a sus manos.

Otra forma de medir la fortaleza del equipo contable, es saber si se incurre constantemente en multas por haber terminado la contabilidad tarde. Busca el estado de cuenta del Etax y verás cuanto se ha pagado o se debe en este ítem.

Otro punto de tu revisión debe garantizar que los documentos fuente de tus registros estén en el idioma castellano. Al ser requerido por las autoridades, el target debe proveerlos en este idioma y agregará un costo de traducción no tenerlos.

### Plan de manejo de riego de catástrofe:

Con los riesgos que trae la modernidad siempre es necesario un plan básico de manejo de catástrofes para cubrir pérdidas de la clave, de la información, hackeos y bajas en el personal.

Con el escándalo de los *PanamaPapers*, la pregunta recurrente de las firmas de abogados fue: ¿Qué pasa si alguien nos hackea la información? Y ¿Qué plan tenemos para que esto no pase en esta firma?

Más allá de un hackeo, el target puede tener una pérdida de información sensitiva por incendio o por otro daño de la estructura física. En el atentado terrorista de las torres gemelas, literalmente de un segundo al otro, desapareció mucha información sensitiva de una diversidad de compañías. A nosotros nos ocurrió algo similar en la invasión del año 1989. Toda la vía España fue saqueada. Parte de la calle 50 corrió con la misma suerte. ¿Qué ocurre si una tragedia parecida le pasa al target?

Pregúntale al target qué plan tienen en caso de pérdida de la estructura física por inundación, virus informático o tragedias que desestabilicen al país. ¿En qué lugar seguro están las claves de acceso a MUPA, SIPE y DGI?

Pregunta que backup existe para renuncias del personal clave o muerte de este personal.

### 5.1.8. El proceso del departamento de impuestos

En DDs te encontrarás empresas que tienen un departamento

totalmente dedicado a impuestos y otras que tienen todos esos servicios tercerizados. Ninguno de los dos sistemas es ni malo ni bueno.

En cualquiera de los escenarios analiza estas tres preguntas:

1. ¿Quién hace qué?,
2. ¿Cuándo lo hace?,
3. ¿Quién aprueba?

Estas preguntas las debes hacer al contacto principal del target.

La primera de esas preguntas te llevará a entender quienes en la organización se encargan de hacer el trabajo de campo. Es común escuchar la respuesta: Todos.

Si esto es lo que escuchas ya sabes una de las debilidades que tiene ese equipo.

En el escenario más deseado, alguien debe ser el responsable por la tarea de llevar los impuestos y sus formularios. Si te indican un nombre, confronta este supuesto rol con las personas a las que te han indicado inicialmente.

Para estas alturas de tu DD, ya tienes listo el Test 8 que listaba todos los formularios presentados por el target. Usa este listado para poner a lado un nombre de la persona responsable por llenarlo.

Luego de encontrar esa persona responsable, confronta su perfil de cargo. Un perfil de cargo es un inventario de las tareas que un individuo realiza en su trabajo cotidiano. Este perfil debe hacer match con las funciones que se indican su contrato de trabajo.

Continúa documentando dos cosas adicionales:

1. Cuánto tiempo lleva haciendo esa función.
2. Quién cubre ese rol cuando esta persona está de vacaciones o incapacitada.

No tener un segundo que pueda llenar esta función está siempre ligado a un personal o muy nuevo que recién tomó la posición o un personal muy viejo que jamás se va de vacaciones.

Ambas debilidades te darán temas para conversar con tu cliente.

## Servicio Tercerizados:

En ocasiones el target tendrá parte, sino toda, sus presentaciones vía outsourcing. Pide la propuesta de ese servicio y las facturas del mismo. Entiende hasta dónde ha llegado ese servicio y las partes que no están cubiertas en él. Luego de entender estos puntos lista estos ítems.

Luego de la compra, tu cliente, muy probablemente, tendrá que honrar este compromiso y el proveedor tendrá el derecho de salvar su responsabilidad sobre temas no cubiertos en la propuesta. Es probable que la interacción entre el proveedor y el target haya sido muy vieja, al punto que ya no se recuerda que cosas se hacían de parte y parte. Esto, aunque perfectamente entendible sería una fuerte debilidad.

Como en toda propuesta, pide un desglose por horas de este servicio y trata de entender qué costo podrá tener su reemplazo *inhouse*.

Aún cuando lo quieras hacer, no critiques al contador que lleva estos servicios. Recuerda que hay un lugar especial en el infierno reservado para aquellos contadores que hablan mal de otros contadores. Cuando mueras, no quieres ir para allá.

## Deadlines del Departamento:

En este punto del DD ya tienes un listado de personas que hacen los formularios de impuestos. Pregunta en qué *deadline* interno caen las tareas supuestamente asignadas a estas personas.

Al hacer esta pregunta podrás notar, en las empresas mejor organizadas, una fortaleza interesante que es tener un calendario tributario con tareas asignadas a personas específicas que marquen estos *deadlines*. Tener este calendario es señal de organización.

En 2012, cuando fundé Momento Fiscal, traté de llevar un calendario público para todo el que quiera descargarlo de la web. Si tu target no tiene uno, sugiérele este como punto de partida y pídele que lo adapte a sus propias necesidades.

Como punto siguiente, pregunta quién aprueba. Pregunta también qué evidencia se deja de esta aprobación. Si la lógica que seguimos en este trabajo es correcta, tendrás una debilidad grande en este punto si nadie firmó los formularios tal como llenaste en el Anexo XXXV. No firmar los formularios, casi siempre, indica que nadie los aprobó y, en algunos casos extremos, que nadie está 100% a cargo de su confección.

Ten presente estos nombres para cuando te pidan discutir el DD. Pide que estas personas estén presentes. Recuerdo DD donde no estuvo presente, en la discusión, el supuesto aprobador del formulario ni el que supuestamente lo hizo. Al pedir que estas 2 personas estuvieran presentes, la versión que se dio originalmente fue sustantivamente diferente de la que nos daba el que inicialmente discutía / sustentaba los puntos.

En ocasiones encontrarás estructuras en donde una misma persona hace todos los roles. Esto puede tolerarse en empresas muy pequeñas, pero es una debilidad en organizaciones de mayor tamaño.

## Presupuesto

Con estas preguntas podrás formarte una idea de si la empresa tiene o no un presupuesto tributario. Este presupuesto debe contener cortes en distintos tiempos del año. Pide el último corte.

Como todo presupuesto, este debe medir con cierta fiabilidad el futuro cercano. ¿Qué tan lejos estuvo este presupuesto de la realidad? En ocasiones, las grandes variaciones entre la realidad y el presupuesto tributario se deben a una maniobra de planificación fiscal. Si ves una diferencia grande, es probable que te has encontrado alguna "magia" de última hora.

Veámoslo con un ejemplo:

| | Current Year Actual | Current Year Budget 1 | Variance Budget 1 |
|---|---|---|---|
| Revenues | | | |
| Total Revenues | 259,235.85 | 259,235.85 | 0.00 |
| Costo por soportes de equipo | 25,560.00 | 125,560.00 | (100,000.00) |
| Total Cost of Sales | 25,560.00 | 125,560.00 | (100,000.00) |
| Gross Profit | 233,675.85 | 133,675.85 | 100,000.00 |
| | | | |
| Total Expenses | 102,232.12 | 102,232.12 | 0.00 |
| Net Income | $ 131,443.73 | $ 31,443.73 | 100,000.00 |
| Impuesto Sobre la Renta | $ 32,860.93 | $ 7,860.93 | 25,000.00 |

¿A qué se debe esta "magia"? ¿Qué brujo la hizo? Al documentar estas dos preguntas el target tendrá la oportunidad de confiarte su planificación fiscal. Tu memo resumen de entrevistas tendrá que recoger esta respuesta y debes valorar positivamente la sinceridad del target.

Si el target insiste en no tener ninguna planificación fiscal que varíe el presupuesto deberás comunicar esta diferencia al equipo financiero del DD. De seguro alguna respuesta fiscal o financiera debe existir en esta variación.

## Falta de presupuesto:

No existe una ley que obligue al target a tener un presupuesto. Por tal razón, te encontrarás con casos donde te dirán que esto no es una obligación. No discutas si tener un presupuesto es o no obligatorio. En todo caso, si no existe un presupuesto, sugiérelo como una mejor práctica. Esto lo decimos porque no tiene sentido ir por el mundo sin saber que cada Mayo hay que pagar una estimada o que cada año hay que pagar una tasa única.

Hablará muy mal de una empresa tener su flujo en base al azar y no en base a un presupuesto. Quizá esta falta de presupuesto responda el porqué de los errores que identifiques en el target.

Veamos otros errores recurrentes y cómo marcarlos en tu DD.

## Presupuesto sin tomar en cuenta los impuestos:

Un error común es considerar pagar dividendos, ponerlo en el presupuesto, pero ignorar que hay que pagar 10% de impuesto. Lo mismo pasa cuando ves en el presupuesto a una empresa que va a descartar activos y en sus ingresos tiene "venta de activo" y no ves el impuesto que esto traiga.

Incluso en operaciones pequeñas, como mi oficina, se me olvida poner en mi presupuesto cosas sencillas como la cuota laboral. Recuerdo considerar una contratación sencilla, de sueldo mínimo (en ese tiempo rondaba 500), y nunca considerar, en ese mismo presupuesto, que yo tenía que pagar la cuota de la CSS, seguro educativo patronal y el riesgo profesional.

Si ves algo así, tendrás otro indicativo de no tener un presupuesto que tome en cuenta los impuestos municipales.

Este caso es común a varios negocios y debes listar como una debilidad tener presupuesto, pero no tener los impuestos municipales de cada uno de esos negocios considerados en este.

## El mismo presupuesto todos los años:

En algunas ocasiones tu target tiene presupuesto y tienes el impuesto considerado en él. En estos casos pregunta si es el mismo presupuesto del año anterior. En ocasiones el presupuesto de impuesto sufre un simple *"cut and paste"* y nadie le mete mucha mente a los montos.

Hace poco le dije a un cliente que yo podía saber que este era el mismo presupuesto que el año pasado porque sólo tomaba el impuesto estimado y lo dividía entre 12. Como es lógico, en Panamá esta división no resulta válida porque este es un impuesto pagado en forma trimestral.

Lo mismo veo cuando alguien toma el ITBMS pagado el año pasado y lo proyecta en el presente.

Tener el mismo presupuesto todos los años es otra debilidad de ese equipo contable.

## Presupuesto desconectado de la realidad:

Un error recurrente en nuestra fiscalidad es no tener un presupuesto nacional que considere las posibilidades reales de cobro por parte de la DGi. De los últimos 10 años rara vez se ha acertado con la meta presupuestaria.

Lo mismo ocurre en algunas empresas. Esto ocurre porque el presupuesto es completamente irreal. Trata de medir qué precisión se ha tenido con los presupuestos previos y considera como una debilidad disparidades muy grandes en el mismo.

Una de las razones comunes para esta desconexión es que la

gerencia general quiere mostrar un escenario perfecto, con grandes ventas y crecimiento en el bottom line. Sin embargo, la realidad es que la empresa no pagará 25% de ISR porque el bottom line estará en rojo y el CAIR es el escenario más probable.

En ocasiones, la razón de esta desconexión es que quien lleva los impuestos no participa en la redacción del presupuesto. Si esto es así, tendrás otra debilidad de tu target.

## No tomar en cuenta eventualidades:

Una sugerencia de todo presupuesto tributario es tomar en cuenta que en algún momento alguien se va a equivocar en el año. O el mensajero no llegó a tiempo para hacer el pago, alguien calculó mal el ITBMS a pagar o tendremos que hacer una rectificativa de algún formulario viejo.

Todos en la vida cometemos errores, llegamos tarde o sencillamente se nos olvida algo. Esto es así y siempre lo será. Por esta razón considera la posibilidad de alguna multa, recargo o interés en el presupuesto.

Sugiere también, llevar al presupuesto la necesidad de contratar ayuda externa para temas de fiscalidad en forma no recurrente para atender temas que no se pueden precisar al principio del año.

Un departamento de impuestos que sugiere esta contingencia ha logrado madurar hasta saber que algo puede pasar en el transcurso del año y que requerirá el expertise de un tercero. ¿Cuántas veces la industria de tu target ha tenido una reforma fiscal imprevisible el 1 de enero de ese año? Al hacerte esta pregunta entenderás porqué es necesario contratar ayuda externa para contingencias que no tenías forma de anticipar al momento de hacer el presupuesto. Aquí también debes cuestionar porqué este presupuesto no contempla la capacitación en fiscalidad para el personal, tal como lo viste arriba en el apartado sobre capacitación del personal.

## Presupuesto muy complicado:

En otro lado del espectro está el presupuesto fiscal que trata de ver todos y cada uno de los impuestos (e impuestitos) que se cobran en el país.

Esta complicación me ocurrió cuando quise calcular el día de la libertad fiscal en Panamá.[39] Era tantas las ganas que tenía de ser preciso con el día que calculé impuestos en forma muy minuciosa en cálculos muy complicados. El artículo, que no pasaba de 6 párrafos, tenía anexos, tablas, cálculos y ya sumaba más anexos que texto. Eso me llevó a decidir sacrificar precisión para no perder la idea que quería transmitir.

El presupuesto debe ser eso. Una idea que debe trasmitirse sin perderse en minucias altamente matemáticas o estadísticas. Sugiere un balance entre la minucia y lo esencial.

### Políticas y Procedimientos

Todos los puntos anteriores te podrán llevar a sugerir mejoras a las políticas y procedimientos de la empresa. Es común que existan perfiles de cargo para el personal de contabilidad. Pide estos perfiles de cargo y confróntalos con lo que te han dicho.

Si no existe un perfil o un manual para los cargos de arriba sugiérelos. En el escenario más deseado, cada empleado debe tener claro que formulario hace, revisa o aprueba. Su contrato de trabajo, o su descripción de cargo debe estar clara en la mente de él y de sus supervisores.

¿Alguien te ha respondido no saber que ese era su perfil de cargos? Si es así estás en presencia de casi el 100% de las empresas. Esto llega a ser lo más común y te lo encontrarás en

---

39 http://www.momentofiscal.com/MuseExport/diadelalibertadfiscal2018.html

casi todos los DD que hagas.

En todo caso, como buena práctica sugiere redactar este perfil y comunicarlo al personal. Si ya está redactado sugiere revisarlo de tiempo en tiempo.

**Actitud del Departamento de Impuestos hacia el Riesgo Fiscal**

Otro de los puntos que debes investigar en tu DD es la actitud del departamento de impuestos hacia el riesgo fiscal. Al comenzar a trabajar en el sector privado, un socio de la firma me llevó a asistir a una reunión donde el dueño del negocio no quería tener ningún riesgo fiscal. Horas más tarde, el mismo socio me llevó donde otro que quería tomar todos los riesgos que se pudieran tomar.

El socio que me llevó a esos dos clientes me preguntó si había notado los enfoques totalmente opuestos que se toman sobre el mismo tema. Él me decía que todos los seres humanos pensamos distinto. Algunos nunca van al doctor. Otros son hipocondriacos.

En tu DD debes medir que tantos riesgos se tomaron en ese departamento o qué tan hipocondriacos son. Esto te dará la oportunidad de conversar con tu cliente y llamarle la atención sobre la necesidad de cambiar (o no cambiar) la cultura de ese departamento.

### 5.1.9. Internet y Redes sociales.

Una búsqueda, así sea en Google o en Facebook, podría cuestionar parte de lo dicho por el target.

Recuerdo empresas que, al implementarse las normas de precios de transferencias en Panamá, se preguntaban si eran o no partes relacionadas. Algunas incluso se negaban a sí mismas la existencia de partes relacionadas hasta que su página web las listaba como "Del mismo Grupo Económico".

El Internet se ha convertido en una fuente interesante de conocer quién se lista a sí mismo como parte relacionada. Esto puede llevar a falsos resultados ante la existencia de redes conformadas por partes independientes entre sí. Al momento en que redacto este libro, mi firma forma parte de Morison KSI como miembro independiente. Según el Código de Ética de la IFAC, existen Networks y existen Asociaciones de contadores. Las cuatro grandes son networks. Nosotros somos una asociación. En las primeras se aspira a que sean (aunque en la práctica no lleguen a eso) una sóla firma. En las segundas (las asociaciones) no tenemos, según la IFAC, esa aspiración.

Sin embargo, en Morison usamos un logo similar, en el internet verás fotos de nuestras reuniones regionales y mundiales, lo que llevará a pensar, aunque no sea cierto, que somos partes relacionadas. Esto es lo engañoso del internet.

En todo caso, es un buen inicio para poder entender si existen debilidades en las partes relacionadas.

Esto nos indica que las declaraciones hechas, así sea informalmente, vía web, tienen repercusiones en el DD que deben ser informadas.

Lo mismo ocurre en trivialidades donde puedes sustentar con cierta lógica posiciones contrarias. Recuerdo una construcción grande donde el debate se centraba en qué momento se terminó la obra.

Existían documentos que indicaban un permiso de ocupación

y otro que indicaba una entrega "llave en mano" en el año siguiente.

Existían posiciones interesantes que sustentaban un año o el siguiente. Ambas igualmente válidas.

El internet nos dio un registro claro de una noticia publicada en todos los periódicos que decía claramente que el corte de cinta y entrega de la obra, fue en la fecha tal del año cual.

¿Es esto un indicativo de que ese año se acabó la construcción? No lo sabemos. Lo que sí sabemos es que el target tendría, potencialmente, un riesgo en decidir una fecha o la otra.

Áreas de riesgo que el internet puede aportar son:

- Montos de ingresos reportados,
- Actividades y sucursales del cliente,
- Partes relacionadas del target,
- Demandas ante tribunales,
- Ventas o negocios grandes.

Recuerdo una firma de contadores que, para propósitos de la red a la que pertenecía, listaba ingresos muy por encima de los reportados en su DR. Años después, al comenzar la internet, surgieron revistas que hacían públicos estos reportes. Al ser muy accesibles, surgieron dudas sobre la autenticidad de los mismos. ¿Qué crees que será la contingencia si la DGi ve esta diferencia?

Para propósitos municipales es muy relevante la existencia de sucursales listadas en medios públicos. Toma nota de esto si no han sido registradas las sucursales en estos municipios. De la misma forma podrás observar actividades que detonan la obligación de reportar otros impuestos.

Recuerdo un caso de un amigo que insistía en que nadie podía saber que él vendía licor. Lo decía porque su restaurante era tan exclusivo que el menú no necesitaba listar los vinos que, según él, eran pedidos directamente por su clientela. Por lo que su restaurante, según él, estaba exento de ITBMS. Sin embargo, sólo ver su cuenta de Facebook revelaría una gran cantidad de copas de sentadas en todas las mesas y casi todas las fotos.

En el internet debes buscar posibles demandas. Específicamente el sitio web de la CSJ donde podrás ver el registro judicial en línea. Es posible que encuentres fallos viejos que no han sido captados por el sistema de cuenta corriente de la DGi. Estos serían créditos líquidos y exigibles que la DGi podrá cobrar cuando lo desee.

Otro punto por revisar, son las posibles fusiones o adquisiciones que la empresa ha tenido en el pasado. Es fácil encontrar este tipo de transacciones porque el equipo de relaciones públicas le gusta listar estos "grandes éxitos". Revisa las consecuencias fiscales de estas grandes transacciones.

Puntos siempre recurrentes son la confrontación entre los empleados de la planilla en CSS y lo empleados reportados en tus redes sociales. ¿Coinciden ambos números? Busca si el target dice tener 200 empleados, pero sólo tiene 100 en la planilla.

Alguien en tu equipo debe verificar las redes sociales del cliente para buscar estos temas.

He puesto un PT que te servirá de ejemplo en esta sección, pero te animo a que crees uno tú mismo con preguntas que se adapten a tu *target*.

## 6. Elementos relativos a descuadres generales delnegocio:

En este momento del DD ya conoces mucho del negocio y tienes casi toda la información que pediste. Esto te ha permitido hacer tests que te indican que tanto riesgo tiene el target y luego listar muchas debilidades en la etapa inicial del DD.

Es el momento de hacer pruebas sencillas con la info que ya tienes a las que nuestro medio llama "descuadres".

En el medio llamamos "descuadre" a dos números que deben ser iguales, pero no lo son. Para entender qué es un descuadre me gusta usar el ejemplo de la edad de dos mellizos. Ambos nacieron en el mismo parto y por lo tanto su año de nacimiento debe ser igual. De tiempo en tiempo, alguna noticia desafía esta lógica, al reportar que una señora dio a luz al primero a las 11:30 pm del 31 de diciembre y al otro a las 12:15 am del 1ero de enero.[40]

Pregúntate: ¿Está errada la cédula que señala un año distinto para el segundo mellizo? La respuesta invariablemente será: No. Sencillamente es lo que en nuestro medio le llamamos un descuadre.

En nuestro gremio usamos estos descuadres para entender posibles contingencias que puedan surgir a las autoridades. Veamos estas pruebas de descuadres.

## 6.1. Paz y Salvos:

El primero, y más obvio de estos chequeos, es la obtención de un Paz y Salvo. Hoy existen al menos tres paz y salvos de importancia:

1. Nacional ante la DGi.
2. CSS.
3. MUPA (igual aplica en otros municipios).

En la actualidad el Paz y Salvo puede ser verificado por el sistema Etax2 en forma sencilla y rápida.

No tener éxito en esta generación es el punto de inicio de una

---

40  http://www.bbc.co.uk/newsround/42551601

serie de respuestas que el target debe proveer. Estas respuestas pueden ser tan fáciles como rectificativas no aplicadas aún, pagos hechos pero no aplicados al débito o hasta obligaciones que el target tiene en el sistema de la DGi sin que le sean aplicables.

Tratemos de ver estos puntos.

## 6.1.1. Rectificativas pendientes:

En algún momento, la DGi dejó de entender a las rectificativas como una ampliación de la declaración original del contribuyente y pasó a entenderlas como una especie de solicitud que ameritaba la emisión de un acto administrativo.

Esto los ha llevado a tener una gran cantidad de solicitudes pendientes sin tener la capacidad real de resolverlas. En una medida desesperada para bajar la cantidad de estas solicitudes, la DGi, caducó todas las rectificativas que no había podido procesar en años.[41]

Esta actitud de la DGI fuerza a saber si el *target* ha dado seguimiento a estas solicitudes para saber si será, en un futuro, objeto de caducidad.

El target puede estar en esta circunstancia de posible caducidad y puede incluso tener razón en el fondo. Lamentablemente esta razón no se la darán en forma fácil y esto es una contingencia de importancia.

La situación es algo similar en la CSS y en el MUPA. Aunque no tan extrema como lo es en la DGi.

Tu DD debe listar esto como una contingencia y comunicar el riesgo de no tener una respuesta positiva de parte de la DGi.

---

41 http://www.momentofiscal.com/MuseExport/publio-sigue-declarando-caducidades-m%C3%BAltiples.html

### 6.1.2. Pagos hechos pero no aplicados al débito:

En forma similar a las rectificativas, la DGi, ha bloqueado la posibilidad de corregir pagos mal aplicados. Estos pagos se aplican mal en el sistema porque el contribuyente lo realizó en alguna casilla errónea de la volante de pago.

En otras ocasiones, y de forma inexplicable, la DGi se rehúsa a aplicar el débito hasta "revisar" si era correcto. Esto ocurre, al momento de

escribir este texto, con las remesas pagadas según las tarifas de tratados tributarios.

Esto da como resultado que el débito (deuda), se refleje en el sistema mientras que el crédito (pago) se refleje en otro ítem de la cuenta corriente. El mismo trámite (solicitud / respuesta) de las rectificativas es usado en este caso y, por lo tanto, la misma contingencia debe advertirse.

### 6.1.3. Obligaciones que el target tiene como pendientes en el sistema de la DGI:

Con la llegada del Etax2 la DGi vio la oportunidad de ampliar el control de las obligaciones del contribuyente y con estas condicionar la emisión del Paz y Salvo. De esta forma los Paz y Salvos se han detenido por errores en impuestos que la DGi tiene como aplicables al contribuyente sin serlos.

El caso más interesante ha sido erróneas parametrizaciones que toman en cuenta una norma general sin considerar exenciones. Esto ha traído que el sistema aplique la exención de 36 mil dólares aplicables al ITBMS y considerar todos los contribuyentes con ingresos mayores como gravados con el impuesto. En más de una ocasión ha existido alguien que claramente tiene ingresos por encima de esa cantidad, pero que está exento, por ser asalariado, de esta obligación.

Lo mismo ocurrió con la plataforma del MUPA, que reconoce automáticamente a quien sea que tenga Aviso de Operaciones como obligado a declarar rentas municipales.

Esto ha traído que muchos contribuyentes no tuvieran la posibilidad de objetar fechas que se habían declarado para otros propósitos en instituciones distintas y el MUPA los catalogara, automáticamente, como obligados a declarar rentas.

## 6.2. Descuadres entre reportes con información similar:

Luego de obtener el Paz y Salvo, debemos movernos a la realización de pruebas de "cuadres" entre los distintos reportes del target.

En 2005, con la adopción del CAIR se popularizaron una serie de "cuadres" entre información provista para propósitos de un reporte con el mismo ítem en otros reportes. Estas pruebas han existido desde siempre, pero fue con el CAIR que se popularizaron.

Entre estas pruebas están:

- Libros vs DR descuadrados.
- ITBMS vs DR descuadrados.
- Impresora Fiscal vs DR descuadrada.
- La 03 no cuadra con la Renta.
- El I43 vs ITBMS
- El I43 vs Renta
- Aduanas vs ITBMS vs Renta

- EEFF vs PT

Yo he usado estas porque las aprendí a lo largo de los años. Te animo a que las uses y vayas incorporando otras en tu repertorio de DD.

Comienza estas pruebas con un PT sencillo que un senior de tu equipo puede levantar.

| Total de Ingresos DR | Total de Ingresos ITBMS (Ene-Dic) | Total de Ingresos Renta Municipal | Total de Ingresos EEFF | Total de Ingreso Libros |
|---|---|---|---|---|
| 100 | 90 | 90 | 110 | 100 |

Este PT se vería así en una hoja de Excel:

Claramente hay ítems que, la intuición te diría que debían tener un monto igual. Tu mente rápidamente se preguntará: ¿Por qué los ingresos reportados en la DR no cuadran con el ITBMS? ¿Por qué el ingreso reportado en la Renta Municipal difiere de los ingresos reportados en los libros? ¿Por qué los estados financieros reportan un ingreso que coincide con los 12 meses de ITBMS declarados, pero no con el ingreso reportado en la Renta?

Estas son preguntas recurrentes donde la lógica está desafiada. Al igual que la fecha de nacimiento distinta para dos mellizos, en muchas circunstancias, existe un elemento que diferencia el resultado sin que sea producto de un error. En el DD tu función será, muchas veces, documentar las razones por las que estos descuadres no son un error.

Veamos algunas de las razones por las que estos números no coinciden.

## 6.2.1. Libros vs DR descuadrados

Una anomalía (no necesariamente un error) es tener los libros vs DR descuadrados. Existen miles de razones por las que estos ítems pueden no cuadrar en los diferentes reportes.

En el caso específicamente de los libros contables y la declaración de rentas, es fundamental entender que los libros son **financieros**, no son **tributarios**.

8. Libros vs DR descuadrados.

- Una anomalía (no necesariamente un error) es tener los libros vs DR descuadrados.
- No pasemos la oportunidad de informar / documentar esta situación.

Esta diferencia puede explicarse al ver que la obligación de llevar libros no está en el Código Fiscal sino en el Código de Comercio.[42] Esta obligación precede a la existencia del ISR, del Aviso de Operación, del ITBMS y prácticamente todo impuesto recaudado por la DGi.

Adicionalmente, el Código Fiscal indica que la base de la presentación de la DR es la contabilidad hecha según NIIFs.[43] Las NIIFs son financieras por definición, no fiscales.

Lamentablemente todavía existen quienes quieren ver la reserva de cuentas malas en los libros contables y creen que han encontrado un gran hallazgo cuando los libros no cumplen con los límites del 1% y el 10%.

Lo mismo ocurre cuando un auditor quiere ver la línea de gastos no deducibles en el mayor o pregunta en qué cuenta hemos metido los ingresos no gravables. Una respuesta sencilla es que estas cuentas aparecen, en forma automática, el 31 de abril de cada año.[44]

Tomemos el caso del impuesto sobre la renta en su modalidad CAIR. Este impuesto asume una renta presunta y sobre este le

---

42 Artículos 71 y siguientes del CC preceden al ISR (adoptado en forma arcaica 1934), al ITBMS (adoptado en 1977) y al aviso de operación.
43 Esto ocurrió con la reforma de la ley 6 de 2005.
44 Para quienes todavía no lo sepan: Abril 31 no existe porque ese mes sólo tiene 30 días.

causa un impuesto. ¿Financieramente cómo registras una renta que no existe? No hay forma de hacerlo y por lo tanto, tendrás un descuadre permanente.

En los Estados Unidos usan como referencia la trilogía de casos Schlude donde la diferencia entre el fisco y el contribuyente se resumía a cuando se reconocía el ingreso y el gasto en prestación de servicios continuados. En el caso Schlude el pago se recibía en un año y el servicio se presta en varios años (lecciones de danza), en el caso de la AAA y el caso del Automobile Club of Michigan eran servicios mecánicos que se cobraban por subscripción y se prestaban en años subsecuentes. En estos tres casos se dejó sentado en los Estados Unidos que los libros podían diferir de las declaraciones de renta, en lo que nosotros en Panamá llamaríamos descuadres. En estos casos el descuadre se generaba por diferencias entre libros y declaración de renta entre el momento del pago y diferimiento de ingresos y/o gastos.[45]

Todas estas diferencias generaran "descuadres" entre los libros y la renta. El target debe confirmarnos a qué se debe esta anomalía. El punto de partida de entender este descuadre sería con el papel de trabajo de la renta que en nuestro medio hemos llamado un "amarre". Este documento (el amarre de renta) te servirá para revisar la declaración de renta como veremos más adelante. Por ahora, el documento te servirá para chequear estos descuadres. Lo harás porque el amarre trata de resumir en una cantidad la sumatoria de varias cuentas de tu mayor.

Tratemos de ver un descuadre entre renta y libros con un ejemplo sencillo:

---

45 Una excelente exposición de la trilogía Schlude puede encontrarse en un ensayo de Russell K. Osgood: Tax Stories. Foundation Press. ISBN 1-58778-403-3. Año 2003.

Como se notará de ese ejemplo, la línea "Salario" no corresponderá en la renta a la misma cantidad que se exprese en la contabilidad del contribuyente. La razón es que tres cuentas del Estado de Resultados fueron "amarradas" en una de la declaración de rentas.

Esta diferencia debes describirla en un papel de trabajo sencillo como el que proveemos en el Anexo XLI de este documento. Un senior dentro del departamento puede hacer esta tarea.

## 6.2.2. ITBMS descuadrado con la Renta:

Un descuadre similar ocurre con las compras locales y las líneas de costos y gastos de las declaraciones de Renta e ITBMS.

Estas líneas pueden tener diferencias al sumar las 12 declaraciones de ITBMS y comparar este resultado con la Declaración de Rentas.

Esto puede deberse a notas de crédito que no se reportaron a tiempo o a descuidos del personal de contabilidad.

Recuerda que el reporte de ITBMS, al tener un ciclo mensual, puede tener menos calidad que la DR que tiende, esta última, a tener más controles y por lo tanto tener más calidad en cuanto a la información listada.

Una de las razones más comunes de este descuadre está en facturas que se entregan meses después de haber cerrado el ITBMS. Por lo tanto, aparecen en la renta y corresponden a gastos reales. Sin embargo, no estaban físicamente en el departamento de contabilidad cuando se reportó el ITBMS de ese mes.

No pasemos la oportunidad de informar / documentar esta situación.

Un segundo descuadre que observaremos en los DD es el de la línea de compras locales en la declaración de rentas con las compras locales de las 12 declaraciones ce ITBMS. Este es uno de los requisitos opcionales que la DGi puso para los CAIRES en el año 2017 (Res 201-6231 de 2017).

Este test nos permite ver qué tan ordenado ha sido el target en los 12 meses del año.

Veamos el papel de trabajo que puede usarse para este test:

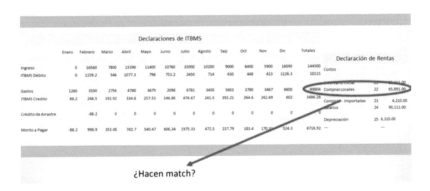

¿Hacen match?

Como se observará, este test puede ser hecho por un senior del departamento.

### 6.2.3. Impresora Fiscal vs Renta Descuadrada:

En 2009, cuando se ordenó el uso de máquinas fiscales, la DGi de entonces trató de vender la idea de tener una panacea de recaudación. Según ellos esta máquina realizaría la "auditoría" por la DGi.

Que sepamos, no ha existido un sólo caso en donde estas

máquinas hayan logrado absolutamente nada, en términos recaudatorios, para la DGi. Pese a esto, la herramienta ha sido útil para estandarizar el modelo de facturación. Esto hace que se facture casi todo, mediante una máquina que dará reportes llamados Z diarios.

Al sumar estos Z diarios se tendrá un monto anual de ingresos que puede diferir del monto de ingresos declarados en la Renta.

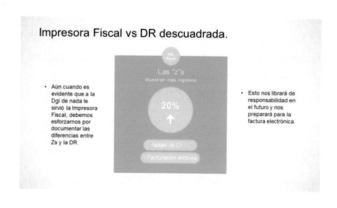

Impresora Fiscal vs DR descuadrada.

Este descuadre puede deberse a notas de crédito que no pasaron por la máquina fiscal, a ingresos que no se facturaron en ese periodo y a otro largo etcétera.

Tu reporte debe incluir estos descuadres como posibles contingencias.

Mientras se escribe este libro la DGi experimenta con un reemplazo para estas máquinas en lo que se llama "factura electrónica". El mismo cuadro podrás usarlo si este experimento se materializa.

### 6.2.4. Rentas vs Planilla 03:

Trata de cuadrar las Rentas y las planillas 03 del target. La planilla 03 se estableció en los años 90s (ver artículo 160 y siguientes del DE 170 de 1993).

Este reporte se concibió como una forma de hacer match a los pagos que se hacían en nombre del empleado a la CSS y lo que debía recibir la DGI en este concepto.

Esto puede deberse a que el target tiene parte de su nómina en otra empresa.

También puede deberse a que el target reporta con otro año fiscal mientras la 03 sigue invariablemente un año calendario.

Otra de las razones está en el sistema de costo que el target tenga. Es probable, que en la firma de contadores donde labores, parte del salario se reporte costos. Este puede ser tu caso como empleado del sector productivo de la empresa. Por tal razón, la línea de salarios en la declaración de rentas, no tendrá tus sueldos ya que han sido llevados a otra línea de la Renta.

### 6.2.5. I43 vs ITBMS:

En abril de 2018, la DGI circuló un email masivo sobre descuadres en la línea de ITBMS crédito en la declaración de un mes con el ITBMS reportado en el I43 de ese mes.[46]

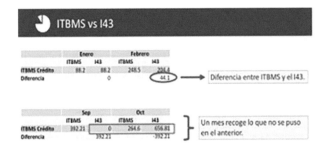

Este cruce existió desde hace mucho tiempo y tiene resultados interesantes, aunque no concluyentes.

---

46 http://www.momentofiscal.com/MuseExport/itbmsvsi43.html

Haz un cuadro sencillo que totalice las compras mes a mes del I43. Usa un ejemplo como el que tenemos en esta sección.

Compara este cuadro con las compras locales, más las importaciones, en las declaraciones mes a mes del ITBMS.

En más de una ocasión estos montos no van a cuadrar. La razón en ocasiones es la diferencia entre las importaciones que no van a inventario y aquellas que sí lo hacen. En otras ocasiones el pago se hace pero la importación todavía no se ha hecho en ese mes por estar en un bond o en proceso de liquidación aduanal.

En otras ocasiones el error puede ser una factura que no llegó pero que sí llegó a pagarse y por lo tanto existe el ITBMS pagado. Recuerda que el ITBMS se causa aún cuando la factura no se haya entregado. Por lo tanto tienes que preguntarte si el crédito debe ser tomado en ese mes o el mes en que llega la factura. La respuesta a esa pregunta está en el centro de las supuestas diferencias encontradas en el informe de compras vs ITBMS.

Como no tienes la factura no tienes los datos del RUC y por lo tanto no lo has listado en tu I43.

Mira el caso 2, en ese caso (el segundo en la misma gráfica), tienes un crédito que se recogió al mes siguiente. Claramente hubo un retraso en alguien que se recogió al otro mes. No tienes más que una posible rectificativa que hacer o sencillamente dejar esto como una contingencia.

Este cuadro debe ser complementado con el I43 vs Renta.

## 6.2.6. I43 vs Renta:

Otro cuadro realizado con el I43 es entender qué tan distinto están los montos declarados como compras con tu renta. Haz un cuadro sencillo que compara los totales de tu informe de compra con las líneas de total de costos y gastos de tu declaración de rentas.

Aquí también encontrarás descuadres que no pueden ser atribuibles automáticamente a errores de tu target. El descuadre más grande es que no siempre un costo y gasto corresponde a un pago a terceros o a una compra del mismo periodo. El caso más sencillo de ver es la compra de un activo depreciable. Esta fue una erogación del año donde se compró pero será gasto deducible en 3 años o más. Como es lógico, en el año 2 y 3 no existirá una compra, pero sí existirá un gasto de depreciación.

Lo mismo ocurre al descartar un activo o al castigar una cuenta mala. Tendrás el gasto en tu renta pero no tendrás una compra.

En el sistema de costos también tendrás descuadres porque no existirán compras equivalentes a los costos. Ya hemos explicado que el costo es un valor. Este valor es el resultado de una operación aritmética, no de una sumatoria de facturas. Este será un descuadre de importancia que no puedes tomar como un error del target.

### 6.2.7. Aduanas vs ITBMS vs Renta:

Otro de los test de descuadres está en la declaración de rentas y las declaraciones de importación en el mismo periodo.

Este descuadre fue popularizado con el CAIR.[47] Este test era, al menos desde el año 2007, motivo de discusión académica, identificándolo como la causa número 11 más usada por la DGi para negar CAIRes.[48] Pese a esto, era utilizado por el gremio contable y por la propia DGi décadas antes de la existencia de esa figura.

Años después y codificando esta práctica, la DGi lo listó como

---

47 http://www.momentofiscal.com/5%20TAT%20desatiende%20peritaje%20por%20 falta%20de%20factura%20emitida%20a%20nombre%20del%20contribuyente.html
48 Gaceta Fiscal 4. Lecciones que el CAIR ha traído al contribuyente. Carlos Urbina. Página 4. Publicada por Universal Books. Año 2007. Editada por Carlos Urbina. Disponible en forma gratuita en la sección de artículos de: www.momentofiscal.com

uno de los requisitos opcionales de la solicitud de no aplicación de CAIR.[49]

Lo que trata de ver el cuadre es la línea de importaciones de la Renta y los costos de importación que acompañen las declaraciones de aduanas del contribuyente.

En ocasiones, parte de los ítems que acompañan a la importación (costos del corredor) son agrupados en la línea Compras – Importadas, mientras que en otras ocasiones estas son llevadas a honorarios profesionales. Esto depende de las políticas contables de la empresa, sin que sea ni mala ni buena una opción o la otra.

Otra fuente recurrente de descuadre está en que parte de los impuestos pagados en la importación pueden ser llevados a esta línea (Compras – Importaciones) o pueden ser llevadas a la línea de Impuestos en la Declaración de Renta.

Adicionalmente, puede ser que la importación ni siquiera sea inventario ya que el target la ha usado como activo fijo.

En ninguno de estos casos se tendrá un error ni contable ni fiscal por parte del contribuyente.

Quien tenga alguno de estas circunstancias, podrá explicar en forma fácil, incluso rápida, esta anomalía.

El siguiente papel de trabajo lo trata de explicar:

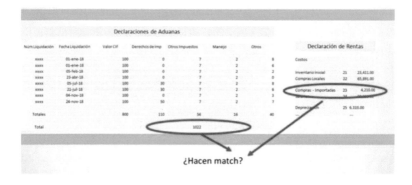

¿Hacen match?

---

49 Resolución 201-6231 de 9 de Octubre de 2017.

Documentar esto es rol de un senior dentro del DD. Evaluar el hallazgo será una tarea en conjunto entre el senior y el gerente.

El mismo cuadre puede hacerse con el ITBMS. Si logras encontrar las importaciones y sumar el ITBMS, podrás cuadrarlas con el crédito de ITBMS de ese mismo periodo.

En algunas ocasiones este reporte de importaciones ha estado accesible en el site de aduanas. Esto no siempre ocurre ya que la disponibilidad en este software de Aduanas, llamado SICE, no siempre es amigable.[50]

### 6.2.8. EEFF vs DR:

La DR es una especie de EEFF ya que por un lado tiene activo, pasivo y capital. Por otro lado tiene un estado de resultados y finalmente tiene los movimientos de la cuenta de capital.

Todos estos componentes son comunes al EEFF y compararlos te debe llevar a formarte una opinión sobre qué tan distinto está la contabilidad fiscal vs la contabilidad financiera.

En otra sección de este libro, hicimos mucho énfasis en el hecho de que los libros son financieros, no tributarios. Sin embargo, las posibles diferencias entre estos libros y la renta deben ser una meta que tu DD debe llenar.

Entre las causas más comunes de estas diferencias están:

1. No reconocer el ISR causado en los EEFF.

2. Ajustes de fin de año (fiscales, no financieros) y no se incluyen en ambos documentos.

3. Requisitos de NIIF que no son aceptados por la declaración de rentas (revaluación de activos fijos, impairment de activos, plusvalía, etc.)

---

50 En el momento en que escribimos este libro el sistema SICE es accesible en este link: http://190.34.178.196/aduana/SIGA_SICE/index.php

4. Diferencias en formas de reconocimiento de algunas partidas (por ejemplo: la plusvalía no se amortiza según NIIF).

Tu rol en este cuadre es preguntar al target y documentar en tu expediente, la razón del mismo.

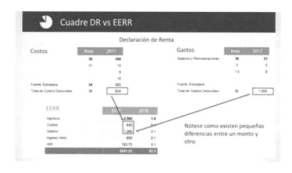

Un papel de trabajo como el que encuentras en esta sección podría ayudarte a ver qué tan descuadrado está el EERR con la declaración de rentas.

Asegúrate de compartir este papel de trabajo con el equipo que hace el DD financiero. Este intercambio entre financistas y fiscalistas te dará una nueva visión de tus hallazgos.

## 6.3. Conclusión sobre estos descuadres:

Ninguno de estos descuadres es, necesariamente, un error. Cada uno de ellos puede tener una explicación perfectamente válida.

Tu rol en esta parte del DD, es tratar de entender a qué se deben estas diferencias y probar que tan documentada tiene el *target* su respuesta. Ambas cosas te ayudarán a medir el riesgo que estos descuadres tengan en caso de una auditoría del fisco.

Estos descuadres te serán una introducción al resto del DD.

Al terminar esta sección tendrás la oportunidad perfecta para reunirte con tu equipo y discutir cómo continuar el resto del procedimiento.

Haz un *Memo Infográfico:*

Al igual que con los *tests* anteriores, haz un *Memo Infográfico* que indique en forma sencilla tus hallazgos. Rétate a tener esta infografía en una sóla página.

Este será un papel de trabajo valioso para tu expediente y servirá para comunicar en forma fácil al lector poco entrenado en impuestos, los riesgos que necesita saber. En ocasiones la queja del que toma la decisión es que no entiende el papel de trabajo que le presentas en una hoja de Excel.

Con descuadres, hay miles de posibilidades de trasmitir, más allá de un cuadro de Excel, la realidad numérica convertida en riesgo fiscal.

Esfuérzate en conseguir un *Memo Infográfico* que se acople a lo que quieres trasmitir. Piensa en ese emprendedor que tiene que tomar la decisión de compra, pero no tiene ni el tiempo, ni la formación tributaria suficiente para leer un PT en Excel.

Yo propongo el Memo Infográfico que verás en esta sección, sin dejar de animarte a que tengas tu propio modelo.

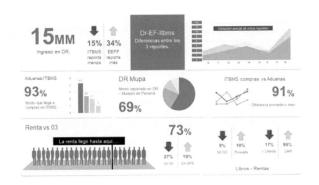

Proponte que tu Memo Infográfico sea una descripción visual de lo que quieres transmitir.

Mírate en ese *Memo Infográfico* hablando por 5 minutos frente al dueño de esa empresa.

Usa números e imágenes para contar tu historia. Según dicen los psicólogos, al ver una imagen, aprendemos el doble que al escuchar y al escuchar, el doble de lo que aprendemos al leer.

Con esos porcentajes, ver esta infografía por 5 minutos, transmitirá más que 10 minutos de exposición y 20 minutos de leer hojas de papel bond. Siempre me encuentro gente que recuerda un Memo Infográfico que hice en una empresa donde trabajaron o algún *slide* que usé en una charla de impuestos. Al escribir este libro me propuse preguntar lo siguiente al que me dijera algo parecido: ¿De qué era esa charla? Desde que lo hago me encuentro la misma respuesta: "No recuerdo... pero la lámina tenía unos muñequitos...., y los muñequitos tenían una *flecha que decía que el ISR.... Y luego un gráfico de barras con el ITBMS..."*

## 7. Elementos relativos a la Declaración de Rentas del *Target*:

La declaración de rentas es quizá el reporte que más información tiene sobre el target. Esto lo decimos porque en un solo documento están los ingresos, costos y gastos de un contribuyente. A esto le sumamos los activos, pasivos y el capital de la empresa. Está la lista de proveedores y hasta a lista de accionistas y de las partes vinculadas con el contribuyente. Todo en un solo reporte.

Por lo tanto, es el lugar donde más tendremos que concentrarnos en buscar los riesgos.

## 7.1. Amarre de Renta:

Antes de analizar la renta en sí, es importante preguntarle al target si existe o no un amarre listo. En nuestro gremio llamamos amarre al documento que trata de compilar en las líneas de la renta el catálogo de cuentas del contribuyente.

Los libros siempre serán financieros y no debe ser jamás entendido que deben reflejar la renta. Desconfía de quién base su contabilidad en criterios tomados de las líneas de la declaración de rentas.

La razón de pedir este amarre es mostrar qué tan improvisado está el formulario de rentas. Si el contribuyente improvisa todos los años un amarre, es muy probable que no exista mucha consistencia entre las líneas que usa en un año y en el otro. Esto baja significativamente la calidad de la información en la renta.

En el peor de los casos la respuesta será... "No lo tenemos porque el que

| |
|---|
| • Tiene un amarre listo. |
| • RUC de los proveedores |
| • PATs sin RUC de los proveedores |
| • Capital que nunca se emitió o nunca se pagó |

hizo la renta es el contador fulano o la firma de contadores sultano".

Esto es un grave indicio. Por supuesto esto sólo es un indicio y no debe prestarse mucha más atención que la de eso, "un mero indicio".

Otro indicio que debes listar es la consistencia que tenga este amarre en el tiempo. Es decir, chequear si este amarre ha variado en el pasado.

Llena el PT del Anexo XXVII – AMARRE RENTA para documentar estos puntos.

## 7.2. RUC de proveedores:

Otra de las preguntas que deben hacerse es, cómo se almacena el listado de proveedores. Un énfasis especial hay que ponerle a si existe un listado o auxiliar de proveedores que detalle el RUC.

Esto es importante porque desde el año 2000, la DGi ha pedido el RUC de los proveedores para muchos anexos de la renta.[51] En este año se implementó el formulario de PAT para quienes facturaran más de 1 millón o que tuvieran activos de más de 3 millones. Este formulario obligaba a listar en forma mensual los pagos a proveedores del contribuyente. Estas cantidades

---

51 Decreto Ejecutivo 267 de 2000.

eran altas para la época, pero con el tiempo, han pasado a ser relativamente modestas.

Si alguien hace un DD, es casi imposible que el target no facture, por lo menos esta cantidad. Por tal razón siempre verás la necesidad de este reporte.

Lo más básico en este reporte es listar los nombres y RUC de los proveedores.

No tener un listado de clientes con RUC puede ser un signo de improvisación a la hora de llenar los formularios de PATs[52] o en los anexos de rentas.

Si esto ocurre es imperativo ver las líneas de los Informes de Compras (PATs) y de los anexos a la renta, para observar si existen proveedores sin RUC.

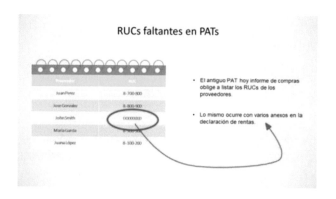

RUCs faltantes en PATs

- El antiguo PAT hoy informe de compras obliga a listar los RUCs de los proveedores.

- Lo mismo ocurre con varios anexos en la declaración de rentas.

Al tener proveedores sin RUC debes indagar si estos son no domiciliados en Panamá. Si lo son, el paso 2 debe ser qué tipo de retención por remesas se hizo o si esta no se realizó. El 733 del CF indica que esta retención debe hacerse a la tarifa del ISR sobre la mitad de la remesa.

El no pago de la remesa tiene una doble penalización porque el artículo 146 del DE 170 invalidaría el gasto deducible. De esta forma la contingencia se eleva al doble ya que pagarás la remesa y no te deducirás el gasto.

A este riesgo debes agregarle el ITBMS en la remesa. Para

---

52 PAT = Pagos a Terceros.

esto es importante indagar dónde se realizó el servicio ya que aquellos no realizados en Panamá se librarán de esta retención.

El papel de trabajo XVI – PT RUC FACTURAS DE PROVEEDORES, anexo a este libro, trata de documentar este punto.

## 7.3. Propiedad Intelectual del *target*:

Tu contraparte en el equipo legal estará en el proceso de identificar qué tipo de propiedad intelectual usa el target. Esto lo hará para conocer si el target es o no dueño de esta propiedad, o si es un licenciatario.

Si es un licenciatario, el equipo legal estará documentando si se pagaron o no las regalías al dueño.

Pide un listado de los pagos que el *target* ha hecho en el pasado y hazle match a las remesas que se hayan realizado. Pregúntate y documenta: ¿Hay remesas por cada pago de regalías?

Un segundo punto es entender si existen algunas regalías que se adeudan.

Si esto ocurre es probable que el target no haya abonado la remesa y como lo indican las normas el sólo acreditamiento (aunque no haya ocurrido el pago) es suficiente para detonar esta obligación.

Un punto recurrente en empresas en venta es la existencia de propiedad aportada por el dueño. Un caso particular de propiedad intelectual puesta por el fundador del negocio es la marca, el *domain* usado por el target, y cualquier fórmula que haya sido el origen del negocio en venta.

¿Tus preguntas deben ser cómo documentamos que esta propiedad intelectual pertenece al target? Si no existe claridad sobre este punto, es probable que necesites considerar:

1. ¿Cuánto cuesta, fiscalmente hablando, traer este activo a los libros del target?

2. ¿Qué contingencia de PT puede causar el acreditamiento oficioso de la DGi por el uso de esta propiedad?

Una diferencia de importancia está entre el software enlatado y el software propiedad del target. El primero generará pagos por regalías. El segundo quizá no si el mismo ha sido importado por el target. El término importado debe ser entendido como aquél que ha pasado por el trámite de importación y por lo tanto ha abonado los impuestos de introducción.[53] A esto se le suma el hecho de que el vendedor del software debió pagar el ISR en el país donde lo vendió. Este último punto es relevante en casos donde puedas confrontar el estudio de precios de transferencia y notar que el vendedor del software es una parte relacionada del target.

Esto debe ser indagado en tu DD.

## 7.4. Donaciones a entidades no registradas:

Desde la reforma de 2005, se introdujeron limitantes a las donaciones como gastos deducibles. Esto nos fuerza a confirmar que no se exceda el límite establecido en esa fecha de US$ 50,000 al año y que el exceso en ese monto no se lleve a otro ítem de gasto. El amarre nos podrá indicar si esto es así.

Una tentación común es no utilizar la línea de donaciones de la declaración de rentas para no estar sujeto al escrutinio fácil de quien revise la renta. Esto se puso de moda cuando las personas que se encargaron del CAIR discutían montos ridículos de donaciones y llegaron a negar las solicitudes por supuestas inexactitudes de montos que claramente no eran materiales.

---

53 Esto lo decimos porque al ingresar a la OMC nuestro país firmó una serie de tratados que lo obligaban a considerar la importación de software propiedad del target como software propio.

Por esta razón los contribuyentes han listado estas donaciones como honorarios obviando colocarlas en esta línea. Indaga si esto es lo que está ocurriendo. Si esto es el caso tendrás que listarlo como una posible contingencia en tu DD.

Una segunda indagación es saber si la donación se realizó en especie o en metálico. Si la donación es en especie tendrás como base la misma la factura, si es un bien nuevo o el costo en libros menos la depreciación acumulada, si el bien es usado (Art 47 DE 170 de 1993).

Una vez calculada esta base tendrás que tomar la prueba del 1% de los ingresos gravables. A esta prueba se refiere el cuadro que

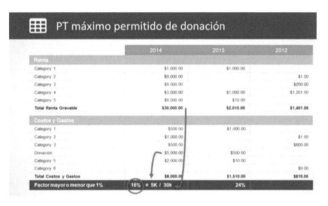

encuentras en esta sección, siendo un senior en tu equipo el que debe tomarse la tarea para levantarla. Por esto es importante saber si la donación se esconde en otra línea de la renta y tratar de considerarla en forma independiente en la prueba que realices.

Otro punto por confirmar es si la agencia a la que se dona está autorizada para recibir donaciones que sean, para el donante, deducibles de ISR.

La página web de la DGi tiene esta información y la mantiene relativamente actualizada.

Pide la copia de la resolución que está listada en la DGi con el objeto de obtener una validación adicional.

Luego pide qué documentó esta donación. Al ver el recibo (o incluso factura) de la donación podrás descartar que haya existido una contraprestación a cambio. En ocasiones las ONGs ofrecen bienes y servicios. Iglesias grandes tienen canales de televisión que venden cuñas publicitarias, Cooperativas alquilan salones de fiestas y otras han llegado a organizar centros de atención sanitaria. Ninguna de estas cosas es una donación y deben ser descartadas como tales.

## 7.5. Otros receptores de donaciones:

De tiempo en tiempo las donaciones pueden realizarse a personas no autorizadas por la DGi, siendo estas las agrupaciones políticas, el mismo Estado o a productores de películas.[54]

Estas donaciones presentan la complejidad de carecer de documentación standard ya que pocos políticos, agencias del Estado y productores de películas se esfuerzan en llevar bien su contabilidad.

El que haga el DD, no debe ignorar que el TAT ha permitido donaciones aún cuando el donante no tenía actualizada su resolución o no declaró las donaciones recibidas.[55] Esto, sin embargo, es un punto para listar en el DD.

## 7.6. Facturas sin nombre de la empresa:

Siguiendo con la información extraída de la renta, el siguiente paso debe ser obtener del Libro Mayor de la empresa pagos que estén respaldados por facturas.

Observarlas todas sería imposible, incluso impráctico, por esta razón debemos obtener una muestra.

Esta muestra debe cubrir algo como la que proponemos en

---

54 Esta resolución no es necesaria para "donaciones" a películas panameñas según el Art 44 Ley 16 de 2012 que lista otros requisitos para estos casos.
55 En este caso el TAT ordenó considerar la donación aunque la ONG que la recibió no

esta sección, sabiendo que podemos variar los porcentajes y números absolutos.

Yo he usado la siguiente: Al menos 5% de los pagos por encima de las erogaciones que excedan el 1000% del promedio.

Dependiendo del tamaño del negocio, esto es una

> Una idea fácil del número podría ser el siguiente:
>
> Pago promedio de la empresa: US$ 100.00
>
> Factor de multiplicación de 1000: US$ 100.00 X 1000 = 100,000
>
> Total de pagos que exceden 2,000
>
> Total a verificar: 100

tarea que puede ser enorme o puede ser muy chica. Por lo que este porcentaje puede ser flexible siguiendo tu juicio profesional.

Al obtener esta muestra se podrá identificar si las facturas obtenidas cuentan con los requisitos de una factura (Ley 72). En el enfoque de esta investigación, al existir deficiencias se debe ampliar la muestra para lograr identificar más debilidades.

De no tener el nombre del target, o al carecer de facturas, el artículo 29 del DE 170 permite otros medios de prueba que tendrán que ser provistos por el target.

Entre otros medios de prueba deben poder tomarse todos los listados en el Código Judicial que incluyen pagos, cheques, testimonios, etc. Aún cuando el target tendrá razón en usar estos medios para probar el pago, lista como una debilidad que la DGI no entiende esos medios de prueba y, en ocasiones, decide ignorarlos.

El TAT llegó a fallar casos donde vio las facturas, vio otros medios de prueba, pero decidió ignorar fotocopias por no "ver" originales.[56] El TAT ha cambiado esta posición tan estricta, pero

la declaró: http://www.momentofiscal.com/TAT%20reconoce%20donacion%20aun%20cuando%20el%20donatario%20no%20la%20declaro.html

56 http://www.momentofiscal.com/TAT%20vuelve%20a%20decir%20que%20le%20lleven%20facturas%20originales.html

la DGi sigue manteniéndola, lo que generará una debilidad a notar en tu DD.

En el Anexo XVI hemos listado un papel de trabajo que servirá para esta revisión.

## 7.7. Áreas de revisión en movimientos en los activos:

La DR, en adición a un estado de resultados, también trae un balance de situación con sus activos, pasivos y capital.

Al analizar los activos, debemos buscar las diferencias entre un ítem de la renta anterior con la actual.

En algunos casos estas variaciones tienen incidencia tributaria.

### 7.7.1 Venta de activo fijo que no pagó ISR ni ITBMS:

Pensemos que entras a la oficina del target y ves un letrero que dice *"rematamos mobiliario de oficina – donde están y como están"*. Ves un archivador viejo pero que te sirve para un depósito que tienes en tu casa. Lo compras. ¿Pides factura? ¿Si no la pides, te la darán?

Es probable que nadie se le pasa por la mente pedir o dar una factura en esta circunstancia. Esto no se debe a una intención defraudadora del comprador o del vendedor. Simplemente se debe a que la dinámica del negocio no está 100% puesta en esta transacción y el equipo de facturación ignore que esta venta se hizo. Lo mismo ocurre cuando el target vende otros activos como equipo rodante, maquinaria, bienes inmuebles, marcas comerciales, etc.

En el ejemplo que pusimos, la pregunta sería: ¿por qué se vende un activo fijo? Muchas razones, pero ninguna está conectada con el negocio principal de la empresa, porque sino, en lugar de activo fijo sería inventario.

Este axioma contable tiene una profunda implicación tributaria ya que al no vender inventario es probable que ignoremos la facturación vía máquina fiscal y el pago de ITBMS.

Este es un punto de importancia al analizar los cambios a la baja en el activo fijo. En esta sección del DD te tienes que proponer identificar transferencias de activo que no pagó ITBMS ni pagó el ISR. Estas transferencias pueden ocurrir con alguna frecuencia generando ambos impuestos. Pregúntate: ¿por qué se mueve el activo fijo del target de un año a otro? Dependiendo del giro de negocios del target, esta pregunta puede tener múltiples respuestas. Una de estas es la venta de activo fijo, pero también la depreciación.

Otros negocios pueden tener descartes por obsolescencia del activo físico producto de rediseños constantes como los que ves en los restaurantes de comida rápida, a esto quizá se debió, en el ejemplo de arriba, que compraras un archivo que para ti estaba en buenas condiciones, pero que para el target ya no lo estaba.

En otros tendrás mermas naturales del negocio como los que ves en activos biológicos que deben ser descartados con el tiempo (toros de reproducción que no pueden usarse al haber montado todas

Venta de activo fijo no declarada en renta

Vender activo fijo
Sin reportarlo en renta es indicativo
de no pagar complementario.

las hembras del hato, padrotes en perreras que ya han "pasado de moda", etc..). ¿A cuál de estas estará más expuesto el target? Al tratar de encontrar una respuesta estarás más cercano a ver cuáles movimientos corresponden a ventas de activo. Con esto trataras de identificar si algunos de estos movimientos corresponden a venta de activo fijo que no pagó el ISR con la tarifa correcta. Imagínate un buen toro que ya montó todo el hato y podría estar en riesgo de montar a una de sus hijas. ¿Vale este toro algo? Claro que sí. Te pregunto: ¿Crees que el target lo podría vender? ¿Si lo hace, a qué tarifa paga el ISR? Responder esta pregunta te llevará a analizar las tarifas diferenciadas del impuesto sobre la renta.

En este momento existen 3 tarifas distintas a las que puede estar sujeta esta venta dependiendo del tipo de activo que es.

Terreno: 3%

Valores: 5%

Bienes Muebles: 10%

A esto hay que añadirle las tarifas distintas que podrían derivar de tratados firmados por Panamá.

¿En el ejemplo del toro, a qué tarifa pagarías tú?

Otro punto por identificar es si estos activos vendidos pasaron por la máquina fiscal.

Alguien tiene que indagar si estas ventas han ocurrido en el periodo cubierto mediante la identificación de movimientos en el activo de un año a otro. Luego de identificar estas ventas alguien debe concluir si las mismas:

1. Pagaron ISR.
2. Qué impuesto se pagó en esta transacción (tarifa regular o tarifa del 10% de ganancia de capital).
3. Pagaron ITBMS
4. Se documentaron con facturas fiscales
5. Si se registraron en el momento de la venta.
6. Si pasaron por resultados los montos cobrados.

## 7.7.2 Inventario destruido sin certificación CPA:

Así como los activos fijos pueden disminuir, otro activo, el inventario puede hacerlo también. Una razón obvia puede ser la venta de este. Otra razón puede ser su destrucción.

¿Porqué alguien destruiría su inventario? La razón principal es la obsolescencia, pero pueden existir otras razones como la falta de posibilidad de vender el mismo porque la línea de negocio ya se ha perdido.

Destrucción de inventario sin firma de CPA

Out

En la destrucción de inventario es necesaria la certificación de un CPA

Carecer de este certificado es un punto relevante para el revisor

Recuerdo un concesionario de carros que dejó de representar una marca en especial y, por lo tanto, no le convenía que un inventario 100% funcional, fuera usado por lo que podría ser su competencia.

La destrucción se dio no por una razón de obsolescencia sino por una decisión netamente comercial.

La norma permite que este descarte de inventario pueda ser considerado gasto deducible, pero, establece que para que lo sea se debe tener la formalidad de una certificación de CPA.

Esta certificación es otro de los requisitos del DD y está contenida en la Resolución 201-380 de 1997.

En 2017, cuando la DGi listó unos requisitos opcionales del CAIR, se añadió a ese listado esta certificación.

Existen otros motivos por los que un inventario puede ser destruido sin la intervención del target. Estos son los casos fortuitos como robo, incendio y otros desastres naturales.

Toma nota de cómo se documentaron estos eventos. En caso de robo, debe existir, al menos, una denuncia a las autoridades. Pídela y pide ver qué seguimiento le dio la empresa a esta denuncia. Algunos bienes están cubiertos por seguro. Pregunta si este es el caso de los bienes robados.

En el caso de incendio, debió existir una póliza. Trata de ver el reclamo que se puso a la aseguradora y confirma el resultado de la misma.

Una vez chequees esto, trata de ver qué tanto se roba, incendia o inunda el target. Pregúntate: ¿Pasa esto todos los años?

Es importante indagar con el target si esta "destrucción" terminó en una venta. Un ejemplo recurrente de esto es la venta de chatarra. Al "destruirla", es común que alguien pague por botarla. Es decir, que la empresa venda este inventario obsoleto. Aquí debes documentar si existe un pago, si está documentado por factura y si el mismo tiene ITBMS.

## 7.8. Cuentas malas castigadas en exceso del límite o sin respaldo

Los artículos 32 a 36 del DE 170 indican el tratamiento fiscal de las cuentas malas. Este articulado da la opción de castigar cuentas malas en la medida en que se produzcan o hacer una reserva. En el segundo de los casos la deducción sería limitada al 1% de las ventas al crédito sin sobrepasar el 10% de las cuentas por cobrar. Esta reserva es diferente a lo permitido por las NIIFs que se encuentra normada en la NIIF 37.

Esto lleva a que existan diferencias en el tiempo entre la contabilidad financiera y el registro tributario.

Esta diferencia debe analizarse en todo DD.

El método puede ser cambiado por el contribuyente, pero como condición se lista informar a la DGI.

Adicionalmente, especial atención debe ser puesta en la necesidad de castigar las cuentas malas contra la reserva fiscalmente permitida.

En adición a este procedimiento, es necesario contar con un requisito extremadamente anticuado que es la gestión de cobro judicial. Existe en el listado otros elementos como la mora superior al año, cesación de pagos, quiebra o desaparición del deudor.

Esta gestión de cobro no es fácil de hacer y en ocasiones representa más que el gasto a tomar.

En ausencia de este cobro se debe contar con la cesación de pagos superior a un año, la quiebra, la desaparición o paralización de actividades del deudor. Estas cuatro cosas son fáciles de entender, pero difíciles de documentar con propiedad.

Toma nota de la forma en que el target ha documentado estos ítems al momento en que ha rebajado su reserva de cuentas malas.

## 7.9. Otros cargos contra superávit:

El superávit es equivalente a la utilidad retenida. En un negocio, esto significa la sumatoria de las ganancias y la resta de las pérdidas desde que inició. ¿Un cargo contra esto qué es? Lo más natural debe ser un dividendo, es decir, plata que el dueño se llevó del negocio. Sin embargo, el análisis de dividendo ya tiene una línea para este ítem, por lo que te preguntarás qué se pone en esta línea de la declaración de rentas.

Tratemos de ver el siguiente cuadro:

| ANÁLISIS DEL SUPERAVIT | | |
|---|---|---|
| Superávit Acumulado Inicial | 168 | 100,000 |
| Ganancia Neta | 169 | 45000 |
| Pérdida Acumulada Inicial | 170 | 0 |
| Pérdida Neta | 171 | 0 |
| Ganancia de Capital | 172 | 236000 |
| Menos: Dividendos Distribuidos | 173 | 0 |
| Superávit de Reevaluación y Otros Ajustes | 174 | 0 |
| Otros Ajustes | 175 | -45000 |
| Total del Superávit | 176 | 426,000 |

¿A qué se debe esta disminución? ¿Porqué es: Otro ajuste?

Las respuestas deben existir y el target las debe dar. No pases por alto esta alerta que puede tener miles de respuestas. En una ocasión recuerdo que unos dividendos no habían pagado el impuesto y esta fue una de las formas de "cuadrar" el superávit sin decir que esta distribución se había hecho.

En ocasiones el formulario de Renta no contempla realidades comerciales. Esto ocurre con cierta frecuencia. En 2010, una firma de abogados tuvo que preguntarle a la DGi si podía tomar como ingreso de sus socios los gastos no deducibles. Añadió esta firma que el formulario del Etax no permitía considerarlo en la distribución de utilidades y, por lo tanto, causaba un ingreso a la firma detonando un ISR a pagar y una renta estimada a pagar. La DGI reconoció este error y dijo que iba a "corregirlo". Años después no tenemos esta corrección y todavía, se tiene que machetear la utilidad retenida vía otro cargo contra superávit.[57]

---

57 Este tema se debatió en la consulta siguiente: http://www.momentofiscal.com/MuseExport2/dgidicequegastosnodeduciblesoningresosdelsocio.html

En otros casos esta explicación es más inocente y sólo se debe a que la empresa no tiene su utilidad retenida (o superávit) cuadrado.

La forma de cuadrar libros contra renta fue tirar un cargo contra este superávit. Esta es una excelente oportunidad de hacer notar este riesgo y poder marcar buenos puntos en tu DD.

Otra de las formas que debes identificar es el descuadre entre el superávit final del año anterior y el superávit inicial del próximo año. Veamos este cuadro:

| ANÁLISIS DEL SUPERAVIT | | 2016 | 2017 |
|---|---|---|---|
| Superávit Acumualdo Inicial | 168 | 55,000 | 100,000 |
| Ganancia Neta | 169 | 35000 | 45000 |
| Pérdida Acumulada Inicial | 170 | 0 | 0 |
| Pérdida Neta | 171 | 0 | 0 |
| Ganancia de Capital | 172 | 0 | 236000 |
| Menos: Dividendos Distribuidos | 173 | 0 | 0 |
| Superávit de Reevaluación y Otros Ajustes | 174 | 0 | 0 |
| Otros Ajustes | 175 | 0 | -45000 |
| Total del Superávit | 176 | 90,000 | 426,000 |

¿A qué se debe esta diferencia entre superávit final de un año e inicial de otro? El target tendrá que aclararlo. Toma este hallazgo con cuidado y no presumas que hay un error en el target sin escuchar esta respuesta.

Un senior debe documentar las respuestas y el gerente verificar la consistencia de las mismas con la legislación vigente.

## 7.10. Ganancia o Pérdida en diferencia de moneda distinta al Dólar:

Al tener el dólar como moneda de curso legal, no estamos familiarizados con el impacto de las diferencias cambiarias. Para nosotros, el dólar es el dólar y su valor es su valor. Esto nos hace olvidar que cualquier moneda es un *commodity* que sube o baja de valor.

La primera vez que esto fue percibido quizá tuvo su origen en nuestro país, cuando los galeones españoles zarpaban con oro del Perú (y el resto de américa). Al llegar a España, este oro "inundaba" las calles de la metrópolis y los precios de las cosas empezaban a "subir". Esto es lo equivalente a "imprimir" moneda y, al hacerlo, más circulante, con la misma oferta de bienes y servicios, causará una depreciación de la moneda.

Sin embargo, en mercados vecinos, es usual tener un pago negociado hoy, pero pagado o acreditado meses o incluso años después. Esto puede generar diferencias cambiarias al alta o a la baja y por lo tanto nuestros vecinos están acostumbrados a estas diferencias.

Tu rol en este punto del DD es preguntarte:

1. ¿Está el target sujeto a fluctuaciones de moneda?

2. ¿Cómo se reconocen estas ganancias / pérdidas en los libros?

3. ¿Cómo se tratan en la renta estas diferencias?

Estas diferencias causan impactos fiscales (ganancia o pérdida). La DGi así lo dijo en 2017.[58] Para esas mismas fechas, al dictarse la versión 2.0 del Formulario 930 de Precios de Transferencia, expresamente se pidió listar la fecha del tipo de cambio en que se tomó la conversión de moneda del grupo empresarial del contribuyente. Esto se hizo con la intención de observar si existen diferencias de importancia entre el valor que tuvo una moneda en el tiempo frente al dólar.

Tu target debe tener algún tipo de impacto ante las fluctuaciones de moneda y así lo debe tener documentado. Pregúntale: ¿Cuáles son los impactos a los que hace mención la DGi?

---

58 http://www.momentofiscal.com/MuseExport/diferenciademoneda.html

En este punto tendrás que preguntarte si el ITBMS se causa en esta posible ganancia.

El PT LI - INFLACIÓN anexado a este libro trata este ítem de tu revisión.

## 7.11. Origen del Dividendo:

Al repartirse dividendos es común mirar hacia atrás y ver cuánto de complementario se ha pagado en ejercicios pasados. La intuición diría que el

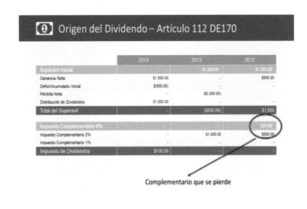

complementario pagado anteriormente sería el crédito del impuesto causado por el dividendo pagado hoy.

Esta intuición no es correcta ya que el artículo 109 del DE 170 indica que el complementario sólo se puede utilizar contra distribuciones del año donde se pagó este complementario.

Esto hace que, en situaciones como las mostradas en el cuadro de esta sección, el contribuyente no pueda repartir utilidades que no existen, financieramente hablando, ya que han sido absorbidas por pérdidas en ejercicios posteriores.

Una tentación común, es tomar el complementario, en casos como este, como crédito contra el impuesto de dividendos de distribuciones posteriores a ese año.

Para verificar este ítem, es necesario obtener el desglose de dividendos repartidos por año.

Este desglose debe existir desde el origen de la operación y debe considerar también las fusiones y/o escisiones que han existido en su historia corporativa. No tenerlo es una falta grave del target.

### 7.11.1. Fecha de Pago del Impuesto de Dividendos:

En este momento del DD ya has tenido acceso a las reparticiones de dividendos del target. Lo primero que debes asignar es la revisión de las fechas de pago y las fechas de acreditamiento. Este término "acreditamiento" que dice el artículo 733 del CF sólo se menciona para la retención por remesas pero se ha popularizado para las revisiones del impuesto de dividendo también.

Trata de marcar una diferencia entre la fecha del registro contable y el pago, lo que sea que ocurra primero.

Esto fuerza a pedir el acta que reparte dividendos, el asiento de los libros y el pago del dividendo.

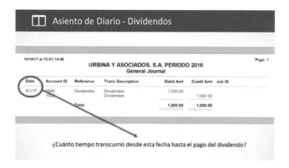

Compara las fechas de estos documentos. Si las fechas difieren, indaga cual se tomó como inicio de la cuenta de diez días para pago de la retención.

En el asiento debes notar también qué cuenta registró la retención. En el asiento que mostramos, intencionalmente hemos dejado a un lado la retención, sin embargo, es común hacerla en el mismo asiento. En todo caso, como hemos mencionado antes, los libros son financieros, no fiscales. Por esto no necesariamente el asiento debe tener la retención.

Un punto de referencia importante es saber si el target tiene una política definida de repartición de utilidades. En algunas empresas existe la política de repartirlas anualmente o con otro tipo de periodicidad. Si esto ocurre, trata de confrontar si esta política incluye el pago de impuesto de dividendos o si ignora esta obligación. Si lo segundo ocurre, sugiere que se incluya en esta política el cumplimiento con la retención correspondiente.

Una indagación posterior debe ser hecha al personal del target en una entrevista presencial.

### 7.11.2. Tarifa del Dividendo:

Tradicionalmente, los dividendos sólo fueron gravados a las tarifas del 0%, 10% o 20%. No había nada distinto.

Luego, la ley 8 de 2010, introdujo el gravamen al 5% de los dividendos que tuviesen su génesis en la fuente extranjera o en Zonas Libres.

Unos años más tarde, en 2012, con la firma de los tratados tributarios, se comenzó a hablar de tarifas reducidas por estos convenios. Esto ha traído como consecuencia que

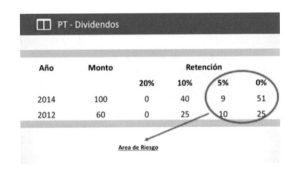

el DD tenga que revisar el cumplimiento del target con estos convenios.

En 2013 se dictó la Resolución 201-10861 de 26 de Agosto de 2013 que obligaba a pedir la autorización para utilización del tratado.[59] ¿Qué papel de trabajo sustenta nuestra revisión? Sugiero el cuadro usado en esta sección.

---

59 http://www.momentofiscal.com/2013SEP%20regulan%20documentacion%20
necesaria%20para%20aplicar%20tratados.html

Este papel de trabajo debe venir acompañado de las resoluciones que autorizaron el uso de estas tarifas.

Un documento altamente deseable, es la obtención del certificado de residencia fiscal del accionista del target que utilice alguno de estos tratados. Al analizar este documento debes observar si la fecha de repartición del documento está cubierto por el certificado de residencia fiscal que te presentan o, si el tiempo de vigencia de este documento no cubre este periodo. Pide una copia y guárdala en tu expediente.

Formalmente existe una tarifa de 20% para accionistas al portador. Esto no existe en la práctica, ya que en el mundo de los negocios no existen este tipo de accionistas, pero es importante considerar la posibilidad.

### 7.11.3. Prelación de dividendos:

El mismo cuadro de arriba debe servir para entender, si existe o no, repartición de dividendos sin la prelación ordenada por el artículo 733 del Código Fiscal (y por el 106 del DE170).

Esta norma, introducida en 2010, tiene la intención de que se cause primero el impuesto de dividendos antes de repartir utilidades exentas. Adicionalmente, tiene como objeto que se repartan primero los dividendos que más retención tienen.

En ausencia de esta norma sería fácil eludir el pago del impuesto de dividendos al distribuir sólo utilidades exentas del mismo o, utilidades cuya retención tenga una tarifa menor.

Tu rol debe ser entender si se ha caído en la tentación de no cumplir con esta prelación.

Aquí cobra vigencia el papel de trabajo XXVIII que documenta si existen o no utilidades de fuentes mixtas.

El senior, junto con el gerente del compromiso, deben analizar en detalle este cuadro.

## 7.11.4. CxC Accionistas como dividendos:

La norma también indica que la cuenta por cobrar accionista es un dividendo. Esto es así desde 2011 (con la ley 31).

Una estrategia común y que provocó la aprobación de esta norma, era recibir préstamos y nunca repartir dividendos. Por esto, la norma trata de evitar que el accionista se "lleve plata" de la compañía con un préstamo que debió ser dividendos y pagar el impuesto respectivo.

La forma de revisar esta parte del DD será confrontar las cuentas por cobrar con los accionistas listados del target.

## 7.11.5 Capitalización de dividendos como repartición de dividendos:

En el año 2010,[60] se eliminó la posibilidad de capitalizar utilidades sin causar el impuesto de dividendos. En ese momento, el 733 A del CF permitía, bajo ciertas condiciones, que se capitalizaran las utilidades no distribuidas. Luego de 5 años, este capital podía reducirse devolviéndole al accionista sus dividendos sin el impuesto respectivo.

En este momento, luego de la eliminación de esta norma, se entiende que capitalizar utilidades retenidas es sinónimo de repartir dividendos. En consecuencia, se causan las tarifas de los dividendos.

Indaga cómo ha aumentado el capital y si la utilidad retenida ha visto una disminución que terminó aumentando el capital. La razón de hacer este aumento puede ser muy diversa. En la mayoría de las ocasiones mostrar más capital por motivos regulatorios (montos mínimos en algunas actividades) es la razón principal.

---

60 Ley 8 de 2010.

## 7.11.6 Reducción de Capital contra Déficit Acumulado:

Otro movimiento del capital a observar es la reducción del mismo contra déficit acumulado.

La razón para realizar este asiento está en borrar pérdidas y no reflejarlas en el balance.

Déficit acumulado neteado con capital.

Este asiento deja como incógnita lo siguiente:

1.  ¿Se ha distribuido un dividendo?
2.  ¿Es esto una renta presunta para el contribuyente?
3.  ¿Causa esto ITBMS?

Estas preguntas debes responderlas en tu papel de trabajo XXIX – Reducción de Capital y documentarlas.

Un senior en el DD debe llenar este papel de trabajo y un gerente debe analizarlo en forma rápida para poder dirigir indagaciones adicionales.

## 7.11.7 Complementario como gastos y no como cuenta de capital:

Un error común es tener las cuentas de complementario como gastos o incluso como activo en la declaración de renta o en los libros. Este error fue debatido por NOCOFIN a finales de los años 70s y principio de los 80s concluyéndose que estas son cuentas de patrimonio y deben cargarse contra una cuenta que diga *"Impuesto Complementario"*. Esta conclusión de NOCOFIN en la norma local #18 emitida en abril de 1986 tiene completa compatibilidad con las NIIFs y expresa al usuario del estado financiero que estas erogaciones se han hecho a nombre del accionista.

No seguir la NOCOFIN 18 sería un error del target y deberías mencionarlo en tu DD.

Más allá de la presentación financiera tu área de riesgo debe ser si este complementario se está reconociendo como activo al calcular el aviso de operación. Este error es recurrente en muchos contribuyentes.

También revisar si al distribuir dividendos se toma este complementario para calcular el impuesto de dividendos. Al no hacerlo, el target podría estar pagando dos veces el impuesto complementario.

El papel de trabajo XXX – PT COMPLEMENTARIO COMO GASTO trata de documentar este ítem de tu DD.

## 7.12 Ajustes financieros en la Renta:

Los libros, tal como lo vimos arriba, son financieros, no tributarios. Esto puede ser una verdad aceptada por todos, pero puede ser confundida en momentos en los que la tentación es no descuadrar la renta o viceversa.

Asumamos la creación de un diferido por un gasto pagado por adelantado que financieramente debe ser reconocido en el periodo de tiempo que durará un proyecto al que está relacionado. Fiscalmente puede ser deducido el mismo año en que se causó.

En estos dos registros tendrás fechas de reconocimiento de gasto distintos. ¿Puede la utilidad retenida diferir entre la renta y los libros? La respuesta a esta pregunta es sí, lo que te llevará a una segunda pregunta: ¿Qué haces para reconocer esta diferencia en tu renta?

En ocasiones, el target responderá esta pregunta cuadrando su renta vs sus libros.

Veamos este asiento que "trata" de cuadrar renta vs libros.

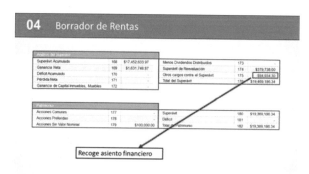

Como notamos, la línea "otros cargos contra superávit" ha tratado de recoger un cargo totalmente financiero para poder tener el mismo superávit (en la línea 176) que se tiene en los libros.

Este error puede indicar, al auditor fiscal, que no se pasó por resultado alguna cuenta que se trata de pasar como cuenta de capital.

El papel de trabajo como ves en esta sección trata de documentar esta parte de tu DD.

## 7.13. Juicio Profesional en el reconocimiento de ingresos:

Desde hace más de 20 años he escuchado a gente muy seria (y otros que no lo son) decir que la contabilidad desaparecerá. Esto lo dicen porque creen que la contabilidad se basa en operaciones mecánicas que cualquier máquina puede hacer. Esto, aunque parcialmente cierto, no toma en cuenta lo que en la contabilidad llamamos "juicio profesional". Este depende sola y exclusivamente de la mente de un ser humano formado como contador.

Para ilustrar este ejemplo trata de pensar en una propuesta que acabas de firmar con un cliente. El contrato es para llevarle la contabilidad y hacerle la renta. Para esto cobras un fee de 2000 al mes, por 12 meses contados a partir de junio de este año.

¿Cuándo registras el ingreso? Si le preguntas esto a un contador quizá te responda una de las siguientes alternativas:

1. Registras 2000 al mes.
2. Registras 24 mil este año.
3. Divides cuánto cobras por la contabilidad mensual y cuánto por la renta. Atribuyes la renta al próximo año.
4. Reconoces el ingreso en la medida en que le cargas horas al *engagement*.

Con tantos años en que la ciencia contable ha debatido los métodos devengado y recibido, el lector no entrenado puede pensar que esta pregunta la podemos responder en forma homogénea. Sin embargo, esta pregunta puede ser contestada de muchas formas, todas ellas pueden ser contradictorias entre sí. El contador tendrá que decidir qué método usa para reconocer este ingreso. A esto es lo que llamamos juicio profesional.

Las diferencias en el juicio profesional hicieron que, para el momento en que redactamos este libro, la NIIF 15 aclarara este punto diciendo que los contratos con clientes deben dar lugar a reconocer el ingreso sólo cuando se cumplan todos los criterios siguientes:

1. Las partes han aprobado el contrato y se comprometen a cumplir con estas obligaciones,
2. Se pueden identificar los derechos a transferir por cada parte,
3. Se pueden identificar las condiciones de pago de los derechos a transferir,
4. Tiene o no fundamento comercial el contrato,

5.  Es probable que se cobre la contraprestación.

Esta norma sustituyó la NIC 18 (ingresos) y la NIC 11 (contratos de construcción). Para cualquier fiscalista esto levanta alertas sobre el reconocimiento de ingresos en la declaración de rentas. Por esta razón la respuesta que diste al inicio de este apartado quizá cambie ya que no tenías en mente esta NIIF cuando formaste tu juicio profesional.

Tu rol en el DD debe ser conocer qué consecuencias fiscales tiene el juicio profesional de tu target. Aquí debes tener un contacto cercano con tu contraparte financiera del DD para asegurarte que el juicio profesional que él haya identificado no tenga incidencias fiscales que afecten tus hallazgos.

## 7.14. Amortización de plusvalía en fusiones.

Es probable que el negocio que esté en venta pertenezca a una industria sujeta a fusiones y adquisiciones. En nuestro país la banca, los supermercados, las cervecerías y las empresas de servicios públicos han estado sujetas olas de fusiones que llevan décadas.

25. Amortización de Plusvalía en fusiones

Por esta razón vale la pena preguntar si el target ha adquirido a una empresa en el pasado. Si la respuesta es sí, el tema de la amortización de la plusvalía debe ser analizado.

La pregunta aquí es si la amortización de esta plusvalía es o no deducible. El artículo 46 del DE 170 indica que en los bienes intangibles puedes deducirte el importe pagado por el mismo. Esto ha dado bases para pensar que esta deducción es posible.

Luego, la pregunta continúa en qué ocurrió con la diferencia entre el costo de adquisición de las acciones y el monto del capital pagado en libros de esa compañía.

Esta diferencia es lo que se conoce como la plusvalía. Esta diferencia no es deducible para el comprador, sin embargo, al momento en que comprador y comprado se fusionan, la integración de las cuentas de capital ha producido una diferencia que ha llevado, en el pasado, a que el contribuyente tome este número como gasto deducible con base al artículo 60 del DE 170.

La DGi realizó un alcance de importancia a un supermercado cuando tomó este gasto deducible en la compra de otro supermercado.

Si el target que analizas ha tenido este tipo de gasto deducible, toma nota de este fallo[61] y trata de considerar esta posible contingencia.

## 17.15. Back to Back sin deducción:

En Panamá, la diferencia que exista en un préstamo back-to-back no es gasto deducible. Un préstamo *back-to-back*, es aquel donde se usa un *fronting* y este a su vez contrata otro préstamo con una compañía controlada por el primer deudor.

La ganancia del *fronting* está en la diferencia entre el interés que le cobra al primer deudor y el que le paga al segundo acreedor.

Inicialmente este fronting era usado para tener un gasto deducible en Panamá y luego aprovecharse del precio 0 del financiamiento interbancario. De esta forma un gasto deducible se transformaba en una renta exenta.

---

61 Fallo sobre plusvalía en fusiones: http://www.momentofiscal.com/2016MAY%20 rafael%20rivera%20castillo%20comenta%20fallo%20sobre%20deducibilidad%20de%20 plusvalias.html

Con la firma de tratados tributarios, existe un nuevo incentivo para hacer back-to-back usando *frontings* en países con tratado. De esta forma tienes un préstamo con una tarifa reducida y luego, si el país no tiene tributación sustantiva, un ingreso exento para alguien más en ese mismo país.

Chequea si tu target tiene este tipo de préstamos y considera tanto el ITBMS como el gasto no deducible en tu posible contingencia.

### 7.16. Perdón de Deuda

En ocasiones encontrará pasivos que desaparecen de los libros contables de la empresa. Esto ocurre por muchas razones, en ocasiones porque el acreedor, que pertenece al mismo grupo económico, decidió no cobrar la morosidad. Esto constituye un incremento del activo neto y, por tanto, gravada con ISR.

En tu DD, tienes que poner que esto es gravable.

## 8. Temas laborales.

Al momento de analizar las retenciones laborales debes tener como punto de inicio la solicitud del histórico de sueldos de la empresa. Esta obligación está en el artículo 128 (11) del CT. En algunas ocasiones, el target no conoce de esta obligación, pero cuenta con la información ahí pedida para propósitos de registro contable y cálculo de pasivos laborales.

Este histórico debe venir acompañado de las vacaciones tomadas en el periodo, aumentos realizados y bajas en el personal.

En un DD concéntrate en los siguientes puntos relativos al tema laboral:

1. Rentas vs 03,
2. Cálculo del Pasivo Laboral y Fondo de Cesantía,
3. Salarios en Especie y Otros pagos distintos al Salario.

Tratemos de ver estos puntos.

## 8.1. Rentas vs 03:

A estas alturas del DD, ya trataste de cuadrar las Rentas y las Planillas 03 del target. Esto te ha dado ideas sobre qué puede estar errado en la situación empleador/empleado del contribuyente.

Ahora compara las líneas Salarios y Otras Remuneraciones (36) a Dietas (39) de la Declaración de Rentas. Estas líneas te darán una idea del sistema de compensación salarial del target.

Por alguna razón la DR se ha dividido, tradicionalmente, entre sueldos, prestaciones, GR

| Salarios y Otras remuneraciones | 36 | 54,000 |
|---|---|---|
| Prestaciones Laborales | 37 | 12,400 |
| Gastos de Representación | 38 | 8,000 |
| Dietas | 39 | 750 |

y dietas. No hay una razón en particular para esta división y en ocasiones no será relevante para el contribuyente. Para nuestro DD nos servirá esta división con la intención de generar pruebas que nos den indicios de posibles debilidades del target.

La forma en que lo haremos será generar una serie de ratios. Estos *ratios* pueden darte una idea básica del nivel de riesgo que la empresa tenga en el área laboral.

Propongo los siguientes con la intención de medir qué áreas de riesgo tiene el *target*:

## 8.1.1. Gastos de Representación / Salarios:

En un momento era muy común quebrar el sueldo entre salario y gasto de representación. Esto se debía a que no se cotizaba CSS sobre el gasto de representación y porque existía un tratamiento muy favorable de ISR. Hoy, las retenciones de la CSS aplican casi al 100% y el beneficio de ISR está limitado sólo a 25 mil dólares al año con un spread de sólo 5% con la tarifa nominal de impuesto. Esto hace que ya no se tenga tanto incentivo en esta figura.

En salarios que superen los 50 mil al año se mantiene un spread de 25 a 15 que daría un incentivo relativamente (en comparación al pasado) modesto.

El *ratio* que propongo, trata de medir el cumplimiento con el límite permisible de 100% del salario del trabajador que establece el artículo 40 del DE 170. Al hacerlo debes preguntarte: ¿Excede 1 este parámetro? Si es así, la pregunta sobre el límite debe ser indagada.

Hay compañías que tienen la política de sólo pagar sueldos. Nada más. En estos casos el *ratio* te marcará que no existe riesgo en este ítem.

## 8.1.2. Prestaciones / Salarios:

No hay una definición universalmente aceptada de qué va en el ítem "prestaciones". El artículo 26 del DE 170 nos habla de la indemnización, prima de antigüedad y deja abierta la oportunidad de otros componentes de esta línea.

El instructivo de renta, a la fecha de redacción de este libro, tampoco presentaba una aclaración al respecto.

En todo caso tu pregunta debe ser: ¿Qué tanto puedes pagar de prestaciones en relación a los salarios que pagas? Y luego te debes preguntar: ¿Indica, este *ratio*, que las liquidaciones del personal son un área de riesgo?

La respuesta a esta pregunta debe ser: Claro que sí.

Si la compañía tiene un alto porcentaje de rotación, este *ratio* estará disparado y tendrás una alerta sobre un área que debes revisar. Específicamente te indicará el riesgo de no retener correctamente el ISR en las liquidaciones del personal.

### 8.1.3. Dietas / Salarios:

No hay una razón real para que la DR tenga una línea especial para las dietas. Esta división debe corresponder a que alguien se le ocurrió ponerla ahí y más nadie en la DGi ha tratado de simplificar el formulario. Toda vez que esta línea existe, te da un parámetro para usar este ratio y entender qué tanto se paga en dietas en la empresa.

Para entender qué hay en esta línea, debes pedir un detalle de qué compone este ítem. Esto será absolutamente relevante ya que no todo el que recibe dietas es empleado de la empresa. Incluso, no todo el que recibe dietas tiene que ser persona natural.

El parámetro podría concebir relaciones laborales no listadas en la CSS y que por lo tanto no causan ISR. Pensemos en el siguiente ejemplo: Una empresa paga 100 de salarios pero paga 60 de dietas. ¿Es esto un empleado disfrazado de directivo? Podría alguien decir que el directivo es en realidad un empleado que trabaja para la empresa y por lo tanto debe estar sujeto al régimen de CSS. Esta pregunta se ha hecho de tiempo en tiempo sin que sepamos de un caso real donde el fisco lo haya argumentado. En un segundo cuestionamiento debes ver que 60 / 100 suena a una dieta artificialmente inflada y que quizá sustituya salarios de alguien. ¿Está algún empleado cobrando 10 y recibiendo esos mismos 10 en dietas? Si es así, alguien podría, con algo de razón, decir que esos 10 son sueldo en lugar de "dietas" y por tanto sujetos a retención.

Este punto te llevará a ver qué tanto se está pagando en este ítem con relación a otras empresas en las mismas circunstancias.

En la fecha en que redactamos este manual, COPA, la única empresa panameña listada en Nueva York, pagaba 1000 por dieta. ¿El DD lo haces a COPA? Si el target no tiene a Stanley Motta[62] en su JD, debes cuestionar porqué le pagan más de esa cantidad. Recuerda, sólo cuestionar, no juzgar como alta esta cantidad.

Todo esto serán meros indicios, sin que tengas que saltar a conclusiones con simplemente verlos. Un gerente en el DD debe analizar estos ítems en detalle.

Haz un *Memo Infográfico:*

Haz un *Memo Infográfico* de estos *ratios* para que te sirvan en tus papeles de trabajo y te guíen sobre las áreas de riesgo que tengas que revisar.

Este *Memo Infográfico* debe contestar la siguiente pregunta: ¿Cuadra esto con tus salarios reportados en tus EEFF? Esta ha sido una pregunta recurrente en el CAIR y existen miles de razones por las que estos números no van a cuadrar.

Sin embargo, el poder que esta pregunta tiene no puede subestimarse y, de forma elegante, hay que hacerla al target.

---

62 Este señor es, sin lugar a dudas, el empresario más acaudalado del Panamá. Si él cobra 1000 por dieta, debes preguntarte por que tu target cobra más. A veces, escucharás respuestas interesantes.

Recuerdo ocasiones donde esta pregunta reveló la existencia de una empresa, dentro del grupo, que no había sido revelada en la información general provista por el Target.

Esta pregunta también revela qué otra cosa se "paga" al empleado fuera de la planilla regular.

En ocasiones esta empresa B es usada para *reroutear* los pagos a ejecutivos y es un mundo de información para el DD.

## 8.2. Pasivos laborales y reserva para prestaciones:

Al tener empleados se acumularán pasivos laborales correspondientes a Prima de Antigüedad, Décimo Tercer Mes, Vacaciones e incluso Indemnización.

Este pasivo debe descansar en un solo documento que es el historial de sueldos de la empresa. Es ahí donde tienes los salarios pagados en la relación laboral. Sobre esto se realizarán los cálculos.

El artículo 149 del CT dice que para el cálculo de estas reservas se debe tomar el último sueldo o los últimos 6 meses. Lo que sea mayor.

Por esta razón, no basta con pedir el sueldo del empleado. Se requiere este histórico para determinar el monto según el 149 del CT y para entender qué vacaciones están pendientes, entre otras cosas.

Con el tiempo, el CT,[63] obligó a los empleadores que tengan más de 5 empleados permanentes a crear un fondo que cubra estas contingencias. Eso es lo que se llama Fondo de Cesantía.

### 8.2.1. Fondo de Cesantía:

El fondo de cesantía está intencionado para garantizar que la liquidación laboral no se pierda por quiebra o desaparición del

---

63 Ley 44 de 1995. DE 106 de 1995.

empleador. De esta forma el trabajador sabe que su pasivo laboral no está en manos de su empleador.

Para garantizar esto, la norma ordena que el fondo de cesantía sea administrado por un tercero. Este tercero debe estar autorizado para manejar estos fondos.

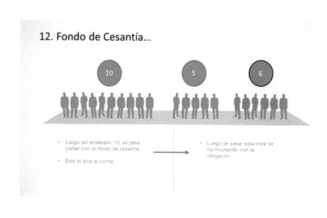

Por esta razón deberás pedir el Estado de Cuenta de este fondo.

Es determinante el número de empleados ya que, al pasar de 5 permanentes, surge la obligación de constituirlo.

Es muy probable que una empresa a la que se practique un DD tenga más de este personal.

Si no lo tiene, te será de relevancia observar los movimientos del histórico de sueldo en el tiempo, para ver si en algún momento se pasó de este monto.

La planilla 03 también te podrá indicar esto, aunque con la desventaja de que será un monto anual y puede existir el caso de empresas que en ningún momento pasaron los 5 empleados, a pesar de tener más de esta cantidad en la 03. Otra desventaja de importancia es, que no te dará la condición o no de permanencia del empleado.

Otro punto para indagar, son los movimientos que ha tenido este fondo.

De generarse excedentes, el target puede haber querido hacer retiros. Estos, según el artículo 38 del DE 106 de 1995 son renta gravable.

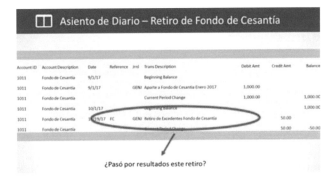

Estos excedentes pueden ocurrir al no existir liquidaciones por despido injustificado. Imagínate 100 empleados acumulando un pasivo laboral por 5 años. Si ninguno de ellos es despedido, pero todos, en el transcurso de los años van renunciando, terminarás creando un excedente de importancia. Es aquí donde el retiro puede ser una opción para el empleador.

Es fácil confundir estos retiros, sin que medie mala intención del target, como intereses. Al fin y al cabo, han salido de una cuenta de banco por plata que tenemos depositada. Revisa esto y considera gravada estas cantidades.

Alguien en el equipo debe verificar los retiros y movimientos del fondo de cesantía para cotejar el gravamen de los mismos en caso de existir.

## 8.2.2. Gasto Deducible – Pasivo Laboral:

En este momento, ya tendrás la documentación suficiente para saber cuánto toma de gasto deducible el target por las cargas laboras y su pasivo laboral.

Es aquí donde debes pedir un detalle de cómo se calculó el pasivo laboral en tu periodo cubierto.

Existen dos sistemas permitidos para este gasto deducible. El primero es tomar el 1.98% de prima de antigüedad. Esto es un derecho irrenunciable y por tanto, es un pasivo del empleador desde el día uno de la relación laboral.

¿Qué ocurre con la indemnización por despido? Como nadie sabe a quién va a despedir, este monto no es conocido hasta el momento en que llega el cese de la relación. Por esta razón, el gasto deducible no puede tomarse a menos que exista un fondo de cesantía.

El fondo de cesantía, regulado DE 106 de 1995, permitió, en su artículo 5, tomar un poco más de gasto deducible conociendo que estos montos ya no están en administración del contribuyente.

Este artículo permitió tomar 5% de la indemnización administrada por el fondo. Haciendo la matemática, esto daría 2.25% en oposición al 1.98% que tomaría el empleado sin fondo de cesantía.

Tu target no podrá deducir nada más en esta reserva. Tu rol debe ser si este límite ha sido pasado por el target.

## 8.3. Salario en especie:

En el año 2005, producto de la reforma a la ley de la CSS, se puso mucho énfasis en la definición de salario en especie. En ese momento la DGI y la CSS dictaron resoluciones regulando explícitamente este tema.

La CSS complementó esta reglamentación en el año 2006 donde se dictó el Reglamento de Ingresos, la Resolución 38,788, y que fue cambiada en forma significativa en 2016 con la Resolución 50,064.

Aquí tendrás que pedir un detalle de los salarios en especie y entrevistar al personal del target sobre qué compensaciones, distintas al salario, existen.

En ocasiones, esta simple pregunta te lleva una larga serie de etcéteras que te harán listar posibles contingencias.

Algunas empresas listan la serie de beneficios a los que los empleados pueden acceder. Pide esta lista. En adición a esta pregunta, tienes que pedir un detalle de lo que sea que compone el ítem compensaciones laborales o salarios en la contabilidad del target.

Esto te puede llevar a preguntas que tengan sentido y que deberás confrontar con el cuadro que tienes en esta página.

En adición a esto, debes medir los elementos listados en el Reglamento de Ingresos de la CSS.

Este reglamento contiene muchas deducciones que harán que los salarios en especie puedan o no estar exentos de retención.

Es importante entrevistar a otros miembros de la empresa y preguntar directamente por los pagos en especie que se reciban.

Es usual obtener respuestas inocentes que lleven a preguntas sobre la no retención de estos ítems.

Estos ítems deben ser confrontados con pruebas selectivas de los contratos de trabajos del personal. Es usual que parte de estos contratos no tengan listados los salarios en especie. Esto sería una debilidad a mencionar.

Un punto determinante en la selección que tomes, es entender si los pagos en especie recibidos por el empleado siguen formando parte del activo del target. Veamos un carro dado a un trabajador. ¿Forma parte del activo? La respuesta casi siempre es: No. Al revisar este ítem casi siempre notarás que esto fue directamente tirado al gasto. Si esto es así podrías tener indicativos de que no es un salario en especie. Algo distinto lo tienes cuando la titularidad del bien no está en los libros del target y, por consecuencia, tendrás un indicio de que el bien fue entregado en propiedad al empleado.

Luego de esto, pide el reglamento interno de la empresa. Todo empleador, con más de diez contrataciones, debe contar con este documento aprobado por el MITRADEL (Art 191 CT). Aquí se podrán listar otros beneficios cuya retención en la fuente deberás evaluar.

| Concepto de Ingreso | IG | CSS |
|---|---|---|
| ❶ Alimentos | Sí | Sí |
| ❷ Vestuario | Sí | Sí |
| ❸ Vehículos | 70% de la depreciación, alquiler o letra del préstamo. Si el empleador se deduce el costo del vehículo no se considera salario en especie. Exentos los vendedores, mensajeros, pasantes y conductores. (Art 4d DE9). | 70% de la depreciación a línea recta en 5 años. Exentos los vendedores de ruta, mensajeros, pasantes y conductores. (Art. 5 y 4a R38482) |
| ❹ Mantenimiento y Reparación de Vehículos | Sí, a menos que el vehículo sea requisito de la contratación. (Art. 4p DE9). | 70% de la reparación. (Art. 5 y 4a R38482) |
| ❺ Combustible | Exenta sólo a conductores, vendedores, mensajeros y pasantes (Art. 5e DE9). | La tenor entre 20% del salario o US$ 450 al mes (R 090,776-2006) |
| ❻ Cuotas o Primas de Seguro | Exenta sólo las de vida, salud, pensiones y auto (o resp civil) si el carro no es salario en especie. (Art. 5 n y 1 DE9). | Exentas sólo las de vida, salud, pensiones y auto (o resp civil) si el carro no es salario en especie. (Art. 5e R38482). |
| ❼ Compra de celular y pago del servicio | Exenta la compra de un celular y el servicio de 1 línea para el empleado (5e DE9). | Exenta para el empleado no a los familiares sí (6d y 5e R38482). |
| ❽ Electricidad, agua y teléfono | Sí | Sí |
| ❾ Vivienda | La de uso diferencial del empleado y familia. Exenta la de uso colectiva. (4e y 5o DE9). | Sólo si es exclusiva a la familia. Exentas las agropecuarias y las de recreo, playa o montaña si son de uso colectivo. (4e y 5j R38482). |
| ❿ Cuotas, suscripciones a clubes y publicaciones | Sólo cuentan las cuotas relacionadas al trabajo desempeñado o al giro de la empresa (5f DE9). | Sólo cuentan las cuotas relacionadas al trabajo desempeñado o al giro de la empresa (5h R38482). |
| ⓫ Becas Matrículas y Colegiaturas | Exentas las de capacitación del trabajador, las que se dan a 70% de los trabajadores o sus para reconocer méritos académicos de hijos, o discapacitados, o de escasos recursos (5i y 10 DE9). | Exentas las de capacitación del trabajador, las que se dan a 70% de los trabajadores o sus para reconocer méritos académicos de hijos, o discapacitados, o de escasos recursos (5i y j R38482). |
| ⓬ Pago de impuestos a los trabajadores | Sí | Sí |
| ⓭ Pago de obligaciones personales | Sí | Sí |
| ⓮ Stock Option Plans - Plan de Acciones | No | No lo menciona |

En adición a esto te tocará revisar los memos de personal emitidos en el periodo cubierto con el fin de encontrar posibles beneficios concedidos a los trabajadores.

Estos memos te podrán indicar artículos provistos al personal y que nadie se preocupó en listarlos como salarios en especie.

Adicionalmente te surgirá una oportunidad de evaluar la exención general a los salarios en especie concedidos en forma común.

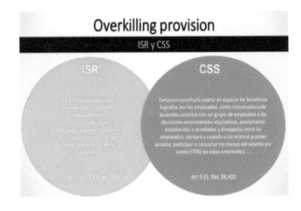

Esta exención prácticamente garantiza que lo que esté listado en un reglamento interno no lleve retención.

Lo mismo ocurre con otros "acuerdos" que garanticen un beneficio común para los trabajadores.

Por este motivo, es importante indagar sobre qué pruebas hay de la colectividad de estos beneficios y cuántos han accedido al mismo.

Usualmente esta prueba debe ser el aviso público, a todos los trabajadores, de la disponibilidad de este beneficio. Adicionalmente debe existir la aplicación formal al mismo por el empleado y su posterior otorgamiento por parte del empleador.

## 8.4. Repartición de Utilidades:

Un tema recurrente es las reparticiones de utilidades. Estas, según el art. 25 del DE 170 no serán deducibles para el empleador si no la reciben accionistas en más del 15%. Una condición adicional es que no exceden un mes de sueldo. Salvo esta limitación, este ítem es muy útil porque, siempre que beneficie a más del 70% de los trabajadores, no estará sujeto a retención de la CSS.

Esto ha popularizado la figura, haciendo recurrente encontrarse empresas que, financieramente pierden, pero que de alguna forma reparten utilidades.

Veámoslo con un ejemplo:

| | 2017 | 2016 | 2015 | 2014 | 2013 |
|---|---|---|---|---|---|
| Ingresos | 5000 | 4300 | 4000 | 3560 | 3200 |
| Costos | 3480 | 3300 | 2700 | 2600 | 2300 |
| Gastos | 1600 | 1150 | 1500 | 1600 | 1400 |
| Ingresos / Pérdidas | -80 | -150 | -200 | -640 | -500 |

Ante este ejemplo, surgen las siguientes preguntas:

- ¿De dónde salieron las utilidades repartidas?
- ¿Puede alguien repartir una utilidad que no existe?

Estas preguntas no tienen una respuesta clara por lo que debes listarla como una posible contingencia.

Una segunda pregunta que resulta recurrente es quién puede "repartir" estas utilidades. En ocasiones el empleador directo no es quien tiene el cash para poder realizar la repartición. Esto supone otro punto de riesgo para esta figura.

En forma recurrente surge la pregunta de si el accionista debe o no considerar esta renta como gravable. La respuesta siempre es sí.

## 8.5. Vales de Alimentación:

En los años 90s, se aprobó en Panamá la oportunidad de dar a los empleados un beneficio en vales de alimentación. Este "vale", es un documento que puede ser cambiado por comida y en los últimos años por cosas como medicamentos, restaurantes y útiles escolares. En los últimos años este documento ha sido desmaterializado y puede ser accesible en tarjetas electrónicas.

La gran flexibilidad del bono está en que puede ser usado por el cónyuge, los hijos o cualquier otra persona.

La ventaja para el patrono está en que no lleva cargas sociales ni se acumula a décimo, vacaciones o liquidación. Esto supone un ahorro de importancia. Aún así, es deducible de ISR para el patrono sin que sea sujeto a retención para el empleado.

El límite actual de este beneficio es de 350 mensuales sin que exceda el 30% del sueldo.[64]

Esto nos fuerza a ver:

1. Cómo se otorga el beneficio;
2. Qué récord hay de que no se pasa el monto.

La prueba que realizamos en este apartado, nos permite cubrir empezar a documentar el cumplimiento con estas limitantes.

¿Es o no mayor a 30 el total de las remuneraciones sobre los pagos a la empresa que vende los Vales?

Alguien en el equipo tendrá que ver en detalle el cumplimiento exacto con las normas de vale de alimentación y realizar una prueba en campo que debe incluir una entrevista corta a los receptores del vale.

Una debilidad recurrente, es no tener memos que documenten a

---

64 Ley 59 del 7 de agosto de 2003 y Ley 60 del 23 de Octubre de 2009

quién se le da qué vale. Cada uno de esos incentivos se debieron entregar a alguien a través de algo. Ese "Alguien" y ese "Algo"

deben ser los documentos que te den en esta parte del DD. Esto debes analizarlo con un detalle por empleado. Siempre existe la tentación de que tener montos totales por debajo del 30% pero individuales por arriba de los 350 por mes.

## 8.6. Trabajadores inmigrantes:

El equipo legal que vea el DD, debe estar prestando atención a la situación migratoria de los extranjeros que laboren para el target. Esto lo estarán haciendo para saber qué exposición a leyes migratorias o laborales tiene el target. Te será útil pedirles una lista de estos trabajadores.

En la parte fiscal, es importante recordar que la Ley 51 expresamente dice que cualquiera que sea el status migratorio del trabajador, se le debe afiliar a la CSS. Tu rol será determinar la respuesta a esta pregunta: ¿Es esto lo que está pasando?

La norma (Art. 733 K, CF) permite pagar una remesa vía "planilla ocasional". Esta planilla tiene como propósito garantizar el ISR en retención por remesas, junto con el seguro educativo. El uso más común de esta planilla se ve cuando personas naturales entran al país a prestar servicios temporales con carácter cuasi laboral.

Una pregunta que siempre surge en medio de un DD que analice las retenciones por planilla ocasional es si este procedimiento viola esto la norma de la CSS. La razón de esta pregunta está en que haz confesado que estas personas estaban una especie de "planilla". Esta palabra, en nuestro lenguaje tributario es algo muy cercano a una lista de empleados. Empleado es casi sinónimo de retención de cuotas de seguridad social. Esta línea de pensamiento intuitiva llega a causar incomodidades en el target que ha cumplido con retener ISR pero le costará defender porqué estas personas no estaban consideradas como empleadas ante la CSS.

## 8.7. Pagos anteriores al inicio de la relación laboral:

En empresas que tienen expatriados es común pagar, antes de la contratación, los gastos de viaje y ubicación del personal. Para todos los efectos prácticos esto ocurrió antes de la ubicación del personal. En teoría, estos pagos no deben sufrir retención. Un ejemplo clásico con expatriados, son los pagos que devengó en su país de origen antes de ser reubicado en Panamá. En ocasiones este periodo anterior a la llegada al país es usado para el entrenamiento del empleado. En otros casos, estos pagos son hechos para que el empleado organice su salida del país de origen y su llegada a Panamá.

Estos pagos son generalmente hechos por la compañía relacionada donde el empleado estaba y son casi siempre anteriores a que el empleado haya firmado el contrato de trabajo con el target ubicado en Panamá. Es común que parte de estos gastos estén realizándose unos días después de que el empleado llegó a Panamá.

Pregunta cuál de estos "pagos", todavía está ocurriendo o por ocurrir. Si estos pagos exceden los primeros días de la contratación, es difícil pensar que ocurrieron antes de la relación laboral y tendrás que listarlos como una posible contingencia.

Lo mismo ocurre con los bonos de bienvenida sin que exista una posición 100% clara sobre su gravabilidad.

## 8.8. ExEmpleados:

En ocasiones, tendrás empresas que mantienen en su planilla a exempleados. Si trabajas en una firma de contabilidad, notarás que los exsocios son mantenidos en planilla por un tiempo y, en ocasiones, de por vida.

En bancos grandes, también existían este tipo de exempleados. Esta cultura puede existir en empresas muy grandes y debes cuidarte de las siguientes preguntas:

- ¿Son o no empleados?,
- ¿Deben o no sufrir retención?

En muchas ocasiones ambas respuestas son NO y NO.

La historia empieza a cambiar si preguntas, Si no lo son: ¿cobran o no ITBMS por este pago?

En 1996, la corte falló sobre el ingenio ANSA,[65] que pagaba jubilaciones a viudas de dos de sus exejecutivos. Este caso, servía de ilustración para esta figura.

Moría un ejecutivo y su viuda recibía una compensación de por vida. La pregunta del fallo era si el gasto era o no deducible. En un mundo post-reforma de 2002, la pregunta recurrente es: ¿Si no es sueldo, por qué no causa ITBMS?

El reglamento del artículo 1057V del CF define los servicios como aquello que no sea un bien. Esto da poco margen para elucubrar con algo que no sea sueldo pero tampoco pague ITBMS.

Toma nota de esto e indágalo al target.

## 8.9. Futuras Compensaciones:

Parte del DD debe fijarse en analizar qué promesas se han dado para la compensación futura. Es común que la posible adquisición traiga roces entre el equipo de una y la otra. Entre estos roces, que me tuve que vivir en las empresas donde laboré, están las promesas, no cumplidas, de aumentos.

Es evidente que el aumento cuesta, no sólo en el monto global

---

65 Fallo de Sala Tercera de 29 de abril de 1996.

de la compensación sino también en la cuota patronal. Esto es un elemento que el DD tributario debe analizar y en la medida de lo posible, cuantificar.

Pide esta proyección y aplica las tarifas de retención de ISR, más las cuotas de patronales.

Mira la tabla que sigue y hazte esta pregunta: ¿Cuánto costaría los siguientes sueldos presupuestados?

### Presupuesto

| Gastos | 2021 | 2022 | 2023 | 2024 |
|---|---|---|---|---|
| Seminarios | 1,551 | 1,458 | 1,235 | 1,654 |
| Publicidad | 10,185 | 15,140 | 14,112 | 12,912 |
| Alquiler | 9,123 | 10,459 | 10,986 | 11,012 |
| Fletes | 200 | 250 | 250 | 200 |
| Depósito | 1,551 | 1,458 | 1,235 | 1,654 |
| Salarios | 15,185 | 18,140 | 19,112 | 22,912 |
| Sotfware | 10,185 | 15,140 | 14,112 | 12,912 |
| Intereses | 9,185 | 14,150 | 16,512 | 17,012 |
| Earning Per share | 16,355 | 18,390 | 23,662 | 29,014 |

Un senior debe cuantificar esto, en caso de no tener el presupuesto ya hecho por el target.

## 8.10. Site de la CSS:

Alguien en el equipo debe revisar dos puntos importantes del sitio web de la CSS. El primero de esos es la generación de un paz y salvo para que te sirva como papel de trabajo de tu DD. Si el paz y salvo es rechazado el motivo de rechazo debe ser explicado por el target.

El segundo punto es la lista de morosos de la CSS. El sitio web, lo mantiene con cierto nivel de actualización[66] y puedes, de

---

66 http://www.css.gob.pa/descargas.html

tiempo en tiempo, consultar su histórico. En el momento en que este manual se escribe, el descargable de la CSS viene en PDF. Con esta aplicación se puede consultar con la herramienta search de Adobe PDF lo que da una forma rápida de búsqueda.

Si esta revisión la haces, podrás encontrar empresas que hoy están al día, pero que esconden un pasado de incumplimientos. Revisa qué fue lo que causó ese incumplimiento.

Lamentablemente el sitio web de la CSS es muy defectuoso. Por tal razón, al momento de generar una cuenta corriente no podrás ver un histórico de pagos como estamos acostumbrados a verlos con la DGi. Aún así, indaga si el caso llegó al juzgado ejecutor y obtén copias del expediente.

En el peor de los casos, el caso pudo haber llegado a la fiscalía novena anticorrupción. Pide este expediente. Documenta la forma en que el caso terminó y si todavía existen responsabilidades personales para el representante legal de esta empresa.

## 9. Elementos relativos a Impuestos Municipales:

Los impuestos municipales han existido desde la administración colonial, sin embargo, no se habían puesto de moda hasta que el sistema Panamá Emprende enlazó el Aviso de Cobros con el Municipio listado.

Este interfaz logró que los municipios más grandes, Panamá y San Miguelito, alcanzaran una masa de contribuyentes que hizo posible engrosar el catastro municipal.

Esto provocó que se contratara a una empresa privada para recolectar impuestos del MUPA y se modificara significativamente el impuesto del municipio más grande. Esto vino con el Decreto 40 de 2011.

Luego se asignaron los fondos del Impuesto de Inmuebles para la descentralización. Esto dio otro impulso a las finanzas municipales.

En el momento en que se escriben estas líneas, el MUPA cuenta con más de 300 millones en su presupuesto, cifra que sería impensable sólo unos cuantos años atrás. De esta cifra, más de 100 millones son impuestos municipales como los que te tocará revisar en un DD tributario.[67]

En este momento, ambos municipios cuentan con la obligación de declarar rentas,[68] lo que da un documento base para tu revisión. Lamentablemente todavía no cuentan con una cuenta corriente sofisticada y por lo tanto no podrás coordinar un histórico de cargos y pagos como sí lo puedes hacer en la DGi.

Dos preguntas iniciales deben marcar este ítem de tu DD:

1. Pregunta cuántas sucursales tiene el negocio. Esto debe coincidir con el número de registros municipales.

Varios municipios – Varias Obligaciones....

2. Qué actividades tiene el *target*.

El papel de trabajo XLIII que hemos anexado a este escrito muestra estas preguntas.

Luego te tocará confrontar las respuestas con dos fuentes de información fáciles de obtener. La primera es la web y la segunda es el directorio telefónico. Ambas fuentes te ayudarán a documentar si existen o no otras sucursales del *target*.

En negocios minoritas, una tercera fuente de información es la ubicación de cada máquina fiscal. Pide un listado de cada máquina fiscal y trata de cotejar el lugar físico donde la misma está.

---

67 http://www.momentofiscal.com/MuseExport/300millonesparaelmupa.html
68 El MUPA tiene esta obligación con fecha tope del 30 de marzo, sin posibilidad de solicitar prórroga. En San Miguelito el 30 de Marzo según el artículo 37 del Acuerdo N° 43 del 25 de noviembre de 2014 publicado en la Gaceta 27679.

Estas dos preguntas son consistentes con la forma en que el MUPA grava a los contribuyentes. La primera tiene que ver con si necesitas o no hacer una proporción de ingresos dentro o fuera del MUPA.

Si llegas a tener este caso (rentas en más de 1 municipio), te tocará preguntar por el papel de trabajo que atribuyó el ingreso a un municipio o al otro. Este documento debes confrontarlo con la facturación por sucursal y tratar de entender si existe un riesgo de caracterización equivocada de una renta en un municipio o en otro.

La segunda pregunta tiene que ver con cuantas "rentas" tiene el *target*. En la forma en que se redactó el Decreto 40, el contribuyente debe pagar por actividad, o lo que este decreto llama "rentas". Un senior debe revisar la facturación del contribuyente para cotejar qué cosas se reflejan para concluir si alguna "renta" municipal no ha sido informada al MUPA.

Para esto, se toma el listado de la facturación que te han provisto y se trata de obtener una muestra.

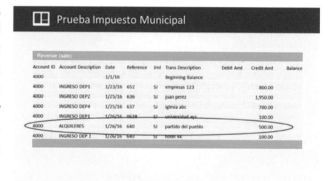

Observa la prueba que vemos al margen.

Nota algo qué no parece consistente en el listado de facturación. ¿Es esto un indicio de una "renta municipal" no declarada?

Esta es la pregunta que tiene que contestar la prueba de este detalle.

¿Por qué no se listan estas "rentas municipales" y por qué no se declaran? La mayoría de las veces porque el target no tiene presente que parte de su negocio consiste en ingresos que no toma en cuenta.

Pregunta también cómo está el estado de cuenta del MUPA y de San Miguelito. Genera un Paz y Salvo para que conste en tus papeles de trabajo. Esto se complementa con hacer un match entre los ingresos reportados en las rentas municipales y los demás documentos que listamos arriba (renta, EEFF, impresora fiscal, ITBMS, etc.)

## 9.1. Negocios ya cerrados:

En algunas ocasiones las empresas se cierran sin que este cierre sea comunicado al municipio donde operaron. Esto provocó, en el municipio de Panamá, multas exorbitantes amparadas por el artículo 86 de la ley 106 de 1973.

Las multas han llegado a niveles tan absurdos que la CSJ tuvo que declarar inconstitucional este artículo.[69] La corte llegó al punto de decir que no entendía cómo podía cobrarse a negocios cerrados.

Esto es un punto que debes revisar en tu DD ya que hay muchas morosidades producto de negocios cerrados y que todavía se encuentran en los sistemas de los distintos municipios.

Lo mismo ocurre cuando un negocio se fusiona y nadie comunicó la fusión al municipio. En estos casos el antiguo número de contribuyente sigue acumulando morosidades inexistentes.

La mayoría de las veces estos casos corresponden a un descuido del target. En otras ocasiones será simple ineficiencia de los procesos en el catastro municipal.

---

69 http://www.momentofiscal.com/MuseExport/inconstitucionalcobroaciascerradas.html

## 9.2. Compañías no operativas:

Desde que comenzó Panama Emprende, el MICI comunica al municipio que se declaró como sede de la empresa que solicita un aviso de operación. Esto ha servido para que los municipios mejor organizados, consideren omisos a quienes inscriban un negocio y no tributen en esa jurisdicción.

Esto ha sido particularmente gravoso para quienes no operan pero que se han visto obligados a tener un aviso de operación. Este aviso de operación ha sido necesario para aperturar cuentas de banco y tener acceso a otras facilidades crediticias.

## 9.3. Placas por Municipio:

Una tercera pregunta es cuántos carros tiene el target registrados y en qué municipios están registrados. En el municipio de Panamá, el impuesto de circulación, conocido como impuesto de placas, es cobrado a una tasa de US$ 44.00 al año y es manejado con bastante diligencia por el MUPA y demás municipios. Lo que no es procesado con igual diligencia son los carros ya vendidos o dados de baja en activos y que deben cambiar de titularidad en los registros municipales. Esta área puede constituir un riesgo de importancia al tener carros que ya no pertenecen a la empresa pero que "de repente" aparecen como morosos en el municipio.

En todo DD debes ver qué carros han sido dados de baja y si esta baja fue comunicada al municipio respectivo. Es común encontrar, años después de dado de baja el carro, morosidades por no tramitar la placa a tiempo.

## 9.4. Señalización y Letreros:

Casi todos los municipios cobran un impuesto por señalización y letreros. En el municipio de Panamá es el Acuerdo 138 de 22 de Septiembre de 2015. Desde el año 2017, el rótulo pasa a ser declarado por el contribuyente en base a su largo y ancho con unidad de medida de metros cuadrados. Esta declaración se hace al momento de inscribir el negocio.

Esta medida se tomó por el municipio de Panamá para tratar de cobrar más en la medida en que crecía el tamaño de la publicidad exterior.

En San Miguelito y en otros municipios de han dictado disposiciones similares, lo que parece marcar la tendencia que en algún momento tendrá la publicidad exterior en todo el país.

Un punto recurrente es la tercerización de la publicidad exterior. En estos casos el target tiende a desentenderse del impuesto municipal por lo que se expone a un posible riesgo de no pago del mismo. Esto fuerza a que preguntes si las campañas tercerizadas incluyen el pago de este impuesto de señalización.

El Anexo XXXI indica como llenar esta sección de tu DD.

Estas son características comunes a todos los municipios grandes. Pasemos a ver características individuales de cada municipio y que te tocarán revisar en el DD.

## 9.5. Municipio de Panamá:

El MUPA tiene dos obligaciones auxiliares que debes revisar en tu DD:

1. Conocer si existe un letrero visible del MUPA.

2. Conocer si se cumple con el deber de fumigación del MUPA.

Pregunta también si el negocio ha sido censado o si ha existido una auditoría de algún municipio. El censo del municipio no es una auditoría pero en ocasiones (sobre todo antes de la existencia de la declaración de renta municipal) genera una resolución que fija nuevas tarifas del impuesto del MUPA.

Una obligación adicional que parece todavía estar vigente es la declaración de proveedores al MUPA. Sin embargo, el MUPA no ha sido muy agresivo con la petición de este listado.[70]

## 9.6. Municipio de San Miguelito:

San Miguelito tiene una declaración de rentas municipal. Esta es presentada de forma telemática y vence a los 90 días de cada año.[71] No presentarla lleva una multa de US$ 500.00

Esta declaración sirve para ajustar el monto de impuesto a pagar.

## 9.7. Municipio de Colón:

Hasta el momento en que se escribe este libro, no existe una renta municipal en Colón. El aforo se hace vía inspección o censo municipal según la norma que rige en el Municipio de Colón. Este censo, según el artículo 11 de la norma, se realizará cada dos años. Luego de realizado se notificará al contribuyente su nuevo monto a pagar.

El artículo 5 de la norma vigente en Colón establece que algunos de los impuestos se aforan por actividad y no por ingreso. Según ese artículo esto se hace para mayor flexibilidad.

El impuesto más alto en la tabla de Colón es 10 mil al mes para los negocios de refinería de petróleo, vaselina, bencina, diesel y betún.

La norma que rige es el acuerdo 101-40-25 de 2011, publicado en Gaceta Oficial 26859 de 29 de agosto de ese año.

## 9.8. Municipio de Chorrera:

Hasta el momento en que se escribe este libro, no existe una

---

70 Artículo 36, numeral 3 del Acuerdo 43 de 25 de noviembre de 2014, publicado en Gaceta Oficial 27686-A de ese año.
71 http://www.momentofiscal.com/2015MAY%20municipio%20pide%20lista%20de%20 proveedores.html

renta municipal en Chorrera.

El impuesto se fija al inscribir la empresa en el Municipio y es aumentado en 10% cada 2 años.

## 9.9. Municipio de Arraiján:

Hasta el momento en que se escribe este libro, no existe una renta municipal propia de Arraiján. Tampoco hay plazo para presentarla, pero si hay que llevar la renta nacional en formato físico al municipio con el propósito de actualizar el monto a pagar.

Al momento de redactar este libro no existe un sitio online para presentar esta renta. La norma que regula este tema es el Acuerdo 82 de 2002, publicada en Gaceta Oficial 24,671 de ese año con distintas modificaciones.

## 10. Las notas de los EEFF:

Con el tiempo aprendí que una gran fuente de información para todo DD, son las notas a los EEFF.

La primera, aún cuando no es una nota, es el dictamen de los EEFF. Si el dictamen es calificado, mira con atención esa calificación.

Recuerdo DD donde el dictamen decía claramente que los EEFF "... presenta razonablemente la situación financiera de la empresa excepto en ...". Esa excepción fue el

punto central de nuestro de DD y estaba claramente expresado en la nota que podíamos ver frente a nuestras propias narices. No puedes despreciar el dictamen que alguien ya dio.

Por favor, al mirar esto, no puedes dejar de tenerlo en cuenta para tu DD.

En adición al dictamen, la nota de conocimiento de negocio te servirá para cerciorarte la dirección y actividad del negocio. Con esto podrás ver si esta nota es consistente con lo que el target te ha dicho a ti.

Otro tema recurrente en las notas es la revelación de las partes relacionadas. Recuerdo Estados Financieros que claramente decían que la compañía tal o cual era parte relacionada.

Esta declaración es suficiente para listarla como una posible contingencia y tocará al target definir por qué no lo es al momento de no tener estudio de precios. Igualmente estará por qué no forma parte, esta empresa, del DD.

Las notas también deben incluir el estado en que se encuentra una solicitud de no aplicación de CAIR. Adicionalmente deben incluir toda la posición fiscal que pueda comprometer a la entidad tales como resoluciones de alcances reconsideradas o incentivos fiscales tomados por la empresa. Esto dará una mirada fresca a este punto del DD.

En general, las notas te tendrán que presentar una figura conciliada entre el ISR causado y la utilidad de la empresa.

Otro tema recurrente está en las notas a los estados financieros que revelan CxP o CxC entre partes relacionadas. En muchas ocasiones, entre partes relacionadas estas cuentas se registran sin interés. Esta revelación es necesaria según NIIFs. Esta NIIF también ordena la revelación de las garantías emitidas en estos préstamos. Es usual que el banco pida que todos en el grupo tengan una garantía sobre las facilidades crediticias que den.

Sería muy fácil emitir la garantía a una entidad del grupo y obviar el pago. El banco no es tonto y por eso pide que todos en el grupo garanticen la obligación.

El target, y su personal que escribe estas anotaciones quiere cumplir con la presentación de los EEFF según NIIFs, y no tiene la tributación en su mente.

Si esto lo ve un tributarista se preguntaría intuitivamente lo siguiente:

- ¿Están cobrándose / pagándose ITBMS en este préstamo 0?,
- ¿Se cobra algo por esta garantía?,
- ¿Existe o no esta obligación?

Al ver estas revelaciones surgen tres temas recurrentes que tienes que documentar:

1. ¿Se pagó ITBMS?
2. ¿Existe un waiver del interés por parte del acreedor?
3. ¿Qué tan fácil es determinar si existió o no un dividendo en lugar de un préstamo?

Las respuestas a estas tres preguntas documéntalas en algo parecido al papel de trabajo XLI.

# 11. Litigios:

## 11.1. Litigios pendientes:

Los litigios pendientes son otro tema de DD, ya que tu cliente no podrá desligarse de las responsabilidades en las que incurrió el *target* con anterioridad a su compra y que se materializarán una vez se termine el proceso pendiente. Existen muchas posibilidades de litigios fiscales. Los más importantes serán ante la DGi y la CSS, pero en menor medida los municipios y la

Dirección de Aduanas representan cierta importancia.

Para evaluar este punto, debes pedir un informe de las comunicaciones que el target ha tenido con entidades públicas y la carta de abogados que se ha usado en las auditorías anteriores.

En la DGI el procedimiento empezará con una comunicación de formato casi informal que servirá de acto preparatorio para una auditoría. Esta comunicación sólo será una nota indicando que se ha sido seleccionado para una auditoría y quienes componen el equipo de auditoría. ¿Ha recibido el *target* algo como esto? Suena inofensivo, pero indica que eventualmente puede terminar la auditoría generando un posible alcance para el target. En estos casos tendrá que constar en tu DD qué status tiene esta auditoría, sabiendo que la escasez de auditores que tiene la DGi puede hacer que hayan entrado un par de semanas al target y luego hayan desaparecido sin decir si regresaban o no.

Si la auditoría ha terminado, la DGi puede haber emitido un alcance sin que el target se haya notificado. Existen casos donde la sola notificación ha tomado una década.[72] Imagínate hacer un DD hoy y que tu cliente te llame mañana diciendo que le acaban de notificar un alcance de hace 10 años. Tu pregunta inevitable será: ¿Eres responsable por no haberte dado cuenta que ese alcance quedó en pausa permanente por tantos años? La respuesta probablemente sea: Claro que sí. Tu defensa será preguntarte: ¿Fue el target tu cómplice al no informarte del alcance? Quizá aquí la respuesta también es sí. A pesar de que tú y el target son en parte responsables de no haber informado sobre este alcance, es difícil dar seguimiento a procesos por más de una década y quizá el target y tú mismo han cometido un error de buena fé.

Quizá el *target* ha reconsiderado. Lamentablemente la DGi demora años en fallar una reconsideración. En Panamá, los

---

72 http://www.momentofiscal.com/MuseExport/dgi-notifica-10-anos-despues-tat-dice-que-no-hay-caducidad.html

litigios fiscales toman mucho tiempo. En investigación que realicé para Momento Fiscal, la vía gubernativa tomó 36 meses en 2014. Esto sólo es el tiempo que toma un caso desde que la DGi lo notifica al contribuyente hasta que el TAT lo falla. Por lo tanto, súmale el tiempo que hay entre que la DGi te seleccionó para una auditoría y dictó un alcance.

Un periodo tan largo hace que los intereses corran a una tasa de 2% por encima de la tasa de referencia bancaria en ese periodo.[73] Esta es siempre una contingencia de importancia sobre la que te debes cubrir obteniendo una carta de abogados que te confirme qué litigios fiscales existen y una carta de representación del *target*.

## 11.2. Litigios Civiles:

Al ver el tema de los litigios debes preguntar más allá de las controversias fiscales. ¿Ganó el target algún litigio? Imagínate un pleito civil que ha durado 8 años. Se peleaba la existencia de un pasivo que se castigó hace unos años. Los honorarios del abogado han sido tomados como gasto deducible en el espacio de tiempo que ha durado el pleito (vía una factura mensual). El año pasado la contraparte llegó a un acuerdo con el *target* para saldar esta deuda. Esto efectivamente se hizo, firmándose un finiquito al momento de recibir el pago. El abogado cobró un *fee* de éxito de 20%. Este *fee* fue tomado como gasto deducible.

Surgen aquí 2 preguntas:

1. ¿Se ingresó este monto como ingreso de ese año?

2. ¿Se causó ITBMS y alguien lo pagó?

La respuesta a estas dos preguntas es casi siempre no y no. Esto sugiere una contingencia de importancia. Por esta razón tu DD debe contabilizarlas y preguntar al target su posición sobre este ítem.

---

73 Artículo 1072 del CF.

Reversa el ejemplo y piensa si el *target* perdió el proceso. ¿Qué preguntas te harías?

## 11.3. Litigios Laborales:

La misma pregunta debes hacerla en los litigios laborales. Un litigio laboral puede entablarse luego de haberle dado salida al empleado en el SIPE. Quizá con la liquidación que se le dio su *file* ya fue cerrado. Esto hará que nadie lo recuerde en el departamento de recursos humanos porque, para todos los propósitos, este trabajador dejó de formar parte de la planilla.

En la mente del *target*, este asunto pasa a ser un tema del departamento legal y no del de RRHH. Por meses el expediente lo manejaran los abogados del *target* hasta que el proceso termine con una sentencia a favor o en contra del target. Si la sentencia es en contra del target, existirá una liquidación de los salarios, nuevos cálculos de prima de antigüedad y de indemnización. Estas liquidaciones ocurren meses incluso años después. Es aquí donde está el riesgo de tener un cheque, como el que se le da a cualquier proveedor, ignorando que estas fueron liquidaciones que debieron sufrir retención de ISR y en alguna medida de la CSS (en general exentas por el artículo 92 de la Ley 51 de 2005).

Aquí es usual ignorar el 1% de deducción de ISR por año de servicio al empleado y los 5 mil dólares de deducción básica permitida, establecidos por el artículo 701J del Código Fiscal.

## 12.ITBMS:

A esta altura del DD ya has identificado posibles descuadres del ITBMS con otros reportes.

También sabes si el target está o no a Paz y Salvo en este impuesto.

Esto te ha podido indicar en qué concentrarte cuando revises este impuesto. Ahora, al entrar en más detalle, tendrás que evaluar el comportamiento del crédito y débito de ITBMS en el tiempo.

Empecemos con el movimiento más básico del crédito.

## 12.1. Verificación de uso de Crédito:

El punto más básico de este impuesto es entender que el crédito sólo se permite usar como gasto deducible contra el impuesto a la renta o como crédito (o por decirlo de otra forma, resta) contra el débito de ITBMS. No permite usarlo para ambas cosas en forma simultánea.

Por lo tanto, sería un error contable muy básico, tomar el crédito para ambas cosas. Para quienes tienen créditos grandes de ITBMS, se convierte en una tentación común tomar como gasto deducible este excedente.

Si te encuentras algo así tendrías una seria deficiencia contable, ya que estarías duplicando este ítem sin que exista una contrapartida lógica para el segundo asiento que hagas con el ITBMS.

De todas formas, trata de eliminar la posibilidad de que esto pase al verificar, vía pruebas selectivas, el cumplimiento con este punto. Si te encuentras un caso como este no desaproveches la oportunidad de preguntar la posición del target. Quizá, si algún día haces un libro sobre DD, tendrás una buena historia que contar.

Tus pruebas en la revisión de este ítem deben ser selectivas y observar el movimiento de la cuenta TESORO NACIONAL – ITBMS.

En el Anexo XXXVI colocamos esto como la pregunta 1 de tu revisión de ITBMS ya que ahí debe empezar tu revisión.

## 12.2. Fluctuaciones en el Crédito o Débito:

El segundo punto en la revisión del ITBMS será ver qué tanto fluctúa el débito en el periodo cubierto y las razones por las que esto ocurre. Veamos una empresa del sector turístico que factura 50% de su ingreso en enero, febrero y marzo. Esa es la temporada alta del sector donde está ubicado el target. Trata de ver si estos números en la figura que encuentras en esta sección son consistentes con la historia del target.

¿Qué hace un débito mayor en Junio que en el resto del año? Esta pregunta debe ser central en esta parte del DD porque contradice la historia corporativa del

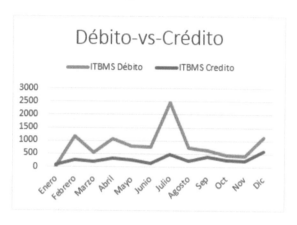

target. Al ver esto tendrás que preguntarte: ¿Qué tentación puede tener el target en reconocer este débito en Junio y no en los meses donde su historia corporativa dice que se generan la mayor cantidad de ingresos? La respuesta más obvia es no pagar el ITBMS en la fecha en que se factura sino en la fecha en que se cobra la cuenta.

En la misma gráfica, pregúntate: ¿Qué hace el crédito mayor que el débito en el mes de enero? En ocasiones esto indica la compra de algún inventario de importancia o la adquisición de algún activo fijo. Esta es una oportunidad para observar la integridad de esa cifra.

Siguiendo con ese análisis, tendrás que preguntar: ¿Porque hay una clara tendencia a la baja entre septiembre y noviembre, pero se desmarca de agosto a septiembre?

Luego tendrás que ver cuál es la variación del crédito de ITBMS. En este mismo punto tendrás que entender si tiene lógica que el crédito refleje el mismo comportamiento que el débito. En la gráfica de arriba trata de preguntar por qué cae el crédito de septiembre a noviembre. ¿Es esta una empresa donde el ingreso está ligado al costo?

Veamos otro tipo de variación en el crédito de ITBMS. En este caso y tal como se aprecia en la figura que ves en esta sección, el débito de ITBMS no aparece hasta el final del año.

En este caso observamos como alerta la tentación de acumular créditos en el año hasta entender qué se necesita declarar. Al haber acumulado créditos, se declara en un solo periodo del año lo suficiente para compensar el crédito de ITBMS acumulado en los meses previos.

Esta estrategia de jineteo de crédito puede esconder subfacturación en el periodo de enero a noviembre. Esta subfacturación puede deberse a que el target está en una industria donde no se necesita facturar para cobrar. En otras ocasiones el target estará controlado por alguna entidad que no necesita la factura hasta bien entrado el año fiscal y, por consiguiente, puede postergar el débito hasta el momento final del año fiscal.

En estos casos, tu rol debe ser observar este movimiento contra los cobros recibidos ya que el ITBMS tiene como uno de sus hechos generadores el cobro, con independencia de la fecha de facturación.

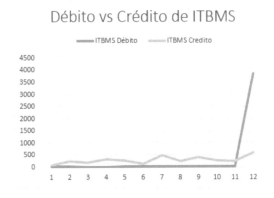

Débito vs Crédito de ITBMS

ITBMS Débito — ITBMS Credito

Si esto es así, ya se causó el ITBMS en las fechas anteriores a la facturación y habrás encontrado una debilidad en el *target*.

Otro de los puntos a observar es si el servicio se presta en la fecha de la facturación. Esto ocurre porque la prestación de servicios es otro de los hechos generadores del ITBMS con independencia de la fecha de factura o el momento del cobro.

## 12.3. Uso de Crédito de ITBMS en Activo Fijo:

En compra de activo fijo es común preguntarse qué pasa con el crédito de ITBMS. Por poner un ejemplo, se compra una flota de 15 carros de mensajería. ¿Se capitaliza el itbms de esos 15 carros o se toma el crédito en ese mes?

A pesar de tener cierto nivel de superficialidad en las normas de ITBMS respecto a esta pregunta, la DGi ha aceptado que el ITBMS en compra de activo fijo puede ser llevado a crédito sin necesidad de capitalizarlo.[74]

Tu DD debe procurar observar:

1. Que el crédito se esté tomando sólo 1 vez. Es decir, como crédito o capitalizado.

2. Que al llevarlo al activo fijo se deprecie junto con el mismo y no en un cronograma distinto de depreciación.

El papel de trabajo XLII trata de abordar este punto.

## 12.4. Venta de Activo Fijo sin ITBMS:

En el pasado se han confrontado problemas con la venta de activo fijo y su falta de pago de ITBMS.

Este tema se ve con frecuencia en empresas exentas del impuesto pero que venden activos o incluso servicios que no lo son. Este fue el caso de RPC en el año 1999. RPC al ser una

---

[74] Con un espíritu pragmático la DGi ha dicho 5 años. Esto no tiene base en ninguna ley pero ha servido de respuesta informal a esta pregunta: http://www.momentofiscal. com/2015OCT%20dgi%20dijo%20que%20documentos%20se%20guardan%20por%20 5%20anos.html

empresa de radiocomunicación, no pagaba ITBM hasta que la S se le añadió a ese impuesto en el año 2002.

Al no estar gravado con el ITBM, la venta de unos activos fijos no se facturó con este impuesto. La DGI indicó en el alcance que la exención de ITBM sólo cubría los servicios de este contribuyente (que estaban exentos del impuesto hasta 2003), pero no la venta de bienes (antenas y otros más).

El contribuyente llevó este caso a Sala 3ra argumentando que el lenguaje del artículo 1057-V, tal como estaba redactado en ese entonces, exoneraba de la obligación de tributar en ventas eventuales de objetos gravados.

La Corte falló a favor del contribuyente diciendo que la habitualidad en las transacciones gravadas con ITBMS era un requisito para que se cobrase el impuesto.[75] El lenguaje de los artículos que sirvieron de base para este fallo ha cambiado en los textos legales que sirvieron de base para el mismo.

Si te topas con este tipo de ventas debes mencionar este riesgo.

## 12.5. Ventas Mixtas (Exentas – Gravadas):

En Panamá, las ventas exentas tienen como consecuencia que parte del crédito de ITBMS no pueda ser compensado contra el débito de ITBMS.

Esto se hace para que el crédito que no se relaciona a un débito no se reste. La forma en que esto se logra es sólo considerar utilizable crédito de ITBMS en la proporción en que se tengan ventas gravables con el impuesto.

Para sobre simplificar el ejemplo, pensemos que tienes en tu oficina dos clientes. Uno gravado con el ITBMS y otro exento. Al primero le vendes 1 dólar y al segundo le vendes 99. El alquiler

---

75 La Habitualidad Como Condición Necesaria para la Causación del Impuesto sobre la Transferencia de Bienes Corporales Muebles y la Prestación de Servicios (ITBMS). Rafael Rivera Castillo. Gaceta Fiscal I. Año 2004. Rafael Rivera Castillo. Gaceta Fiscal I. Año 2004.

de la oficina te cuesta 50 más 3.50 de ITBMS. El gobierno se preguntará: ¿Crees lógico que los 7 centavos que cobras de ITBMS no se paguen sólo porque tienes más crédito que débito? La respuesta a esta pregunta es lo que provoca que la norma diga: *"toma el crédito del alquiler sólo en la proporción en que tus ingresos estuvieron gravados con el impuesto".*

Tu rol en el DD es analizar este porcentaje.

El papel de trabajo XLI trata de documentar este análisis.

## 12.6. Crédito compensado vía CPC:

En Panamá no existe la tasa 0 de ITBMS. En los países en que esta tasa 0 existe, el crédito de lo que nosotros llamamos ITBMS es devuelto en efectivo. Panamá tiene sólo la devolución vía "papel" para medicinas y alimentos. Este "papel" es lo que llamamos un CPC o certificado con poder cancelatorio.

El CPC sirve a su vez para pagar el ITBMS en la importación.

Tu rol en el DD es verificar que el "papel" llamado CPC esté siendo aplicado y la contabilidad del cliente en forma que logre reflejar lo siguiente:

1. Las devoluciones de CPC ya otorgadas.
2. Las devoluciones de CPC por pedir.
3. El uso que este CPC ha tenido en el pasado.

En el año 2019 se permitió una especie de devolución al margen del CPC para las sociedades accidentas que funcionen como agentes de retención. Esta devolución vino mediante la Resolución 201-1914 de 2019. En esta resolución se contempló la devolución vía reconocimiento de crédito del ITBMS no compensado.

La resolución 201-2427 de 2020, dejó sin efecto esa resolución e indicó que este crédito puede ser cedido a 2 contribuyentes.

Esta resolución fue publicada en la Gaceta Oficial 29024 de 14 de mayo de 2020.

Tu rol debe ser identificar la integridad de este crédito y la forma en que el mismo pudo haber sido cedido al target.

El papel de trabajo XXXVII documenta este análisis.

## 12.7. ITBMS en la Remesa:

Antes de 2005, la retención por remesas de ISR no gravaba las rentas generadas fuera del país. Luego de esta fecha lo hace. Esto crea una distinción para retención por remesas para ISR y el ITBMS. En el ITBMS todavía se mantiene la obligación de retener en los casos en los que el servicio se prestó en Panamá.

Tu rol en el DD es distinguir que servicios se prestaron en Panamá con el propósito de determinar si la remesa debió estar acompañada de una retención de ITBMS.

En esta retención es usual solicitar evidencias del lugar donde ser prestó el servicio. Obtener estas evidencias tiene que ir más allá de la mera obtención de un contrato o una factura. Debes tratar de ser escéptico al momento de analizar las evidencias que se te presenten y tratar de confirmar en qué forma estas se ligan con el lugar donde se prestó el servicio.

Te confieso que en muchas ocasiones no tengo 100% claro el lugar de prestación de servicios de muchos de los casos y prefiero escuchar la respuesta del cliente en lugar de hacer preguntas que apunten a donde yo quiero llegar.

Mientras escribo estas líneas participo en un peritaje en el TAT donde se debatía exactamente este punto. Una empresa telefónica tenía que probar que el servicio que una empresa del grupo le prestó ocurrió en el extranjero. Después de leer varias veces el contrato, no tenía 100% claro qué preguntar para poder satisfacer esta respuesta. Fui a la reunión con el contribuyente sólo a escuchar, dudando de qué tan bien documentado este punto estaba. Luego de una breve explicación la respuesta fue totalmente lógica: Una empresa de telefonía sólo puede prestar servicios en el lugar donde tenga la licencia para hacerlo. Esto ataba, físicamente, al lugar donde ese servicio se prestó. Adicionalmente las instalaciones para prestar este servicio estaban físicamente en el lugar donde la licencia para operar se encontraba.

No todos los casos serán 100% intuitivos ni fáciles de entender. Tu rol debe ser documentar qué debilidades tendrá el target al dar esta respuesta.

El papel de trabajo XXXVIII comenta este ítem.

## 12.8. ITBMS perdonado en Importación

Muchas leyes de incentivo permiten la importación temporal de mercancía para el uso o perfeccionamiento en Panamá bajo la asunción de que estos productos saldrán del país o se usarán para un fin específico.

Si este activo no se usa para el fin específico o termina vendiéndose en el país, el derecho de importación se causa y el ITBMS también. Con el tiempo, las empresas que han usado este incentivo olvidan (a veces de buena fé) la suspensión temporal de la que fueron objeto.

Pregunta si esto ha ocurrido con tu target.

## 13. Pagos en Efectivo:

Hasta el año 2015, no existía la obligación de los sujetos no financieros para reportar transacciones en efectivo. Hoy, una gran cantidad de sujetos no financieros tiene esta obligación. La obligación consiste en el reporte mensual RTE y que indica los pagos mayores a 10 mil dólares realizados en el mes anterior. Alternativamente el sujeto no financiero tiene la posibilidad de declarar, semestralmente, la inexistencia de transacciones en efectivo.

La importancia de estos RTEs está en confrontar los posibles pagos en efectivo que tu target haya reportado en su contabilidad frente a los reportados mensualmente a la UAF. De no hacer match, tendrás que listar una contingencia.

Hasta el momento, la DGi no tiene forma de *matchear* este reporte con nada del contribuyente. En el futuro, este cruce está destinado a ser común.

El cruce permitirá a la DGI conocer qué costos y gastos nunca se pagaron, con la consecuencia de poder discutir su tratamiento como tales.

El Anexo LVI muestra el papel de trabajo que hace relación a este apartado.

## 14. Entrevistas al personal del *Target*:

Entrevistar es una parte fundamental de tu expediente y procedimiento de DD. Deben existir varias etapas donde debes realizar entrevistas. Las básicas serían:

1. Al inicio de entrega de información al Data Room,
2. Al realizar cuestionarios en la fase de hallazgos,
3. Al encontrar hallazgos,
4. Al encontrar hallazgos subsecuentes.

Luego de ver cada etapa, debes reunirte con el personal del target y entrevistarlo. ¿Hay algo de lo que tu equipo y tú no se han dado cuenta en tu DD? Quizá la única forma de darse cuenta es preguntándolo. Esta entrevista puede ser una mera formalidad en unos casos, pero puede ser una mina de oro en otras. Entre mejores sean tus preguntas, mejores respuestas recibirás. No creas que haciendo preguntas tontas recibirás respuestas inteligentes.

Tampoco creas que improvisar preguntas te traerá buenas respuestas. Para evitar improvisaciones, antes de la entrevista, asegúrate de tener, por lo menos, lo siguiente:

1. Preguntas definidas,

2. Leer el borrador de hallazgos sobre lo que sea que vas a entrevistar,

3. Definir el lugar y hora de la entrevista,

4. Definir quién participará en la entrevista,

5. Comunicar los temas de la entrevista.

Ir a una entrevista sin saber que preguntar, te dará mala impresión con el target y rendirá poco cuando la entrevista acabe. Cuando acabe la entrevista, manejarás de vuelta a tu oficina y pensarás en una lista larga de preguntas que no hiciste. Cuando tu equipo se reúna contigo te preguntará si te contestaron... A..., B..., C.... Esa debió ser tu lista y no la hiciste. No vayas a una entrevista sin saber que preguntarás.

Cuando terminaba de escribir este libro, empecé a entrevistar a colegas en mi canal de Youtube. Las primeras entrevistas las hice a mis amigos más cercanos (Rafael Rivera, Juan Moreno, etc.). Una queja recurrente que tuve es que las preguntas eran demasiado largas. La paciencia de mis amigos me ayudó a repreguntarles y pulir mis habilidades como entrevistador. Preguntas cortas y bien pensadas te evitaban que el entrevistado tuviese que entrevistarme a mí sobre la pregunta que acababa de hacer.

Entrevistar a alguien sobre temas que ya tu equipo sabe y documentó en el DD no sería perdonable a nadie. Esto es más común de lo que parece. En Momento Fiscal, he reportado noticias que indican que es la primera vez que pasa esto o aquello. Estas noticias se han quedado así hasta que un amigo me ha llamado para decirme que, hace unos meses atrás ya había reportado algo parecido. La memoria falla, por eso lee el borrador de lo que tu equipo ha hecho antes de confrontar al target.

Si te reúnes a las 11:45 am, es un hecho que alguien te dirá que tiene un almuerzo a las 12:30 ¿Crees que esta es la mejor hora para la entrevista? En la firma en la que me formé teníamos una máxima sobre las horas de una entrevista: A las 8 si entrevistas tú. A las 4:45 si te entrevistan a ti. Sigue esa máxima. Te hará bien.

Desconfía siempre del gerente que quiere participar en cada entrevista. Si te toca entrevistar a alguien y siempre tiene que estar el mismo chaperón, trata de indagar porqué la entrevista no puede ser uno a uno. Llega a la entrevista con estas tres preguntas: ¿Por qué en todas las entrevistas tienes que estar tú?, ¿Participas en todos los aspectos de la empresa? ¿Deja de funcionar la empresa si renuncias?

Antes de la entrevista manda un email que indique qué temas se tratarán. Así evitarás que alguien te diga que fulano no está porque no sabía que ese tema se iba a tocar. O que te digan que si les hubieras avisado que ese era un tema hubiesen traído el informe que pides.

Otro punto relevante es decidir, dentro de las circunstancias, el lugar de la entrevista. ¿Puedes contralar este lugar? La respuesta muchas es veces es no. En la mayoría de las ocasiones la entrevista la tendrás que hacer en el lugar que el target ya decidió. Esto ocurre porque la mayoría de los DD se hacen mientras el personal con el que te reunirás está trabajando. Si es inevitable reunirte con el *target* en su oficina, sugiere trasladarse a un lugar donde no esté la excusa del teléfono, de alguien entrando a la oficina o de alguien interrumpiendo para llevarse al que entreviste a otro lugar.

Recuerdo DD donde el personal del target nos confío todas, sin excepción, de sus debilidades. Abre tus orejas en esta entrevista.

Un consejo sano es hacer la pregunta y callarse después de hacerla. Los seres humanos tenemos una tentación grande para

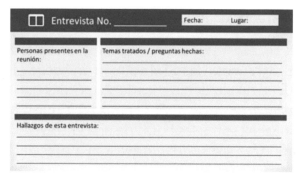

llenar los silencios. Escucha, aguanta la tentación de rebatir la respuesta. Ya vendrá el tiempo para poder rebatirla.

Lleva una buena libreta y documenta todo lo que te digan.

Revisa tus notas tan pronto acabes. Si ves muchas caritas felices o estrellitas dibujadas en tus notas, sabrás que tu trabajo no fue bueno. Si esto te ocurre, trata de hacer memoria a las cosas que dijo el target y anótalas.

Haz un memo resumen tan pronto salgas de esa entrevista. Usa un formato sencillo como el que presentamos en esta sección para documentar las respuestas del target. Tus notas a puño y letra deben formar parte del expediente del DD.

Si alguien te acompañó a la reunión compártele estas notas. Comparar notas te aclarará la mente y quizá complete el file que tienes del DD. El resto de tu equipo, sobre todo a nivel senior, debe ver las notas que tomaste. Compártelas con ellos y espera el *feed* back que te den.

## 14.1. Entrevistas a exempleados:

En pocas ocasiones te dejarán entrevistar a exempleados. No es ético contactarlos sin el permiso del target y si lo haces, es probable que el exempleado tenga un NDA que le impida hablar contigo.

Si el target consiente en esta entrevista, quizá el exempleado ni siquiera desee participar en ella. Por esta razón puede surgirte la pregunta: ¿Para qué entonces pedir entrevistar a un exempleado del target? La respuesta está en que para este momento del DD ya has recibido muchas referencias a cosas que no se saben porque las hizo fulano, no recuerdo porque eso lo vio mengano, no estoy seguro porque sultano era el que levantó la data.

En al menos un DD recuerdo que pedir hablar con fulano, mengano y sultano, aclaró la memoria del target y sirvió para obtener respuestas que no hubieran llegado de otra forma.

Aunque quizá no lo puedas hacer pide reunirte con los exempleados del target que han tenido posiciones clave en la empresa. Esto incluye a quienes firmaron los formularios tributarios que te ha tocado analizar en el DD.

## 14.2. Entrevistas a Proveedores más Grandes:

En adición a confirmaciones de saldo, pide hablar con los proveedores más grandes que tenga el target. Esto no siempre será posible, pero si lo logras, te dará una óptica sobre el funcionamiento de su relación de negocios.

## 14.3. Entrevistas a Clientes más Grandes:

Así como pediste hablar con los proveedores más grandes, trata de indagar con los clientes más grandes qué relación ha existido con tu target. Esto te dará una oportunidad de confirmar si en realidad son clientes.

En el momento en que escribo estas líneas, el escándalo WireCard, sacudía el mundo contable. Esa empresa decía tener clientes que nunca existieron. Los periodistas que investigaron la empresa pidieron entrevistarse con estos clientes y constataron que compartían oficinas con un taller de mecánica. Esto contrastaba mucho con la historia corporativa y montos supuestamente facturados por WireCard.

# Parte III

## 15. Valorando contingencias:

Tú cliente espera que le digas qué tan grande es el riesgo de comprar esa empresa. Quizá toda la operación dependa de lo que digas. Esto es una gran responsabilidad.

Para estas alturas del DD tienes muchas contingencias o posibles contingencias en tu mente. Quizá tu equipo confirmó que el target repartió dividendos sin hacer la retención en el momento preciso, o quizá paga salarios en especie sin que sufran retención. Toma este momento del DD para listarlas a mano en una hoja como la que sigue. Dile a tu equipo que ponga y pon tú mismo en el espacio siguiente todo lo que se te viene a la cabeza cuando piensas en las contingencias encontradas:

Compara tu lista con la de tu personal. Espera sorpresas cuando veas que tu gerente y tu ven los riesgos de forma distinta. En mi experiencia, sólo la mitad de las cosas que ves importantes son compartidas por tu gerente. Utiliza esas diferencias para pulir, junto a tu gerente cuál de estas contingencias son más importantes que otras. Al hacerlo, toma un tiempo para arreglar esta lista en orden de más a menos riesgoso. Pon a lado de cada punto la razón de porqué es más riesgoso.

Luego toma todo eso y trata de concentrarte en las 3 más importantes. Concéntrate en estos tres puntos, ignorando, por este momento, los demás.

Ya habrá tiempo para los puntos restantes. No te distraigas con nada más que esos puntos. Trata de valorar esas tres contingencias comunicándolas al lector de tu DD.

Te surgirá la pregunta de cómo valorar una contingencia. En la práctica he visto gente valorar en temas en abstracto en bueno, malo, regular. Luego la gente se concentra en cuantificar, numéricamente las contingencias.

En este punto es importante mantener la disciplina que el procedimiento 4400 nos presenta. Tu entregable tiene que ser lo que pactaste inicialmente. Luego de eso, puedes agregar otras cosas al entregable. Esto lo veremos en el siguiente capítulo.

En DD, orientados a aspectos no numéricos, se utilizan estimaciones que van en la siguiente escala:

1. No se pudo determinar,

2. Área Débil,

3. Se está trabajando en mejorarlo,

4. Área Fuerte,

5. No hay información disponible.

Este es el modelo dado por James F. Grebey en Operations Due Diligence.[76] Este texto lista un procedimiento de DD para las

---

76 Operations Due Diligence. James F. Grebey. McGraw Hill. 2012. ISBN 978-0-07-177761-2

operaciones de producción de una empresa. Estoy seguro que esa forma de evaluar contingencias se acopla bien a DD hechos sobre procesos operativos que no requieren una cuantificación monetaria.

El DD tributario, al tener otro enfoque, no puede usar este sistema. Esto pasa ya que existen contingencias que harían imposible

continuar la compra por ser muy costosas. El DD tributario busca listar contingencias medibles en términos monetarios, lo que nos fuerza a tener un enfoque primordialmente cuantitativo.

En otras ocasiones existen puntos dudosos donde el target tiene una explicación muy liberal o que tiene una resolución muy larga en el tiempo. Quizá en estos casos la cuantificación numérica debe ser acompañada con un sistema alterno que trate de adjetivar la contingencia.

A mi me gusta usar el sistema propuesto por Mathew Peppit[77] y que es consistente con la práctica usual de varios despachos en Panamá. En este sistema se usan los siguientes niveles de riesgo:

- Seguro
- Alto
- Medio
- Remoto

---

77 Página 71. Tax Due Dilligence. Matthew Peppitt. Spiramus. ISBN 978-1904905-46-2. Año 2009.

Al indicar que es seguro el riesgo lo único que se trata de indicar es que su materialización ya ocurrió o es inminente ante la revisión de la autoridad fiscal. De esta forma indicas en tu entregable que has encontrado una contingencia de US$ 100,000 de segura materialización. Un ejemplo claro de esto es multas causadas ya en el sistema y las que se causarán al presentar formularios que el *target* ha omitido.

Al indicar que es alto se quiere comunicar que existen probabilidades casi seguras, pero no inminentes, de una materialización. Un ejemplo

excelente de esto es la utilización de una factura extranjera sin hacer retención. Es casi seguro que, al ser objeto de una auditoría, este hecho surja y el alcance se materialice.

Al indicar que un riesgo es medio sólo quieres transmitir que una revisión no necesariamente identifique este riesgo o que una autoridad superior estaría en disposición de revocar el posible alcance de la autoridad fiscal.

Los riesgos remotos son aquellos que posibles, pero no probable, materialización.

## 15.1. Corrupción como contingencia:

En ocasiones, el monto puede no ser material pero la tolerancia 0 a la corrupción es determinante para tu DD. Esto es particularmente importante para empresas americanas y de países donde las prácticas corruptas hechas en el extranjero están prohibidas por su norma interna.[78] En menor medida lo serán para el resto de los países ya que virtualmente todos han firmado la convención de la ONU contra la corrupción.[79]

---

78 El FCPA de 1977 en los EEUU prohíbe la corrupción de empresas americanas aún cuando estos actos se cometan en el extranjero. En Colombia, la ley 1474 de 2011 establece prohibiciones a la corrupción en el sector privado. Otros países son firmantes de la convención Convention on Combating Bribery of Foreign Public Officials in International Business Transactions de 1997.

79 Esta convención se aprobó el 31 de octubre de 2003 por la resolución 58/4 de ese año.

Nuestra DGi, en algunos años, ha sido dirigida por sujetos de dudosa reputación e incluso por un delincuente común.[80] Este sujeto contrató a un antiguo jefe suyo para que cobrara cuentas del Estado a través de una empresa que se llamaba Cobranzas del Istmo. Este antiguo jefe, antes de que se le otorgará el contrato para "cobrar impuestos" estuvo vinculado a tráfico de armas e incluso había estado en la lista de la Interpol. ¿Podía contratarse con esta persona? Para un delincuente la respuesta fue sí ya que el sujeto no fue condenado por los crímenes con los que se le vinculó. Para empresas con estándares más altos, la sola vinculación, aun cuando no existiera condena, era suficiente para no contratarlo. No sabemos si este sujeto quería, desde el momento de la contratación, quedarse con un pedazo de esos impuestos o en el camino se le ocurrió esta travesura. Lo que sí sabemos es que el récord judicial indica lo profundamente corrupta que fue su administración.

Nuestros jueces tributarios (en Sala III de a CSJ) también han estado muy cuestionados por corrupción. Quien llegó a ser presidente de la Corte,[81] se declaró confeso de delincuencia común. Este sujeto era magistrado de Sala Tercera. Esta Sala es la encargada de fallar en última instancia, los litigios tributarios. Otro juez de esa misma Sala,[82] tuvo que renunciar a su cargo en medio de supuestos indicios delictivos señalados por la ciudadanía. Un tercer juez de la Corte Suprema, quien en su momento fue magistrado presidente del TAT, fue denunciado públicamente por la Procuradora de la Nación de confesarle haber sido gravado en lo que la opinión pública entiende fue una coima cobrada por este sujeto.

---

80 Luis Cucalón fue condenado mediante sentencia condenatoria No 91 de 14 de diciembre de 2017. Otro Director de Ingresos, de nombre Pedro Prados también fue sindicado y luego absuelto el 20 de junio de 2014 por un caso de delincuencia común no relacionado con su gestión frente a la DGi. Melina Cano, quien fungió como Administradora Provincial, fue denunciada por supuestas prácticas corruptas, sin que se haya condenado o encausado por esta supuesta causa penal: (http://www.momentofiscal.com/2015ENE%20melina%20cano%20denunciada%20por%20nunez%20fabrega.html)
81 Alejandro Moncada Luna se declaró confeso de corrupción en el año 2014.
82 Su nombre era Rafael Benavides.

Nuestras autoridades han sido tan corruptas que en un momento el acto administrativo (alcance, multa o exoneración) lo firmaba un delincuente confeso, lo reconsiderabas ante él mismo, lo apelabas ante ese magistrado del TAT que según la procuradora Porcell fue "gravado", para luego caer en las manos de otro delincuente en Sala Tercera, acompañado de ese otro magistrado que tuvo que renunciar en medio de periodicazos y supuestas coimas recibidas.

¿Si te encuentras un fallo firmado por estos sujetos sospechas o no de corrupción? Responder a esta pregunta no es fácil. El alto grado de subjetividad de la respuesta variará de cliente a cliente.

Tu DD debe considerar estas circunstancias con delicadeza. Esto lo decimos porque los antecedentes recientes hacen que algunos vean con mucho temor estar expuestos a comprar empresas que hayan recurrido a la corrupción para poder "solucionar" casos fiscales.

Para nuestro medio es todavía difícil de entender cómo puede esto ser una contingencia, pero para empresas extranjeras la simple sospecha es equivalente a un riesgo.

Aún cuando en tu mente puede sonar injusto (y en ocasiones lo será) la mera sospecha de corrupción al emitir una consulta o un fallo debe ser considerada en tu DD. Este es un tema que debe ser tratado con prudencia y debe ser el gerente del compromiso quien lo indague.

## 15.2. Recargos e Intereses:

En este punto, es importante tener en cuenta que el no pago de impuesto trae consigo intereses y quizás recargos.

En el caso de impuestos nacionales (administrados por la DGi), este interés es 2% por encima de la tasa de referencia bancaria del periodo.[83] En impuestos administrados por la DGi, el recargo es de 10%. Hasta el año 2015, el recargo sólo aplicaba a los impuestos indirectos (ITBMS, ISC, etc). En ese año, se amplío el recargo a los impuestos directos también. Es probable que encuentres contingencias anteriores a esa fecha y tendrás que hacer esta diferencia. En la actualidad, la página de la DGi, tiene una calculadora semioficial de estos recargos e intereses. Consúltala con precaución ya que no tiene carácter oficial y, en algunos casos, existen diferencias entre esta calculadora y los números calculados en base a la norma.[84]

En la CSS el recargo es de 2% en los primeros diez días, 5% en los diez días que siguen, 10% en los 10 días que siguen y luego de estos plazos de diez días sube a 15%. El interés es 1% por mes o fracción.[85]

En impuesto municipales, el MUPA cobraría 20% de recargo y 1% mensual de intereses.[86]

## 15.3. Posibles cambios en leyes fiscales como contingencia de tu DD:

Tu cuantificación de contingencias debe considerar posibles cambios a leyes fiscales. Cuando se escriben estas líneas, la Asamblea había rebajado el impuesto de inmuebles. Esta rebaja no entraría a regir hasta un poco más de un año. Esto me forzó a listar esto como una contingencia positiva en un procedimiento que realicé en esas fechas porque así el cliente lo hubiera esperado.

¿Está el target sujeto a una exención que pronto cambiará? ¿Se anticipan aumentos o disminuciones en los impuestos a los que está sujeto el target? Estas respuestas no sólo deben contestarse cuando las leyes ya están en firme. También debes prever si existe algún posible cambio. Esto te dará una oportunidad de

---

83 Artículo 1072-A del CF.
84 https://www.youtube.com/watch?v=4BzljJ0FFY4
85 Artículo 124 de la Ley 51 de 2005.
86 Artículo 27 del Acuerdo 40 de 2011.

hablar con el target o con tu cliente meses después de finalizar el DD y hacer referencia al posible cambio si es que este ocurre.

## 15.4. ¿Existen compras a pesar de contingencias significativas?

La respuesta a la pregunta del encabezado de la sección que estás leyendo es: Sí. Es usual aceptar que el target no es perfecto y por lo tanto no hay sorpresas cuando se observan contingencias, aún cuando estas tengan cierta importancia. Nuestro rol no es decidir si el negocio se compra o no. Esta decisión está, siempre, en las manos del cliente.

Esto nos puede llevar a preguntarnos ¿Para qué valorar contingencias si la compra procede de todas formas? La respuesta es que estas contingencias pueden ayudar a tu cliente a reservar montos para cubrir la eventualidad de que llegue a materializarse. Es usual pedir una rebaja al target en un monto equivalente a la contingencia. El equipo legal estará evaluando varias alternativas entre las que se pueden encontrar:

1. Desistir de la compra.
2. Pedir una rebaja al precio de compra.
3. Pedir condiciones que cumpla el *target* antes de la compra.
4. Exigir condiciones al *target* (o a sus accionistas) para la etapa post-compra.
5. Constituir una reserva para futuras contingencias.

Para que tu trabajo aporte valor al cliente y su equipo legal, tendrás que documentar qué contingencias aceptó el *target* y cuáles no.

## 15.5. Contingencias no aceptadas por el *target*:

El *target* puede sugerir que la contingencia que identificaste es muy teórica y sin muchas posibilidades de materializarse. Si esto es así, es posible negociar dejar una parte del precio de compra como retenido hasta que venza un plazo razonable donde la contingencia no ocurre. Generalmente, puedes ligar este plazo al término de prescripción del impuesto en cuestión. Arriba en este libro citamos los términos de prescripción más usuales, consulta esta tabla y actualízala en el tiempo.

En el apartado Solucionando Contingencias, hemos listado las formas de lidear con estos puntos.

## 15.6. Contingencias aceptadas por el target:

En otras ocasiones, el *target* puede aceptar tus hallazgos. En estos casos tu contraparte en el equipo legal que vea el DD esperará de ti que sugieras un posible plan de acción para sanear la contingencia.

En estos casos es común que la compra proceda luego de la presentación de una rectificativa, un pago pendiente o cualquier otro arreglo que tu hallas identificado. Piensa un caso donde tu haz identificado que el *target* ha pagado mal el impuesto de dividendos. Aquí se esperaría que tu sugieras el pago de dividendos y los intereses, junto con las declaraciones de estos años.

En todo caso, asegúrate de listar en tus papeles de trabajo cuáles contingencias fueron aceptadas por el *target* y quién, dentro de esta empresa, las aceptó.

Sea que el *target* haya o no aceptado las contingencias, te tocará ver cómo se solucionan por lo que pasaremos a ver estas formas.

## 15.7. Solucionando Contingencias:

En tu DD debes encontrar varias oportunidades de solucionar contingencias antes, durante y después de la compra. Tu rol en el DD es listar la forma en que estas contingencias deben o pueden, solucionarse.

Casi siempre las contingencias se pueden solucionar de algunas de las siguientes formas:

1. Pago,
2. Arreglo de Pago,
3. *Comfort Letter,*
4. Segunda Opinión,
5. Consulta a la DGi,
6. Retenido,
7. Ignorarlas.

Tratemos de ver estos puntos:

## 15.7.1. Pago:

La forma más sencilla para solucionar una contingencia que hayas identificado es rayar el cheque y llevarlo a la DGI. En ocasiones, esta solución no puede realizarse por problemas de flujo o por razón de la dificultad de llevar un pago que levante sospechas en el fisco ante la falta de un débito correspondiente.

Sin embargo, con las constantes moratorias y/o amnistías que hemos tenido en los últimos diez años, el pago es algo que resulta cada vez más frecuente en los DDs panameños.

## 15.7.2. Arreglo de Pago:

La manera más obvia es realizar un arreglo de pago en caso de ser una cantidad exigible e indiscutible, pero donde no se tiene el flujo para realizarlo. En ocasiones el cliente preferirá que el target haga el arreglo de pago para luego saldarlo en el periodo post-compra. Esto dará algo de tranquilidad en tener ese monto como aceptado al momento de perfeccionarse la compra.

En Panamá, los arreglos de pago con la DGI se regulan por varias normas con carácter de resolución.[87]

---

87 http://www.momentofiscal.com/MuseExport/2017may-publican-texto-unico-de-arreglo-de-pagos.html

### 15.7.3. *Comfort Letter:*

En ocasiones pagar es innecesario ya que el riesgo no es 100% medible o no es 100% probable. Imagínate una empresa que en algún momento contrató vendedores sin que estos estuvieran en la planilla. ¿Fueron o no empleados? ¿Se debió declarar esta contratación? Estas preguntas tendrán muchas respuestas pero tu DD ha revelado la inexistencia de demandas y casi nula evidencia de relación laboral. ¿Realizas una complementaria de CSS para incluir a estos vendedores o dejas el tema así? Este es el caso perfecto para un confort *letter* que sólo indique que el target no contrató a estas personas como trabajadores.

Este *comfort letter* sólo es una declaración del que lo emite y sus efectos sólo se limitan a dar cierto nivel de comodidad sobre haber visto el punto y obtener de parte del target su posición sobre el mismo. ¿Qué propósito tiene pedirla? El propósito es poder cubrir la responsabilidad de quién hizo el DD y tratar de atribuirla, en caso de que se materialice, al emisor de la misma.

En adición a estos dos propósitos existe un tercero que no puede menospreciarse y es darle publicidad a quienes podrían estar interesados en lo expresado en el *comfort letter*. ¿Has visto un anuncio público de que fulano se retira de la firma donde laboras? En ocasiones, este anuncio es un *comfort letter* de que esa persona está, en realidad, aceptando que ya se va de la oficina y que otro fulano tomará su lugar como socio de esa firma. ¿Has visto anuncios públicos de que la empresa tal y cual cerrará luego de 100 años de operaciones? Este es un *comfort letter* que alguien pide como requisito para comprar. Esto lo hace sentirse cómodo de que el anuncio público hará que posibles acreedores no revelados aparezcan y posibles accionistas no revelados reclamen no haber participado en esa decisión.

Hoy, con la posibilidad de listar en el registro público datos que antes no eran materia de registro, este *confort letter* puede publicarse para tranquilidad de tu cliente. Usa, cuando puedas, esta posibilidad.

### 15.7.4. Segunda Opinión:

Otra forma de lidear con el riesgo identificado en una transacción es obtener una confirmación independiente del tema controvertido. En ocasiones esto dará seguridad a todas las partes (tú incluido) que un tercero coincide con la posición controvertida.

Esto encarecerá el DD y debe ser sugerido sólo en casos donde la contingencia lo amerita.

### 15.7.5. Consulta a la DGI:

Un paso extra al anterior es obtener esta confirmación de parte de la misma DGI. Lamentablemente la DGI demora mucho en contestar estas consultas lo que limita significativamente el uso de esta opción.

Con la entrada en vigor del Código Tributario, estas consultas tendrán fuerza vinculante.

De tiempo en tiempo la DGI publica estas consultas por lo que estar atento a las mismas servirá para ahorrar tiempo. Momento Fiscal ha comentado muchas de estas consultas convirtiéndose en un punto de referencia en esta materia.

### 15.7.6. Retenido:

El uso del retenido puede aminorar el riesgo ya que estará reservando parte de esta contingencia para una posible materialización. Si un tercero maneja estos fondos, se tendrá la tranquilidad de su devolución, luego de cierto tiempo, al *target*.

El target siempre resiente esta proposición porque representa perder parte del precio de compra o, en el mejor de los casos, no usar ese monto por un periodo de tiempo.

### 15.7.7. Rectificativas:

Una vez identificada una contingencia y esta es aceptada

por el *target*, rectificar la información incorrecta y aceptar las consecuencias es la mejor forma de minimizar el riesgo.

Lamentablemente, esta opción está seriamente limitada por el artículo 710 parágrafo 4 que desde el año 2005 impone limitantes de tiempo a esta rectificativa. Al momento de redactar este libro se podrían rectificar declaraciones de renta sólo si no habían transcurrido 36 meses desde el vencimiento del plazo para su presentación. No existe explicación lógica para esta norma ni se entiende bien qué gana la DGI con esto. Una notable excepción es que el término no aplica si se aumenta el impuesto a pagar.

Otra limitante del artículo es que no pueden presentar rectificativas quienes estén siendo auditados por la DGI.

Este artículo tiene otro hermano siendo el 1057-V parágrafo 10 que pone la misma limitante para las declaraciones de ITBMS. Estas sólo se pueden rectificar dentro de los 12 meses posteriores a su entrega. Otra limitante es que sólo pueden rectificarse por una sóla vez.

Esto fuerza a ignorar muchas de las contingencias que exceden este periodo de años, tal como lo veremos en el siguiente apartado.

### 15.7.8. Ignorarlas:

Por raro que parezca, ignorar las contingencias es una opción en el DD. Esto ocurre cuando no se podrá revisar a cabalidad una parte de la contingencia. Siempre debes documentar bien las razones por las que decidiste ignorar estas contingencias.

Recuerdo un caso donde el problema se centraba en un ITBMS cuya documentación no existía en ese momento, pero cuyo término de expiración estaba por vencerse. Esta fue la oportunidad perfecta para ignorar la contingencia y evitar empantanar un DD en un punto que sería historia en unos meses.

## 15.8. Comunicando tu entregable:

Comunica tus contingencias considerando siempre 9 puntos que son:

1. Reúnete en persona.
2. Un lugar sin interrupciones.
3. Apaga el celular.
4. Di algo bueno del *target*.
5. Nunca pintes el peor escenario sin decir que quizá no pase.
6. Sé humilde.
7. Escribe de la misma forma en que hablas.
8. Revisa tu ortografía.
9. No sustituyas números por adjetivos.

Veamos porqué estas cosas son importantes al comunicar las contingencias de un DD.

### 15.8.1. Reúnete en persona:

Nunca comuniques contingencias vía email. Mucho menos wassup. Siempre ten presente que no sabes cuánto de la comunicación se pierde con sólo escribir las cosas. Esta es la razón principal por la que los teléfonos hoy tienen *emojis*. Una frase puede interpretarse como un insulto, un reclamo o un chiste. Hasta que le pones algo como esto que lo cambiará todo: ....

Lo mismo te pasará con una advertencia que hagas en un *slide*. No le llegas a dar el sentido completo a lo que dices hasta que agregas un .... *Quizá esto no pase* ...

Tu rol en el DD es saber que muchas de las contingencias pueden sonar esotéricas y en algunos casos lo serán. Esto debe transmitirse para que el oyente entienda que muchos de los riesgos son, aunque posibles, poco probables.

## 15.8.2. Un lugar sin interrupciones:

Busca un lugar donde no te interrumpa tu secretaria, un compañero de trabajo o tus hijos.

Al comenzar el Skype, se popularizó el uso de reuniones con una tecnología que no iba de la mano con el internet lento que teníamos en Panamá. Resultado: La mitad de las llamadas no llegaban y todas (o casi todas) se caían. Lo mismo pasaba con las llamadas de Whatsapp, causando que la tecnología que elegías garantizaba interrupciones de importancia en tu reunión. Evita estas interrupciones.

Con la pandemia del COVID, las reuniones electrónicas serán la norma. Aun así, trata, si las medidas sanitarias así lo permiten, de reunirte en persona.

Evita discutir tu entregable en medio de un almuerzo ya que esto será una receta para no acabar bien tu reporte.

## 15.8.3. Apaga el Celular:

No cometas el error de recibir un telefonazo en medio de tu exposición de hallazgos del DD. Esto dará una pésima impresión a todos los que estén en esa reunión. Tampoco chatees en medio de la reunión.

Un tema recurrente con el uso del celular es la suspicacia que genera estar siendo gravado al hablar de temas sensitivos. Si alguien te ve jugando con tu celular, puede generarle esa sensación que te restará puntos frente a tu cliente o frente al target.

En resumen: Apaga el celular y si no lo puedes hacer déjalo en tu casa. Lo mismo debes transmitirlo a tu personal.

Una clara excepción al uso del celular es la utilización de Apps que te permitan llevar a cabo los fines de la reunión como calculadoras y procesadores de datos. Usa sólo esto y úsalo sólo para los fines de esa reunión. En la medida de lo posible comunica a los que estén presentes la razón por la que estás usando el celular.

### 15.8.4. Di algo bueno del target:

Nunca vayas a una reunión sólo a criticar al target. Recuerda que tu DD no es una novela y por lo tanto no tiene que tener héroes, pero tampoco tiene que tener villanos. Por malo que sea, algo bueno debe haber hecho el target para que sea sujeto a una posible compra. Busca una oportunidad para decir qué cosas buenas vistes y qué fortalezas te sorprendieron.

Hablar bien del target hablará bien de ti también y te dará una oportunidad para romper la tensión que representa para el personal los comentarios que comunicarás en esa reunión.

### 15.8.5. Nunca pintes el peor escenario sin decir que quizá esto nunca pase:

Siendo un hombre muy joven me detectaron un tumor entre dos costillas. Recuerdo haberle preguntado al doctor qué posibilidades existían de que ese tumor fuera canceroso. Su respuesta fue sencilla. Sólo me dijo que él pensaba, clínicamente, que era un tumor cancerígeno. Al decirlo mi mente viajo rápidamente sin que preguntara nada más. Sentí la mano del doctor en el hombro diciéndome que respondería una pregunta que yo no había hecho. El me dijo que el lugar del tumor hacía fácil su extracción y no existían posibilidades que con ese tamaño el tumor estuviera en posición de hacer riesgosa la operación. Esas palabras hicieron que mi mente se trasladara del cementerio y regresara a la clínica donde estaba. El doctor siguió diciéndome que el tratamiento de ese cáncer, si es que el tumor fuera canceroso, daba altísimas posibilidades de recuperación.[88]

Cuando tengo que dar una mala noticia trato de imitar el tono de

---

88 Reconozco que Dios fue misericordioso en esta etapa de mi vida y me permitió curarme, al 100%, de este tumor.

voz y la tranquilidad que el doctor usó. Pienso en qué pregunta puedo contestar, aunque no me la hayan hecho, para dar tranquilidad al que me escuche. Esto no es una excusa para no comunicar las debilidades del target, pero sí es una oportunidad para nunca pintar el peor escenario sin transmitir que siempre hay alternativas para salir del mismo.

## 15.8.6. Sé humilde:

En el DD sentirás que tienes el sartén por el mango. Trata de portarte con humildad cuando comuniques errores del target. Tu rol es comunicar las contingencias, no ser el centro de atención de la reunión. Recuerda que tú no eres la estrella.

## 15.8.7. Escribe de la misma forma en que hablas:

Uno de los puntos que más extrañeza causa es terminar una reunión donde se habla todo lo contrario a lo que se escribió en un reporte de DD. En ocasiones he visto como alguien te llama para decirte que todo lo malo que le comentaste verbalmente hacía falta en el reporte escrito. Asegúrate que esto no pase con un chequeo que recoja en forma escrita lo que conversarás en forma verbal.

Esto no es una excusa para sentarte a leer *slides* en la reunión que tengas con el target. Asegúrate de contar con naturalidad la historia del DD que has hecho.

Recuerda también que tu cliente no es experto en impuestos. En el mejor de los casos, tu cliente será un Gerente Financiero y en el peor de los casos un comerciante sin mayor formación impositiva. Evita escribir en forma técnica y esfuérzate por comunicar tu entregable de forma que hasta tu mamá lo pueda entender.

Una lección que aprendí rápido es no citar en forma interminable artículos o fallos. Trata de que tu entregable transmita lo que estos artículos dicen. Si sientes la necesidad de citar estos fallos o artículos usa un anexo o un pie de página.

Evita innecesarias citas en inglés o en otro idioma extranjero. Al escribir este libro, recibí como crítica el uso excesivo de la palabra Due Diligence, target, test, bullet point y otros más. Tuve que forzarme a eliminar varios términos y castellanizarlos. Algunos los seguí usando por que no veía una traducción 100% excata en castellano, otro, como el término Due Dilligence, lo abrevié con DD y así evité usar el término completo.

Cuando comenzó a funcionar el TAT, sorprendentemente usaban textos rarísimos en Latín, idioma que nada tenía que ver con la tributación. Esto continúo hasta que jueces más ilustrados desecharon esta práctica.

Debes prohibir a tu personal citar frases en latín. No hay más ridículo que citar un idioma muerto en medio de un DD.

### 15.8.8. Revisa la ortografía, gramática y coherencia de tu entregable:

Una vez tengas tu entregable listo léelo nuevamente. Cuando lo hayas hecho, dáselo al gerente del compromiso para que lo vuelva a leer.

Aunque lo que escribes no es un libro, y por tanto no necesitas la pulcritud semántica de una publicación, debes evitar decir palabras de más, comerte las tildes o dar la impresión de incoherencia entre los textos de tu DD.

Esto debe ser parte de las horas que presupuestaste inicialmente.

Por favor, tratas de redondear cifras para que recojan tu estimado. Para esto tendrás que dejar a un lado los centavos, incluso las cifras mayores a 3 dígitos. No uses US$ 25,135,310.02; En su lugar usa 25.1 Millones. Esto dará más pulcritud a tu entregable y hará su lectura más entendible.

### 15.8.9. No sustituyas números por adjetivos:

Todos hemos cometido el error de decir mucho, poco, frío, alto, gordo, sin que el oyente pueda entender a cabalidad qué significan estos adjetivos. Veamos un ejemplo sencillo y digamos que mi abuelo murió siendo muy viejo. ¿Qué edad se te viene a la mente? ¿80, 90 o 100?

Lo mismo ocurre en un DD. Solemos decir que la DGI puede demorar "mucho" en devolver impuestos pagados de más, que suele ser "muy" agresiva negando reconsideraciones.

En un tiempo era común decir en Panamá que los casos tributarios tomaban "mucho tiempo". ¿Cuánto es ese tiempo? En Momento Fiscal financié una investigación que nos diera esa respuesta precisamente para dejar de usar ese adjetivo y comenzar a decir toma 24 meses o lo que sea que de una cifra y no un adjetivo.

Evita decir que el target debe "mucho", la DGI es "muy", lo contadores son "bastantes", los abogados son "caros" y empieza ponerle un número a esos adjetivos. Quizá la razón para no usar números está en que no eres contador y, por lo tanto, "odias" los números. Te animo a que notes que nosotros, los contadores, sólo sumamos y restamos. La mayoría de las veces ni siquiera lo hacemos nosotros mismos. Lo hace un programa que se llama Excel. Si logramos algo de sofisticación multiplicamos y dividimos. Para esto, la mayoría de las veces, también usamos Excel. Jamás sacamos hipotenusas, tangentes ni raíces cuadradas. Descarga alguna app de calculadora e inténtalo. Con el tiempo verás que no es tan difícil poner números en lugar de adjetivos.

### 15.9. La Estructura Escrita de tu Entregable:

Al estructurar tu entregable toma en cuenta los siguientes puntos que hemos desarrollado arriba y utilízalos como un *check list* de redacción:

1. Riesgo Identificado
2. Nivel de puntuación del riesgo
3. Peor escenario numérico
4. Forma de mitigación
5. Posición del *target*

Veamos un ejemplo de cómo comunicarlas en el caso que encuentres remesas enviadas, pero no pagadas:

En diciembre de 2019 se realizó un pago a SUMINISTROS, S.A., compañía no residente en Panamá por el orden de US$ 100,000

Este pago no sufrió retención por lo que el target dejó de pagar US$ 12,500 en impuesto de retención por remesas.

Este es un riesgo alto ya que el target declaró este pago en su reporte 143 de ese mes por lo que existe una rápida identificación del mismo por parte de la DGI.

En el peor de los casos causará un impacto adverso de US$ 16,000 considerando principal, recargo e intereses.

La forma más fácil de mitigar este riesgo consiste en pagar esta morosidad con los recargos e intereses respectivos.

El target acepta esta contingencia, pero indica no tener liquidez para realizar el pago.

Como notarás, cada uno de los párrafos de arriba trata de seguir la secuencia del *check list* que debe tener tu comunicación escrita.

Veamos otro ejemplo:

En junio de 2019 se pagó un bono de producción a todos los empleados de la firma.

> Este pago incluyó US$ 55,000 a ejecutivos que tenían menos de 15 días en la empresa.
>
> Este es un riesgo medio ya que el poco tiempo que tenían laborando en la firma hace difícil atribuir su trabajo a la producción o su incremento.
>
> En el peor de los casos causará un impacto adverso de US$ 12,000 en ISR dejado de retener considerando principal, recargo e intereses.
>
> La forma más fácil de mitigar este riesgo consiste en pagar esta morosidad con los recargos e intereses respectivos.
>
> El target no considera que esta es una contingencia. Según sus abogados, la norma no es interpretada de esa forma.

Nota la forma en que se escriben los 5 puntos. Nota que no tenemos que enumerar cada oración pero sí tenemos que utilizar cada uno de esos ítems. Cuando pongas a alguien a leer este entregable, indícale que cada uno de tus hallazgos debe tener estos ítems.

En la medida en que las cosas se leen más en pantalla y menos en papel, ha surgido el uso de formatos horizontales en lugar de verticales (como el que usa un *slide* de *powerpoint*). En estos formatos, ha sido práctico usar un modelo como el que sigue:

| Riesgo Identificado | Nivel de Riego | Peor escenario |
|---|---|---|
| numérico | Forma de Mitigación | Posición del Target |

En junio de 2019 se pagó un bono de producción a todos los empleados de la firma.

Este pago incluyó US$ 55,000 a ejecutivos que tenían menos de 15 días en la empresa.

| Riesgo Identificado | Nivel de Riego | Peor escenario numérico | Forma de Mitigación | Posición del *Target* |
|---|---|---|---|---|
| En junio de 2019 se pagó un bono de producción a todos los empleados de la firma.<br><br>Este pago incluyó US$ 55,000 a ejecutivos que tenían menos de 15 días en la empresa. | Este pago incluyó US$ 55,000 a ejecutivos que tenían menos de 15 días en la empresa. | En el peor de los casos causará un impacto adverso de US$ 12,000 en ISR dejado de retener considerando principal, recargo e intereses. | La forma más fácil de mitigar este riesgo consiste en pagar esta morosidad con los recargos e intereses respectivos. | El *target* no considera que esta es una contingencia. Según sus abogados, la norma no es interpretada de esa forma. |
| En diciembre de 2019 se realizó un pago a SUMINIS-TROS, S.A., compañía no residente en Panamá por el orden de US$ 100,000<br><br>Este pago no sufrió retención | Este es un riesgo alto ya que el target declaró este pago en su reporte I43 de ese mes por lo que existe una rápida iden-tificación del mismo por parte de la DGI. | En el peor de los casos causará un impacto adverso de US$ 16,000 considerando principal, recargo e intereses. | La forma más fácil de mitigar este riesgo consiste en pagar esta morosidad con los recargos e intereses respectivos. | El *target* acepta esta contingencia, pero indica no tener liquidez para realizar el pago. |

| por lo que el target dejó de pagar US$ 12,500 en impuesto de retención por remesas. | | | | |
|---|---|---|---|---|

Prepárate para usar ambos sistemas. Ninguno es ni bueno ni malo. Sólo trata de ver cuál se adapta mejor a tu entregable y la forma en que lo transmitirás. Si tu entregable se leerá en pantalla el segundo modelo será el más recomendado. Si se leerá en papel el primero debe ser el preferido.

Haz un *cheklist* y pon a tu gerente a que revise que cada hallazgo que comentes tenga esta estructura.

## 16. Más allá del entregable:

En adición al entregable, es probable que el cliente pida tu asistencia en el proceso de compra de la entidad. Usualmente, este proceso lo llevará un equipo de abogados que ha sido contratado para redactar los documentos de compra.

### 16.1. ¿Qué se espera de ti en el proceso de compra?

En esta etapa del DD ya has presentado y probablemente discutido tu entregable. Sin embargo, tu cliente espera de ti lo siguiente:

1. Cumplir con las obligaciones fiscales en la venta,
2. Maximizar la carga fiscal postcompra,
3. Evitar incurrir en errores fiscales en esta compra.

Las tres cosas, estarán fuertemente influenciadas por la forma en que se realice la compra del *target*. Las distintas formas posibles, influirán en la carga fiscal de la transacción y tu rol debe ser asesorar, en este punto, qué impacto se tendría. Es contrario a la intuición pensar que importe que el *target* maximice su carga fiscal. Después de todo, el target no es tu cliente. Sin embargo, en la medida en que el *target* tenga mejor carga fiscal, más fácil será la compra por parte de tu cliente.

Un segundo tema está en asistir al cliente sobre qué consecuencias fiscales tendrá la forma en que comprará al *target*, para así prever la futura vida fiscal de tu cliente.

## 16.2. Consecuencias fiscales de la compra del *target*:

En nuestro medio, por la influencia americana, se usa el término fusiones y adquisiciones.[89] Este término se usa como traducción del inglés *Mergers* and *Aqusitions*. En líneas generales, la mente anglosajona, ve una diferencia entre ambos términos. La diferencia en ellos está dada de la siguiente forma: la adquisición es la compra a los accionistas lo que hará que exista nuevos accionistas. En la fusión se integrará a ambas empresas y los accionistas de ambas empresas serán accionistas de la nueva empresa.

Esto puede darnos la sensación de que sólo se verán DD donde exista la compra de unas acciones o la fusión de unas sociedades.

Esto no es así ya que existen varias formas en las que el *target* podrá ser adquirido que van más

Diferencia entre Fusión y Adquisición

---

89 Del Inglés: *Mergers* and *Aquisitions*

allá de la mera compra de acciones. Una compra común de sociedades es la compensación de pasivos y distribución de dividendos. Esto se hace porque el accionista del *target* quizá está interesado sólo en que le paguen sus dineros aportados

vía préstamo o que le devuelvan los dividendos que nunca pudieron repartirse por falta de liquidez. Cuando mencionamos el caso de las firmas contables, indicamos que el socio suele recibir una jubilación de por vida. Es probable que esto es lo que necesite este accionista. Él no necesita una compra de acciones y sólo le interesará llevarse lo que en su mente son sus "dividendos" de tantos años trabajados en esa firma.

En otras ocasiones hemos visto en este libro que el comprador sólo necesita un activo del *target*. Cuando mencionamos el caso de amortización de la plusvalía, indicamos que un supermercado en Panamá sólo quería penetrar un mercado en el que no tenía presencia (Chiriquí y Bocas). Es probable que en estos casos se decida comprar el nombre que ya tiene clientes en ese lugar y no la empresa vía sus acciones.

En otras ocasiones el *target* sólo será comprado por la cartera que ya tiene. Esa es la razón para la compra de varios bancos en la historia reciente panameña. Un banco puede ver con atractivo comprar al target sólo porque ya existe una cartera que lo hará crecer o que lo incursionará en una línea de negocios que todavía no tiene.

En estos casos es muy probable que tu cliente decida reorganizar al *target* una vez sea adquirido. Esta reorganización tomará muchas formas, desde reducir o aumentar el número de entidades, hasta disminuir o aumentar el capital. También encontrarás clientes que decidirán reorganizar la composición del balance, para sacar activos que ya no sean necesarios en el target o asignarle pasivos que reflejarán la nueva realidad post-compra.

Piensa el caso del supermercado que usamos como referencia arriba. ¿Necesita dos compañías para usar dos nombres distintos o sólo una? ¿Le importa al cliente final que la empresa se llame X o se llame Y? ¿Puede prescindir tu cliente de las empresas X y la empresa Y para sólo usar una de ellas? Evidentemente la respuesta es que sólo necesita una y por esto la post-compra puede ver una reorganización donde sólo quede una entidad.

Lo mismo ha ocurrido con las constantes fusiones en la industria cervecera a nivel mundial. Hoy todas las marcas de cervezas que venían existiendo en Panamá desde inicios del siglo 20 las vende una empresa que se llama SAB-Miller. Esta empresa compró a Bavaria que a su vez compró a las empresas locales que eran dueñas de esas marcas. Para el consumidor final es indiferente quién le vende la cerveza que consume. A él sólo le importa la marca (y el sabor) por lo que un conglomerado como esa empresa cervecera puede prescindir de las empresas anteriores.

Esta decisión estará en la mente de tu cliente casi desde el momento en que decide comprar al *target*. Por esto, la forma de comprar una entidad vendrá casi de la mano con la manera de reorganizarla.

## 16.3. Tipos de Compra:

La forma en que tu cliente puede comprar al target puede ser diversa, pero casi siempre involucra una o la combinación de alguna de las que listaremos en esta sección.

Veamos las distintas formas de comprar una entidad.

- Adquisición vía Compra de Acciones,
- Fusión,
- Escisión,
- Compra de Deuda,
- Capitalización y Recompra de Acciones,

- Compra de Activos,
- Compra de Cartera,
- Compra de Nombre Comercial.

Tratemos de ver estos puntos.

## 16.4. Compra de Acciones:

La forma más natural de comprar un negocio es comprar sus acciones. Antes de la Ley 18 de 2006, estas acciones eran compradas produciendo renta al vendedor a la tarifa del 30% o la tarifa de persona natural. Estas sumas eran considerablemente altas ya que la ganancia de capital es, por definición, un concepto carente de costos y gastos de importancia.

No existen datos que indiquen qué tanto se evadía este impuesto. Sin embargo, podemos considerar que ante tarifas tan altas y ausencia de facturas en la transacción, no eran muchos quienes estaban conscientes de honrar este gravamen.

Esto provocó que, ante la venta de un banco grande, se tuviese que reformar la ley ante la posibilidad real de una evasión masiva por parte de los accionistas. Era muy difícil que la DGi pudiese rastrear a los cientos, sino miles, de accionistas individuales del banco. El banco se vendió por más de 1000 millones de dólares, lo que hubiera supuesto cientos de millones en impuesto. ¿Cómo la DGi podía rastrear y cobrar a accionistas que ni siquiera vivían en Panamá? ¿Cómo rastrear a accionistas cuyo único activo era esa acción y nunca habían presentado rentas?

A estas preguntas se sumaban varias más, entre estas: ¿Qué ocurría si alguien decidía atribuir costos y gastos a estas acciones que resultaran en pérdidas en esta transacción? ¿Tenía la DGi la capacidad de auditar la integridad de estos costos y gastos?

En adición a estos argumentos, existía la posibilidad real de que un grupo de accionistas decidiera considerar exenta la transacción si la misma se hacía fuera del país. Esto supondría un litigio incierto para la DGi.

También había un tratamiento diferenciado para quienes habían comprado las acciones hace poco y tenían menos que perder en este 30% frente a quienes tenían un costo básico más viejo y por ende más bajo. En este último caso, el 30% gravaba casi que a la totalidad del precio de venta.

Con estas consideraciones, hubo una especie de negociación con el lobby hecho por los accionistas del banco donde el gobierno terminó proponiendo una retención de 5% sobre el valor de compra. Esto hacía que desaparecieran las consideraciones sobre la tarifa alta, lugar donde se hacía la venta, y necesidad de auditar a cientos de accionistas.

Desde ese momento, esa es la tarifa a retener en el precio de venta de unas acciones. El target, puede considerar esta retención como su impuesto definitivo a pagar.

## 16.4.1. Tarifa y momento del pago:

El plazo para pagar este impuesto es 10 días después del pago por las acciones. La norma indica que tu cliente, es decir el comprador, es responsable por esta retención. Aquí tienes que poner una alerta para cumplir con la forma de pago ya que algunos accionistas pueden no ser residentes en Panamá y por lo tanto no tener un RUC hará que no puedas declarar la retención en forma directamente identificada. Este punto ha sido relevante en algunos casos donde el accionista necesita esta retención para poder acreditarla al monto a pagar en su país de origen. También ha sido relevante en casos donde el accionista extranjero quiere solicitar una devolución a la DGi de esas sumas retenidas.

En estos casos se hace necesario sacar un 8NT para estos accionistas.

Este 5% es un adelanto a la tarifa real del impuesto. Esta tarifa real es 10%. Esta tarifa del 10%, se calcula sobre el concepto neto de ingreso menos costos y gastos. En una venta de acciones estos costos y gastos son casi siempre mínimos y por lo tanto el 5%, se transforma en la tarifa definitiva.

Existen casos extraordinarios donde el *target* pierde en la venta de acciones. Esto no debe ser usual y en esos casos el *target* sólo tendrá 3 años para poder solicitar devolución de los montos según el término de prescripción del impuesto. Este punto es importante porque parte del costo de compra está fuertemente influenciado por el 5% a retener. Entre más fácil sea la tributación del target, más fácil será la venta del negocio a tu cliente.

### 16.4.2. Target con operaciones fuera del Panamá:

Hasta este punto, hemos asumido que el *target* es una empresa panameña y que sólo hace negocios en Panamá. Esto no siempre es así. En ocasiones, el *target* tendrá operaciones en otros lugares y generará rentas cuya fuente no es Panamá. Esto ocurrió en la venta del banco grande que generó la ley 18 de 2006, sin que nadie discutiera al fisco el por qué se gravaba al 100% el precio de venta.

Ese banco tenía operaciones pequeñas en varios países. Al sumar todas esas operaciones pequeñas empezaban a

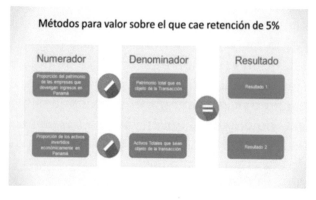

tener un peso grande en la operación consolidada. ¿Por qué retener sobre el todo si parte de esa operación ocurría fuera de Panamá? Esta pregunta estuvo en el ambiente fiscal para la venta de ese banco. En los años que siguieron a la venta de ese banco, han llegado a suceder casos donde la retención carecía de sentido por la gran cantidad de activo que estaba ubicado fuera del país.

No fue hasta el año 2012 cuando la reglamentación de la ley 18 se dictó y se atacaron estos puntos. La fórmula dada por la reglamentación fue lo que resulte mayor entre dos valores:

1. Patrimonio de las empresas que devengan ingresos en Panamá / Patrimonio total de la transacción.

2. Proporción de activos en Panamá / Activos totales objeto de la transacción.

La gráfica que ves en esta sección trata de explicar esta fórmula. Al calcularla, tendrás que utilizar la ayuda de algún profesional extranjero. Identifica rápido esta contingencia para determinar qué tanto necesitarás a este profesional en tu DD.

### 16.4.3. Compras con precio 0:

En 2018, el Decreto Ejecutivo 62 de 28 de mayo de 2018, modificó los artículos 117-D y 117-E del Decreto 170 para que no exista retención en la fuente en ventas que tengan pérdida.

Esta norma permite que no se cause el 5% en el traspaso de títulos valores entre cónyuges o entre parientes en el primer grado de consanguinidad. Adicionalmente esta norma permite que no se graven los intercambios de acciones en ventas producto de liquidaciones judiciales o extrajudiciales. Este texto es tan amplio que puede ser interpretado de muchas formas. En medio de un DD puede pensarse que este texto te permite comprar compañías que estén en medio de un proceso de concurso de acreedores mediante la transacción de extrajudicial con el deudor. ¿Causaría esto 0 impuesto a pagar? La respuesta positiva parece muy buena para ser cierta. Lamentablemente las autoridades de ese momento no redactaron a fondo esta norma y las actuales no han querido establecer, que sepamos, una posición al respecto.

De la misma forma el artículo habla de no causación de la retención en casos en los que se ejecute un fideicomiso de garantía.

La norma también exime a aquellas personas que no generen ganancia de capital o que vendan sus activos a título gratuito.

Esta norma de 2018 ha abierto un sinfín de posibilidades para la compra de empresas a precio 0. Por lo tanto, tu cliente puede estar tentado a falsear la información de compra indicando que el 0 es el precio de venta. Tu firma, muy probablemente, no quiera asesorar a clientes que tengan formas legales distintas a la substancia real de la transacción. Por lo tanto, te tocará informar que como contador no puedes participar en una operación de este tipo, donde intencionalmente se ponga 0 en una transacción que no tuvo eso como precio de venta.

### 16.4.4. Compra de acciones exenta por tratados tributarios:

Panamá firmó tratados tributarios desde el año 2012. La razón para esta firma fue salir de las listas negras de paraísos fiscales. Un tratado tributario es casi siempre basado en el modelo OCDE. El artículo 13 de este modelo contiene una cláusula de repartición de competencias para gravar con el ISR las ganancias de capital. Esta cláusula está diseñada para que el país de la residencia cobre por el impuesto que hubiese sido pagado al país de la fuente. Existen dos exenciones de importancia. La venta de acciones de compañías usadas con fines inmobiliarios y la venta de activos de un EP.[90]

En todos los tratados firmados Panamá conserva esos dos derechos a gravar. Al mismo tiempo, producto de la misma cláusula, Panamá renuncia, en casi todos, al cobro por venta

---

90 Existe otra exención en el modelo siendo la venta de buques y aeronaves. Esto rara vez ocurre en DDs y por lo tanto no nos referiremos a esto.

de acciones (con excepción del tratado firmado con República Checa).

Esto es un sacrificio fiscal de importancia para el país. En medio de un DD supone una oportunidad de ahorro, de igual importancia, para quienes sean accionistas del target.

Este modelo ha sido usado en los 17 tratados vigentes firmados por Panamá. Esto lo decimos porque el artículo 13 de todos los tratados firmados por nosotros establece normas de ganancia de capital para venta de acciones cuando el receptor de la renta es domiciliado en un estado parte. Esto supone la reducción del impuesto de ganancias de capital al comprar acciones al target y por esto debes verlo en esta sección de tu DD.

Por esta razón, tendrás que asegurarte que el target no sea poseído por accionistas domiciliados en estados contratantes. Si lo es, tienes que dar la advertencia inmediata a tu cliente sobre la retención que debe ocurrir al momento del pago por la compra de acciones.

Pasemos a verlo por país.

### España:

El artículo 13 (4) del TDT con España, menciona que Panamá puede gravar la ganancia de capital si el residente español supera el 10% del derecho a voto, valor o capital social de una compañía residente en Panamá. A esto se añade que se debe ser accionista en un periodo inferior a 12 meses, lo que en la práctica elimina el gravamen panameño ya que cualquiera puede realizar una opción de compra y postergar la ejecución de la misma hasta que se cumpla el año mencionado en el tratado.

Algo de soberanía fiscal nos quedó en las circunstancias donde el valor de las acciones vendidas se derive en más de 50% de bienes inmuebles o cuando dicha venta de al comprador lo que el tratado llama "el derecho al disfrute" de bienes inmuebles localizados en Panamá.

## Méjico:

El artículo 13 (4 y 5) del TDT con Méjico, menciona que Panamá podría gravar las rentas de un residente mejicano si durante los 12 meses anteriores a la venta este tuvo 18% del capital del target. Otro punto a considerar es que el numeral 4 menciona "junto con todas las personas relacionadas con el receptor", por lo que tendrás que tomar en cuenta todas las sociedades intervinientes en esta compra para verificar este porcentaje.

El numeral 5 de ese artículo también menciona que Panamá puede gravar si el valor de esas acciones consisten directa o indirectamente en inmuebles situados aquí.

## Holanda:

El artículo 13 (4, 5 y 6) del TDT con Holanda, también menciona el gravamen exclusivo de Panamá cuando sean acciones cuyo valor esté constituido por inmuebles en un 90%. En los demás Panamá no podrá gravar salvo en casos donde una persona física *"haya mantenido una participación de más del 10 por ciento en el derecho de voto, en el valor o en el capital social, durante el período de 12 meses anteriores a dicha enajenación".* En el caso de personas jurídicas si *"ha mantenido una participación de más de 10 por ciento en el derecho de voto, en el valor o capital social en dicha compañía por un período que no exceda de 24 meses previo a la enajenación de las acciones"*

Pese a este reducido espacio para que Panamá grave, el tratado con Holanda sigue limitando este gravamen si:

a. *el residente holandés mantuvo una propiedad menor al 10 por ciento de las acciones anteriores a la primera enajenación;*

---

b. *la ganancia se obtiene en el curso de una reorganización corporativa, fusión, división o transacción similar; o*

c. *el residente es un fondo de pensiones reconocido, siempre que la ganancia no se derive de la realización de una actividad económica, directa o indirectamente, por ese fondo de pensiones.*

## Luxemburgo:

El tratado con Luxemburgo es el que peor hemos negociado ya que casi nunca podremos gravar las ganancias de capital derivadas de venta de acciones. Tan desfavorable es a nuestros intereses que el artículo 13 (4) del TDT con Luxemburgo, menciona que sólo podemos gravar la venta de acciones si su valor se deriva en un 50% de bienes inmuebles.

A esto se añade una super exención si la misma se hizo en forma de una reorganización o si el bien inmueble se usa para un negocio (el tratado expresamente menciona Hotel o Mina).

Este tratado no tiene ninguna cláusula que permita que Panamá cobre en casos donde las acciones se han usado en forma totalmente especulativas o en periodos cortos como sí lo tienen los tratados de España, Méjico y Holanda.

## Italia:

El artículo 13 (4) del TDT con Italia, da ese país el país de gravar toda renta de venta de acciones de sus residentes. La única excepción en la que nuestro país puede gravar es cuando su valor se derive en más de un 50 por ciento, de bienes inmuebles situados en Panamá.

Al igual que el de Luxemburgo, no existe una cláusula para que Panamá grave ventas de acciones en periodos cortos como si lo existe en los tratados de España, Méjico y Holanda.

## Singapur:

El artículo 13 (numeral 4) del TDT con Singapur, permite que gravemos las rentas de compañías inmobiliarias si se supera el 45% del valor de la empresa en finca raíz.

El numeral 5 permite a Panamá gravar la venta de acciones sólo si se tiene más del *"50 por ciento de los votos, el valor o capital social en una sociedad"* y si se ha mantenido estas acciones por menos de 12 meses con anterioridad a la enajenación.

## Corea del Sur:

El artículo 13 (4) del de Corea del Sur, permite que Panamá grave la venta de compañías inmobiliarias (con valor consistente en finca raíz en más del 50%).

El numeral 5 de este artículo nos permite gravar la venta de acciones de otras compañías si se mantuvo más de 25% del capital de la sociedad en cualquier momento de los 12 meses precedentes a la venta.

## Qatar:

No tiene lógica haber firmado un tratado con este país que no tiene un impuesto sobre la renta. Sin embargo, al momento de su firma el país necesitaba contar con 12 tratados tributarios firmados para salir de las listas negras de la OCDE. Quizá a esto atienda tan rara firma.

En todo caso, el artículo 13 (numeral 4) del TDT con Qatar, menciona que podemos gravar si el enajenante tenía más 10% derecho de voto, en el valor o en el capital" y las acciones han estado en su poder por *"un período menor a 12 meses antes de la fecha de la enajenación".*

El numeral 5 de este tratado también permite gravar a compañías inmobiliarias (aquella con más de 50% de valor en finca raíz). Una rara excepción se introdujo a este artículo si el inmueble se utilizó en *"proyectos industriales por un período ininterrumpido de cinco años".*

Aunque entendemos la presión que existió por firmar 12 tratados, tenemos que concluir que este, por las cantidades de dinero que el fisco puede llegar a perder es, potencialmente, el tratado más lesivo a nuestros intereses desde la firma del Hay-Buanau Varilla en 1903.

## Francia:

El artículo 13 (numeral 1) del TDT con Francia, menciona que Panamá puede gravar las rentas de compañías cuyo valor se derive en más de un 50% de inmuebles. Como excepción el artículo pone que los bienes inmuebles "pertenecientes a una actividad empresarial desarrollada personalmente por dicha sociedad no serán tomados en cuenta".

El numeral 3 de este artículo da a Panamá el derecho de gravar cuando exista una *"participación substancial" en el país. La participación substancial se entiende como aquella "del 25 por ciento o más en los beneficios de la sociedad".*

## Portugal:

El numeral 4 del artículo 13 del TDT con Portugal, menciona que Panamá puede gravar en participaciones substanciales, entendidas estas por aquellas que sean 25% o más del capital. Este gravamen está limitado a *"no podrá superar el 5% del valor de la enajenación del 10% del importe neto de la ganancia".*

El numeral 5 de este artículo permite que gravemos la venta de compañías inmobiliarias (aquellas que tengan más de 50% de su valor en finca raíz).

## Barbados:

El artículo 13 (4 y 5) de Barbados, menciona varios supuestos de exención del gravamen panameño a la venta de acciones por parte de residentes de Barbados. Al ser Barbados un país que no grava ISR en forma significativa, esta es una opción muy usada en nuestro medio para compra de negocios. Este artículo no contempla norma alguna sobre beneficiarios efectivos por lo que añade otra ventaja a su utilización en Panamá para lograr una salida barata a compras de negocios.

## Irlanda:

El artículo 13, numeral 4, permite que Panamá grave la venta de acciones si el residente irlandés posee más de 25 por ciento de los votos, valor o capital social. Sumado a esto debe haber tenido esa participación por un periodo *"menor a 12 meses que preceden a la enajenación"*.

Adicionalmente nos permite gravar a las compañías inmobiliarias si su valor viene en más del 50% de finca raíz.

El tratado con Irlanda posee un *"clawback rule"* de 5 años para evitar que alguien cambie su residencia a Panamá eludiendo el fisco irlandés.

Este es el único tratado firmado por Panamá que reserva el derecho a gravar las ganancias de capital a los exresidentes.

## República Checa:

El artículo 13 (4) del tratado con la República Checa permite que nosotros gravemos la renta de acciones panameñas vendidas por residentes checos.

Quizá por esta razón no fue necesario incluir una cláusula que permita el gravamen de las compañías inmobiliarias siendo este el único tratado firmado por Panamá que carece de la misma.

## 16.4.5. LOB – o el límite de beneficios con TDTs:

Las cláusulas de limitación de beneficios, conocidas como LOB por sus siglas en inglés, buscan dar requisitos adicionales a la mera residencia para acceder a los beneficios del tratado tributario. Esto se hace para evitar que se utilicen compañías conductos para lograr los beneficios que no se hubieran logrado si el beneficiario final fuera el receptor de los fondos.

En 2017, el TAT falló un caso donde la DGi no quería aceptar los beneficios del tratado tributario con Luxemburgo. Esto lo hacía la DGi al decir que la empresa de ese país estaba siendo usada para canalizar ganancias de capital que correspondían a un residente de un tercer Estado. En esto la DGi no negaba que el residente en Luxemburgo tenía, por la mera residencia, los beneficios del tratado. Lo que se debatía entonces era que la compañía de ese país se usaba como conducto para el verdadero receptor de los fondos. Aunque el contribuyente ganó el caso, aquí se argumentó el concepto a pesar de que la cláusula LOB del tratado con Luxemburgo no existe.

Por razones inexplicables, esta cláusula ha sido incorporada a sólo 5 de los 17 tratados panameños.[91] Esto no debe ser limitante para utilizar el concepto en tu DD como una contingencia ya que el fallo que mencionamos arriba versó sobre un tratado que no tiene esa cláusula. Por esta razón, tu rol en el DD debe ser mencionar la posibilidad de que la DGi niegue el uso del tratado aún cuando no exista una cláusula de LOB en el tratado que utilice el target.

Desde la implementación de la cláusula antielusión del Código Tributario, tenemos otro mecanismo para pensar que este sigue siendo un riesgo real, aún cuando no exista cláusula de LOB en el tratado que leas.

---

91 El artículo 27 del TDT con Holanda, artículo 28 del TDT con Italia, artículo 27 del TDT con Sur Corea, Artículo 25 del TDT con Francia, Artículo 27 del TDT con Portugal.

Esto debe ser objeto de una carta de representación donde el *target* te confirme que no existe una sociedad conducto utilizada para canalizar los fondos al beneficiario final.

### 16.4.6. Pago a la DGi como requisito para suscribir nuevas acciones (en reemplazo de las vendidas):

Una vez determinado el monto a pagar, tu rol debe ser asistir en el pago del impuesto a la DGi.

Hay que poner en tu carta post DD que es un requisito sin el que no podrán emitir nuevos certificados que reemplacen los anteriores. Esto debe estar claro en la mente de tu cliente para evitar ser un colaborador ante una posible conducta de defraudación fiscal.

Anteriormente, el *target*, según el artículo 117-C del DE 170 era solidariamente responsable por el no pago de este impuesto. La CSJ, en sentencia de 5 de abril de 2018, declaró inconstitucional este artículo.

Antes de la existencia de esta disposición, el target no tenía responsabilidad por el pago del impuesto dejado de pagar en la compra. Luego de la declaratoria de inconstitucionalidad de este apartado, esto ya no es así. Sin embargo, no dejes de mencionar que todavía constituye en un área de riesgo de percepción (aunque no de legalidad en sí) en tu DD.

En ocasiones tu no has definido quién, dentro de su grupo, será el accionista de la operación objeto de la compra. Tu rol debe ser animar a tu cliente para definir rápidamente quién será este nuevo accionista. Si esta definición no llega a tiempo, documenta, mediante carta de gerencia, la importancia de esta definición.

## 16.5. Fusión:

En Panamá las fusiones se volvieron comunes con la ley 31 de 1991. Esta ley eliminaba la tarifa progresiva del ISR para personas jurídicas y por lo tanto eliminó el incentivo a tener varias sociedades en el mismo grupo. En virtud de esta realidad se dictó la regulación de la fusión que fue el Decreto Ejecutivo 18 de 1994.

De la forma más sencilla en que se pueda explicar la fusión es la confusión de activos y pasivos de una o más sociedades sin que exista liquidación de ninguna de ellas. Esto hace que no exista enajenación de activos como existiría en el traspaso de una sociedad a otra, ni repartición de dividendos como existiría en una liquidación de una sociedad. Tampoco existiría una renta causada al incrementar el patrimonio por condonación de deudas ni traspaso de acciones entre los accionistas de las fusionadas. En ausencia de la fusión, todos estos serían hechos generadores del ISR, ITBMS y el impuesto de dividendos. Piensa el caso donde los accionistas de la sociedad A entregan sus acciones y a cambio reciben, luego de la fusión, acciones de la sociedad sobreviviente de la fusión. En el caso del apartado anterior (compra de acciones) se causaría el 5% de ganancias de capital. En la fusión esto no ocurre.

Escucharás varios tipos de fusiones, pero en esencia existen sólo dos:

1. Por absorción,
2. La que crea una compañía nueva

Pasemos a verlas.

## 16.5.1. Fusión por Absorción:

Si estás haciendo un DD, en una fusión, por lo general, tu cliente absorbe al *target*. De esta forma, la sociedad *target* deja de existir y tu cliente consolidará sus cuentas contables con las suyas.

A esto le llamamos fusión por absorción. Como notarás, el *target* desaparece y el cliente tuyo pasa a tener un tamaño más grande. En una analogía como la que tenemos en la imagen de esta sección, un pez se come a otro más chico y pasa a ser más grande por haber absorvido al pez que se comió.

Esta sería la forma más natural de tener una fusión donde tu cliente adquiera al target. Sin embargo, existen otras formas que pasaremos a ver.

En algún momento, antes o después de este acto, lo accionistas del target cesarán de serlo y tu cliente adquirirá sus acciones.

### 16.5.2. Fusión con compañía resultante distinta a las anteriores:

En otras ocasiones, la fusión tendrá por objeto que tu cliente y el *target* creen una nueva empresa. A esto el decreto de fusiones le llama fusión por "integración".

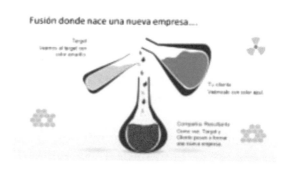

Como notarás de la gráfica que ponemos en esta sección, dos compañías diferentes pasan a formar una tercera. En este tipo de fusiones desaparecen las empresas anteriores. La característica de esta desaparición es que nunca fueron liquidadas las anteriores y continúa la existencia de las obligaciones y activos en la persona de la nueva sociedad.

### 16.5.3. Accionistas del Target en una fusión:

Una vez conoces que el *target* será objeto de una fusión con tu cliente, surgirá esta pregunta: ¿Qué pasa con los accionistas del *target*? Esta es una pregunta que estará en la mente del equipo legal que vea el DD. En la parte tributaria tendrás que pensar en qué contingencias pueden surgir en la fusión y cómo realizar la salida de los accionistas del target de la compañía resultante.

En Panamá la fusión está regulada por el DE18 de 1994. En ese tiempo teníamos tarifas escalonadas del ISR para la persona jurídica.[92] Por esta razón un grupo económico tenía el incentivo de tener varias empresas para no pasar de una tarifa a otra evitando sobrepasar los límites de facturación que subirían de tarifa. Para el año 1992, al entrar en vigencia un flat *tax* para las personas jurídicas, el incentivo desapareció y la fusión se popularizó como medida de consolidar las operaciones en una sola empresa del grupo.

Este decreto sirvió de base para todas esas fusiones y tenía la ventaja de eximir de ITBMS, y del ITBI a las transferencias de activos que ocurran en esa fusión. Esto es un atractivo muy interesante. Tampoco se causa el ISR, el complementario y del impuesto de dividendos en los traspasos que se den en la fusión. La única condición que pone la norma es que el accionista de la compañía *target* reciba sólo acciones por la fusión. ¿Es esto lo único que recibe el accionista del target o hay algo más que pasa de tu cliente al *target*? Esta es una parte donde el fiscalista debe intervenir ya que el motivo del DD debe ser, casi siempre la compra del *target*. En raras ocasiones puede ser genuinamente la adquisición de la empresa por tu cliente, conservándose los accionistas del *target*. Tu rol debe ser determinar esto para poder comunicar la exposición al riesgo tributario en la compra de acciones del *target*.

### 16.5.4. Integración de las cuentas contables en la fusión:

En toda fusión tendrás que colaborar con la integración de cuentas contables. Este es uno de los requisitos del decreto de fusiones y quizá tu cliente te pida llenar la certificación de CPA ordenada en esa norma.

Un área de riesgo es que las pérdidas en la fusión se pierden según el artículo 3 del Decreto.

---

92 La ley 31 de 1991 dio un flat tax para la tarifa del ISR personas jurídicas.

Para esta altura del DD ya has podido ver la utilidad retenida del target. ¿Haz visto la de tu cliente? Si no lo haz hecho tienes la tarea pendiente de saber quién debe ser, desde el punto de vista fiscal, la compañía sobreviviente. Luego de esto deberás enfatizar en respetar los límites máximos de 20% por año y 50% de la utilidad. Estos son los límites permitidos de arrastre de pérdida según vimos arriba en este libro.

Con excepción de la exclusión expresa a arrastrarte las pérdidas de la fusionada, no debe existir una limitante de traer otro de sus atributos fiscales. Estos atributos son exoneraciones, incentivos, aprobaciones para la no aplicación de CAIR, créditos en el sistema de cuenta corriente, etc.

Con la ampliación del sistema de retenciones de ITBMS a los contratistas del Estado, han existido grandes créditos de este impuesto sin compensar. La fusión debería servir para este tipo de aprovechamiento, logrando que el crédito fiscal sea absorbido por tu cliente.

Sin embargo, en el pasado reciente, la DGi ha sido renuente a aceptar esta normativa. Por increíble que parezca, el pasado reciente, nos ha traído desconocimientos de la ley de fusiones vía actuaciones de la DGI que han sido ratificadas por el TAT. Específicamente se han dado casos donde la DGI niega la eliminación de ingresos entre las empresas fusionadas y ordena la sumatoria de los mismos. Matemáticamente esto no tiene sentido pero a veces la DGI funciona con una aritmética distinta a la del resto del mundo. Menciona esto como posibles contingencias.[93]

Una advertencia que debes hacer es que al sumar ambos activos tendrás un impuesto de aviso de operación más grande. Esto lo decimos porque la base del impuesto de aviso de operación sigue siendo el activo neto. Este último es un punto recurrente en las fusiones.

Un tema interesante en la fusión es que tu cliente podrá comprar a accionistas pequeños sin que se cause para ellos la retención del 5% de ganancia de capital. Como limitante el Decreto pone que no sobrepasen el 1% de las acciones de la sociedad subsistente.

Luego de la fusión tendrás que comunicar a varias entidades la desaparición del target como contribuyente. En el Anexo LIII, hemos puesto un listado de las entidades a las que debes comunicar. Puede haber otras y deberás actualizar este listado de tiempo en tiempo.

### 16.5.5. RUC posterior a la fusión:

La DGI debería conservar el mismo RUC a la sobreviviente y pasar los saldos, de las compañías absorbidas.

En el caso de una fusión-creación, se debería tener un RUC nuevo. Este último debe tener como saldos iniciales la sumatoria de los antiguos saldos.

Este trámite nunca ha funcionado bien y será un tema que costará horas a quien sea encomendado en esta misión.

No dejes de informar a tu cliente que este trámite tomará tiempo.

---

93 http://www.momentofiscal.com/TAT%20sigue%20sin%20entender%20que%20no%20todo%20en%20el%20mundo%20lleva%20factura.html

## 16.6. Escisión:

En una escisión, el *target* separa los activos y pasivos que le interesen a tu cliente, constituye una compañía nueva y esa es la que se adquiere. Panamá no tuvo escisiones hasta que la ley 85 se adoptó en el año 2012.[94]

Esta ha sido una forma de reorganización corporativa que se ha popularizado en los últimos años pero tiene como fuerte limitante a los artículos 505-E y 505-F del Código de Comercio. Estos artículos fueron reformados para que el target sea solidariamente responsable con las deudas de la compañía escindida. Esto pone una duda recurrente a este tipo de compras ya que supondría adquirir una entidad que cargaría una rara y poco definida solidaridad.[95] ¿Es tu cliente solidariamente responsable con el *Target* por deudas y pasivos que no te interesan? Esta es una pregunta que el equipo legal del cliente estará evaluando en su DD. En el lado tributario, en tu mente debe estar la pregunta sobre qué pasivo contingente resulte de la escisión y que tenga un efecto en la tributación de tu cliente.

Otra limitante es que el texto indica que los accionistas de la escindida deben ser los mismos que de las compañías que resulten en la escisión. ¿Es tu cliente accionista del *target*? ¿Tolera tu cliente al target como accionista luego de la compra? Por el lado tributario, estos puntos son interesantes para entender que tu cliente tendrá un nuevo socio si la compra involucra una escisión.

En todo caso, la escisión captó mucho interés cuando la ley 85 se aprobó ya que no consideraba enajenación los traspasos de activos de empresa a empresa. Esto ha permitido evitar el pago de ITBI, ITBMS y de ISR en los traspasos de fincas raíz, así como

---

94 http://www.momentofiscal.com/5%20Nueva%20Ley%20de%20Escisiones%20y%20 Reactivaciones%20de%20Sociedades.html
95 El texto dice que las compañías beneficiarias serán solidariamente responsables ante los acreedores (sin término para esta posible obligación).

de otros activos. ¿Pueden estos activos ser comprados por tu cliente vía compra de la compañía escindida? La respuesta es sí, pero la limitante de la solidaridad poco definida vuelve a ser relevante.

Otro punto crítico está en la existencia de un nuevo RUC para la escindida. Aquí está un trabajo adicional que tu cliente tiene que hacer para lograr que existan dos cuentas corrientes después de la escisión. El punto de inicio de este RUC es la comunicación que debes hacer a la DGi de esta escisión. Para esto hay 30 días, luego de los cuales podrá proceder la escisión.

## 16.7. Compra de Deuda:

Una cuarta forma de adquirir entidades puede ser la compra de su deuda. Esto casi nunca será la única forma de pago a los accionistas, pero puede llegar a ser el principal componente del precio.

Pensemos en una entidad que un accionista tiene 100 en capital pagado. Esta misma empresa tiene 10 mil en deuda con un solo acreedor. Ese accionista es deudor solidario de esa obligación, sin posibilidad de honrar este compromiso.

¿Aceptaría ese deudor el pago de 1,200 por su empresa? Si la respuesta es sí, es posible que él mismo sugiera que el pago esté estructurado así:

1. pago de deuda por 1,000 y,
2. compra de acciones por 200

De esto se trata esta forma de compra de empresas y por esto, el componente más grande en la compra de acciones será el pago de la deuda. De esta forma se reduce el 5% a pagar en esa compra. Un hipotético riesgo existe en que la DGi considere gravado con el 5% la totalidad del pago (1200 en nuestro caso), sin embargo, no existen precedentes de un caso como este y existirían pocas dudas sobre la validez de esta división en el precio de compra.

## 16.8. Capitalización y Recompra de Acciones:

Una de las formas tradicionales de comprar empresas en Panamá era capitalizar la entidad para que, con esos fondos nuevos, se recompraran las acciones de los dueños del *target*.

De esta forma se limitaba el impuesto a pagar sólo sobre el excedente entre la recompra de acciones y el monto total de la compra del target.

Esto cambió el año 2010 con una modificación al artículo 106 del DE 170.

En esta norma se prohíbe las reducciones de capital a menos que se pague impuesto de dividendos y el accionista haya saldado las deudas que tenga con la entidad. Con esta norma se elimina el incentivo a esta forma de compra.

## 16.9. Compra de Activos:

La compra de activos es a veces la única opción cuando el *target* ha funcionado como una sucursal en lugar de una subsidiaria. Por esta razón, no hay nada que vender ya que las acciones del *target* no existieron nunca y la operación en Panamá no es independiente de su casa matriz. A esto obedece que siempre escuches que un banco internacional vende la cartera de préstamos a otro banco. Esto se hace, casi siempre, porque ese banco era una sucursal y no una subsidiaria.

En otros casos el *target* sólo tiene activos de importancia. Una concesión o una ubicación buena son lo único que le interesa a tu cliente. En estos casos el cliente puede decidir optar por la compra del activo en lugar de comprar la sociedad *target*.

Un incentivo natural para comprar activos está en la depreciación que podría ser tan rápida como 3 años, según el artículo 52 del DE 170 DE 1993. Como hemos visto arriba, en la compra de acciones, esta depreciación no existe.

¿Por qué entonces no comprar sólo activos y olvidarse de comprar acciones? La respuesta es que comprar al *target* casi siempre significa comprar un "negocio en marcha". Es decir, comprar sus cuentas por cobrar, referencias de crédito, experiencia en licitaciones pasadas, penetración comercial de su marca, etc. Estas cosas, en ocasiones, son intransferibles vía compra-venta de activos.

Si tu *target* opta por esta forma de compra, en este punto será importante definir qué activo se está comprando. Al ser bienes inmuebles, la compra estará gravada con ITBI y el impuesto de enajenación.

En los bienes muebles, la ley 18 te pondría a pagar el impuesto de 10%.

En bienes corporales el ITBMS será relevante. En bienes no corporales (derechos, valores, etc) la retención del 5% será relevante.

Tu asistencia también tendrá que considerar cómo será la depreciación o la amortización de estos activos, así como sus consecuencias tributarias.

## 16.10. Compra de Cartera:

Otra compra de activo es la compra de una cartera o parte de ella. Un banco puede venderte una cartera de préstamos vía cesión de un título valor cuyo subyacente sea esta cartera.

Desde el año 2014 nuestras normas contemplan con más precisión la figura de la hipoteca sobre estos bienes.[96] Esto ha facilitado las compras de este tipo de activos.

---

96 Ley 129 de 2013 que entró en vigencia en enero de 2014.

La misma pregunta que te hiciste en el nombre comercial tendrás que hacerla en este punto.

Adicionalmente, las mismas preguntas sobre amortización de este activo te surgirán y tendrás que comunicarlas en tu DD.

Hace poco participe en la compra de una cartera que un colega estaba haciendo a otro colega que estaba, por jubilarse. En el DD que hice surgió la pregunta de cómo atar los pagos a los cobros que esta cartera produjera. Esto garantizaba que el colega que comprara no tuviese la obligación de pagar por algo que no se materializara en cobros efectivos. Esta fue la oportunidad perfecta de crearnos un título valor que tuviese como subyacente la cartera y sus cobros.

En ocasiones la compra de cartera tiene sentido cuando el gerenciamiento de la misma producirá los cobros necesarios para el pago de la compra. Este mecanismo ha sido común en firmas de contabilidad que compran prácticas de socios próximos al retiro permitiendo garantizar lo siguiente:

1. Que el pago se realizará contra cobros efectivamente hechos. Esto trae aparejada la posibilidad de pagar al vendedor en el tiempo y por lo tanto honrar el impuesto en estas fechas.

2. Que lo que se compra es un activo intangible y por lo tanto no está sujeto al ITBMS.

## 16.11. Compra de Nombre Comercial:

Una compra de activo puede llevar a la compra de un bien no corporal como el nombre comercial. Si tu cliente quiere comprar el nombre comercial o su uso, el tratamiento que esto tendrá es el de uso de propiedad intelectual. El equipo legal estará viendo otras complicaciones, la tuya inicialmente es que no existe valor en libros para este nombre.

Es casi imposible atribuirle (en libros) un valor al nombre comercial ya que es un intangible que creció con el tiempo sin que nadie atribuyera costos y gastos a su creación.

Tu pregunta en este punto será: ¿Es este un valor sujeto a 5% de retención? Es decir, indaga si lo que te venden es un título valor cuyo subyacente es el nombre o marca comercial.

¿Es esto un bien mueble y por lo tanto no está sujeto a la misma? Otra alternativa está en la compra de un bien mueble como tal, sin que sea un título valor, y por lo tanto gravable al 10%.

En forma recurrente surge la pregunta de qué es un bien mueble. La forma más fácil de entender qué es un bien mueble es lo contrario a lo definido en el artículo 325 del Código Civil. Por esta razón, la venta de este nombre comercial será la venta de un intangible y por lo tanto un bien mueble.

Esta determinación la tendrás que hacer junto con el equipo legal que lleve la compra.

## 16.12. Formas de Pago distintas al efectivo:

Es común que el *target* pida pagos en forma distinta al efectivo. Comúnmente existen las siguientes:

1. Repago de una deuda
2. Repartición de un dividendo
3. Pago con propiedad raíz
4. Acciones a cambio de otras acciones
5. Servicios a cambio de acciones.

En el primero de los casos, el target requerirá algún nivel de seguridad de estos pagos y quizá el equipo legal está redactando los documentos que le darán esa seguridad al accionista del *target*.

Por esta razón, puede ser que tu cliente se haya comprometido a pagar un precio por las acciones y asumir el repago de deudas con el accionista en un plazo. El incentivo para tu cliente será poder pagar parte del precio financiándose con el *target*. Para el *target*, el incentivo será que ese repago de deuda no está incluido en el precio de venta y por tanto no está, en la mente de él, sujeto a retención.

En el repago de la deuda, debes mencionar la contingencia que tuvimos arriba. Debes preguntarte: ¿Hasta dónde este repago será un repago a accionista? ¿Al perder la condición de accionista se queda libre de este artículo? Esas son las preguntas que tendrás que responder y documentar.

Debes añadir también la contingencia que tuviste en el apartado sobre perdón de deuda. Este préstamo debe ser sujeto al ITBMS ya que el target, probablemente, no es una institución financiera.

De esta forma tendrás que cubrirte del ISR y del ITBMS en esta transacción.

En el pago de dividendos, debes recordar que la declaración detona el impuesto. Recuerda que el *target* quizá quiera alguna seguridad sobre el pago de este y por lo tanto, su equipo legal querrá lograr esta declaración. Por esto tendrás al impuesto de dividendos como una contingencia.

¿Qué pasa si el *target* pide otra cosa a cambio de sus acciones (distinta a repago de deuda o repartición de dividendos)? Aquí tendrás que recordarle al target que el 5% de retención ocurre aún cuando el pago no haya sido satisfecho en metálico. Tendrás, en estos casos, que calcular el precio de lo pagado en especie y sobre esto practicar la retención del 5%. Lo mismo ocurre en el pago de ITBMS que, de realizarse un cambio de acciones por algún bien mueble, deberías considerar el pago de este impuesto.

En ocasiones, cuando la compra de acciones se paga con otras acciones. En estos casos tendrás que advertir que tanto comprador como vendedor invierten sus roles en ambos lados de la transacción. Como resultado se tendrán que hacer 2 declaraciones de ganancia de capital.

Otra forma de pago puede ser mediante propiedad raíz. En estos casos tendrás que declarar una venta de propiedad raíz y otra de venta de acciones.

Una quinta forma de compra de acciones está en la prestación de servicios. Esto es, en alguna forma común, con personal clave que se quiere retener y se le promete acciones a cambio de trabajo. Estos casos con casi siempre marginales pero es importante tener en cuenta hasta qué punto aplican las normas laborales y las retenciones de ISR y CSS.

En tu rol como fiscalista debes informar estas posibles contingencias sabiendo que el precio de compra pudo haberse pactado, sin precisar la forma en que este pago se hará. Si no se ha definido la forma de pago, documenta que no participaste en el impacto fiscal de este ítem. Esto te dará una oportunidad perfecta para que toques base con tu cliente, de tiempo en tiempo, para dar seguimiento a este tema.

## 16.13. Memo resumen de impacto tributario de esta compra:

En esta fase del DD, da mucha claridad poder resumir las obligaciones fiscales que se pagarán en cada modalidad de compra.

Aquí debes tener presente que en algunas ocasiones no existe ITBMS (bienes no corporales) en otras ocasiones no tendrás retención de 5% (al no comprar acciones), o en otras tendrás que pagar el ITBi.

Haz un resumen sencillo que liste estos escenarios diferenciados. Reserva un lugar para listar qué montos pagará el target

| | Venta de Acciones | Venta de Activo (bien corporal mueble) | Venta de activo (bien no corporal) | Venta de Finca |
|---|---|---|---|---|
| Precio de Compra | | 100 | 100 | 100 | 100 |
| Costos y Gastos | | 2 | 80 | 80 | 80 |
| Ganancia Neta | | 98 | 20 | 20 | 20 |
| ISR | | 5 | 2 | 2 | 7 |
| ITBI | | 0 | 0 | 0 | 2 |
| ITBMS | | 0 | 7 | 0 | 0 |

Cálculo de ISR a pagar en la compra

y cuales retendrá tu cliente.

Tu rol no necesariamente será recomendar cuál opción escoger, sino informar las consecuencias fiscales de la decisión que tu cliente tome.

Otro ítem a tomar en cuenta, son los plazos para honrar estos compromisos. Lista en tu tabla un apéndice de estos tiempos para que te sirvan de base en tus documentos de trabajos y para informar a tu cliente qué fechas debes tener en cuenta.

Junto con los plazos, lista los formularios que deben llenarse en cada escenario. Es fácil par a tu equipo atar un escenario a un formulario en especial. No será igual de fácil para tu cliente hacer esa asociación.

Otro tema a listar es qué cosas hereda tu cliente luego de la compra. ¿Hay algún beneficio en la compra de un activo que luego será depreciable en el tiempo? ¿Por el contrario compras un activo muy caro y por lo tanto pagarás un impuesto de inmueble elevado? Toma un momento para listar estos impactos.

Lo mismo ocurre con errores que deben evitarse una vez se adquiere el *target*. En esta etapa se debe tener especial cuidado de los decretos de fusión y escisión donde se ponen limitantes que pasaremos a analizar junto con varios ítems recurrentes.

## 16.14. Acuerdos con la Banca y otros acreedores:

Todo banco impone como condición que el negocio no sea vendido sin su consentimiento. Esto es usual porque no se quiere tener otro deudor sin por lo menos analizar su solvencia, integridad y reputación.

En el texto de esta columna hemos incluido una obligación bancaria standard en Panamá. El equipo legal del que haga el DD estará analizando este tipo de obligaciones. Pide un detalle que te permita entenderlas con el objeto de evitar sugerir reorganizaciones que riñan con los acuerdos que haya pactado tu cliente o el *target*.

Este debe ser el punto de partida que tengas para sugerir qué figura de reorganización tendrá el grupo de tu cliente luego de la compra.

Pregunta expresamente a tu contraparte y a tu cliente si existe alguna limitación o covenant que limite fusionar o escindir la sociedad target.

## 16.15. Retenido:

Un tema recurrente es el depósito que debe dejar el *target* para responder por posibles contingencias. Este depósito puede llegar a ocurrir por el interés del cliente en cubrirse por eventos futuros de los que el *target* ha dejado de informar. Mucho de este retenido tendrá que ver con las posibles contingencias que hallas podido encontrar tú en la parte fiscal y cualquier otro

...

**Décima:** Salvo que medie notificación previa y escrita al Banco, el deudor se obliga a no fusionarse, escindirse, vender sus activos, licenciar su nombre comercial y en cualquier otra forma realizar reorganizaciones corporativas que tengan como resultado cambios en la titularidad de los activos fijos y la utilidad retenida.

...

que haya participado en otras etapas del DD.

Es común que este retenido esté en un *escrow account* por un término de tiempo que está ligado a la probabilidad que ocurran contingencias producto de la gestión que el target hizo antes de la compra.

El posible uso de esta figura genera posibilidades de rebaja en el precio de compra y, por lo tanto, da a tu cliente una buena posición en su negociación.

**¿Fiscalmente qué es este retenido?**

Es importante saber que fiscalmente este retenido continúa siendo parte del precio de venta. Por lo tanto, en principio, debe tener el mismo tratamiento que la operación principal.

## 16.16. Cartas de gerencia:

La carta de gerencia es un documento que usa el contador para manifestar algún punto accesorio al procedimiento. Si haces una auditoría tu dictamen será el trámite principal. Puede ser y se espera de ti que comuniques otras cosas que has visto y creas que pueden mejorar el control interno de la empresa. Estas comunicaciones son las cartas de gerencia.

En un DD también se espera de ti que comuniques los puntos que ves vía carta de gerencia. Esto no es parte de tu entregable.

Por años las firmas de auditores han puesto más atención a las cartas de gerencia que puedan generar los senior de auditoría que los diplomas que hayan logrado.

Tu rol como fiscalista debe ser documentar, vía carta de gerencia, las contingencias que has podido identificar.

Revisar tus cartas de gerencias te dará, meses o incluso años después, la oportunidad de vender servicios a tu cliente y añadirle valor a su operación.

## 16.17. Cambio de Forma Corporativa:

Una de las formas de reorganizar la empresa será cambiar su forma corporativa de SA a SdeRL. Esto tiene poco o ningún efecto fiscal en Panamá, sin embargo, en los Estados Unidos las implicaciones de la normativa *"check the box"* hacen relevante el uso de una forma corporativa que no sea clasificada en sus leyes como una compañía *"per se"*. Esto fuerza a usar una entidad distinta a la SA ya que estas están consideradas como una *"per se corporation"* según las disposiciones americanas.

Una segunda razón para usar una SdeRL es la posibilidad de listar en forma pública sus accionistas. Esto último puede ser parte del confort *letter* que daría tranquilidad a tu cliente para luego proceder a la compra del target. Si esta es la única razón para transformar la SA a una SdeRL, es probable que desaparezca la razón de este cambio una vez el target sea adquirido y tu cliente desee migrar de vuelta a la SA.

No existe posibilidad de cambiar una SA o una SdeRL a una sociedad civil. Esto es una fuerte limitante para algún tipo de transacción que te podrás encontrar en fusiones que involucren prácticas profesionales. Es habitual que estas prácticas funcionen de esta forma y por lo tanto deberás considerarlo en tu DD.

Tampoco existe posibilidad de migrar una sucursal a una SA. Esto, aunque parece un tema muy básico, ha sido recurrente en DDs que involucran sucursales.

## 16.18. Accionistas minoritarios:

A diferencia de otros países, el nuestro no tiene una disposición expresa que permita la compra forzosa de los accionistas minoritarios.

Este es un tema recurrente en los DDs porque el comprador, en ocasiones, quiere controlar la totalidad de las acciones del *target*. También es una preocupación porque hay legislaciones que requieren, bajo ciertas circunstancias, la participación de los empleados en los dividendos de la sociedad.

Tu rol será comunicar que no existe forma de eliminar la participación de accionistas minoritarios ya que pondrá una seria limitante a quienes quieran lograr un control total del *target*.

Como una excepción a esto, podrás notar pactos sociales que te permiten la compra forzosa (o casi forzosa). Trata de revisar esta posibilidad.

## 16.19. Pasos de un acuerdo que progresa:

En ocasiones, tu entregable morirá en una serie de hallazgos y nunca más sabrás del *target*. Esto puede deberse a que se decidió no comprar la empresa o existió otro comprador con mejor oferta. En las veces en que el acuerdo sí proceda, tendrás que asistir a los abogados en la serie de documentos que se redactarán en la fase anterior y post compra. Uno de estos documentos debe ser:

1.  Acuerdo de comunicar los hechos relevantes que ocurran en el periodo anterior a la compra.
2.  Acuerdo de no alterar la posición fiscal del *target*.
3.  Acuerdo de colaborar en la fase postcompra.

La mayoría de las veces estos tres acuerdos forman parte de un contrato principal que estará redactando el equipo legal que vea el DD.

La compra pudo haberse acordado ya sin que el control del target haya sido cedido a tu cliente. Por eso tu cliente querrá conocer lo que está pasando en la empresa y lograr hacerlo sin que esta se detenga. ¿Te imaginas que el *target* no envíe un CAIR por estar esperando a la "nueva administración"? o, ¿Te imaginas que el *target* no presente el reporte mensual de sueldos al SIPE hasta que llegue el personal de tu cliente? Esto es exactamente lo que debes revisar en conjunto con quien redacte los documentos de compra del *target*.

En el caso ideal deberás lograr que la administración del target permanenezca en su lugar hasta que tu cliente haya tomado el control de la entidad.

En ocasiones tendrás que colaborar con la presentación de formularios mensuales como ITBMS, SIPE, ISC y otros en la fase intermedia entre la compra y la ejecución de la misma. Tu rol en esa fase será garantizar que el cierre de mes se realizará con el menor riesgo para tu cliente.

Tu primera prioridad ante esta requisición es garantizar que tengas la posibilidad real de prestar este servicio. En ocasiones, tu equipo es tan especializado que no tiene la capacidad (y a veces la voluntad) de montar un formulario de ITBMS antes del 15 y coordinar para que hagan un pago de ese impuesto. En firmas contables puede ser que este rol lo lleve un departamento de BPO donde no tendrán interés en tener un cliente por un tiempo corto.

Por esta razón, tendrás que decir con rapidez si puedes o no asistir a tu *target* en esta fase. Rara vez se entenderá que tu firma no pueda dar este servicio. Sin embargo, debes decirlo con tiempo y cambiar tu *engagement* a "revisión" del formulario en lugar de "confección del mismo".

Si esto ocurre, debes dejar claro cuándo, en el mes, necesitarás este formulario. De no *setear* este *deadline*, tendrás al *target* enviándote el formulario de ITBMS el mismo 15 a las 4:55, lo que será una receta para no cumplir con las expectativas que te trazaron.

Tu segunda prioridad debe ser dejar claro qué cosas podrán afectar la posición fiscal del target en forma tal que no puedan ser cambiadas por el comprador. Esto casi siempre debe reflejarse en un *convenant* de no presentar solicitudes de devolución de impuestos, consultas *adiministrativas*, rectificativas o exoneraciones sin el consentimiento de tu cliente.

Tu tercera prioridad debe ser listar las obligaciones que tendrá el accionista del target en la fase post-compra para garantizar la buena marcha fiscal de la empresa. Esto debe incluir la firma de formularios en el periodo que va de la compra a la fecha en que formalmente se materialicen los cambios de firma en el target. Una vez tengas esta lista, tu rol debe ser pedir una carta de representación al target validándola.

Un consejo que deberás seguir al cumplir estos puntos es no abrumar al personal del target con una serie de tareas que hagan impráctica la venta. En ocasiones la venta se puede caer, no por el precio, sino por la cantidad de papeles, representaciones y compromisos que tuvo que aceptar el target.

# 17. Cosas que jamás deben decirse en un DD:

He querido reservar un espacio para cosas que deben evitarse en un DD. Algunas de esas cosas se refieren a nuestro comportamiento y otras a nuestras palabras.

Advierte al personal sobre cuidarse de ser atendido demasiado bien. Recuerdo haber atendido revisores, en la firma donde me formé y recibir la instrucción expresa de llevarlos a almorzar "...al restaurante ese que está en el piso 4 de las exclusas de Miraflores...". Como profesional joven, no entendía la profundidad de la sabiduría del que me mandó a ese almuerzo hasta que me tocó verlos tomarse fotos en el canal por 1 hora, ir al museo del centro de visitantes otra hora y atravesar todo el tráfico de la ciudad para regresar a la oficina. El reloj marcaba las 4:35 y fue la única vez que me felicitaron por llegar tarde. Ese año, mi firma fue una de las mejores evaluadas en toda la región. No sé qué de ese puntaje era atribuido a que el revisor no tuvo tiempo para completar la revisión o sencillamente estuvo influenciado por el buen ánimo que traía encima.

Por favor, asegúrate que tu equipo almuerce una hora. Rechaza invitaciones a lugares lejanos que tendrán la intención de hacerte perder la tarde entera.

Otro punto de importancia, es saber que nadie se vuelve bonito en medio de un DD. Si de alguna forma las muchachas más bonitas del *target* son las que tienes al frente, ten por seguro que no es porque has pasado de patito feo a cisne.

Esa distracción te restará tiempo del DD. Pide, en lo posible, que tu personal no tenga contacto con el personal más atractivo del *target* y si lo llega a tener, recuérdales que el único contador que pasó de feo a bonito fue Betty, la de la novela colombiana.[97] Recuérdate a ti mismo, y a tu personal, que esto pasó en medio de una novela y no en medio de un DD.

Luego de esto, ten presente cinco cosas que jamás se deben decir en un DD.

## 17.1. Tu gerente de contabilidad no es muy bueno:

Una vez escuché que en la medida en que aumentas las velitas que apagas en tu cake de cumpleaños, disminuyen los pepinos que te importa lo que digan los demás de ti. Este dicho puede sonar bien, pero no es verdad. Siempre puedes herir a alguien al decirle, con razón o no, que no es bueno.

Evita, hablar mal del personal del *target*. Asegúrate que tu equipo tenga esta instrucción clara.

---

97 Betty La Fea, fue una novela colombiana de los años 90s. La historia giraba en torno a Betty, una contadora que se enamora del dueño de la empresa donde laboraba. En el

Recuérdate a ti mismo y a tu personal, que el Código de Ética del contador nos obliga a mantener cortesía profesional en sus artículos 31 a 38. Esto no es excusa para esconder las faltas de un colega pero sí es una obligación de tratarlo con respeto.

Recuerda siempre que la tributación no es la prioridad de la empresa y las debilidades que encuentres no significan que el auditor del *target* no sabe esto o aquello. En ocasiones, las cosas que están mal en el *target* corresponden a falta de liquidez para pagarle a la DGi, a decisiones corporativas erradas o a planificaciones hechas por terceros ajenos al departamento contable.

Si revisas las listas de socios en las firmas de auditoría del Panamá de hoy, encontrarás varios que en su momento fueron gerentes de contabilidad de bancos y multinacionales. Esos puestos sirven de semillero y vitrina para saltar a la posición de socio en las firmas grandes.

Ellos en su momento fueron responsables por errores que alguien pudo criticar, incluso juzgar. ¿Cómo te sentirás llevándole tu CV al *managing partner* que despreciaste porque "no sabía" de impuestos?

Recuerda que quizá el *target* hoy es parte del cliente mañana. Mucho de la compra de un negocio tiene que ver con la gente que está detrás de su operación. Si alguien quiere comprar al target es probable que haya visto calidad en su equipo contable o su gerente financiero. No te sorprendas que el personal del target se acople perfectamente bien al equipo contable de tu cliente.

¿Cómo le mandas una propuesta a un cliente al que llamaste.. "no muy bueno"?

---

transcurso de la serie cambia de ropa, va al salón de belleza y termina siendo una mujer muy simpática. Hasta el día de hoy es el único caso reportado de un contador que pasa de feo a bonito.

## 17.2. Tu auditor no sabe de impuestos:

Tú y tu equipo deben saber más de impuestos que el auditor del target. Eso no debe estar en duda porque si no lo fueras, no estuvieras haciendo el DD. Por tal razón, no tienes necesidad de decirlo.

A tus manos llegarán documentos elaborados o dictaminados por colegas que casi invariablemente serán expertos financieros. Los EEFF y la renta que recibas, pueden haber sido hechas por profesionales que no son tributaristas sin que esto represente una deficiencia.

Recuerda que las auditorías, al igual que los libros, son financieros, no tributarios. Este fue el sesgo que tomó el que los preparó.

En muchas ocasiones que recuerdo, el auditor que firmó un EEFF que usamos en un DD terminó siendo competencia, y pudo criticar nuestro trabajo. La elegancia con la que lo tratamos fue la misma con la que nos trató más adelante a nosotros. En países chicos como Panamá, tienes garantizado encontrarte con tus colegas en más de una ocasión en tu vida profesional. Trátalos bien, o te arrepentirás de no haberlo hecho.

Adicionalmente, el Código de Ética, nos fuerza a tener una cortesía profesional que nos obliga a no juzgar a otro colega. Si de todas maneras quieres juzgar a tus colegas, estudia derecho y métete a juez.

## 17.3. Eso hasta un estudiante lo sabe:

Es natural que en un DD notes algo que no está bien. Esto es lo que te han contratado para hacer y eres, por lo menos en teoría, un experto. Esto te podrá llevar a juzgar al que creas responsable del error.

En un procedimiento (que no era un DD) recuerdo haber cuestionado la razón de no retener ISR en una transacción.

Era el año 2005 o 2006. Mis conocimientos en tributación internacional eran lo suficiente como para haberme ganado el respeto en la oficina donde trabajaba y quizá también en el cliente. Alguien mencionó la existencia de un tratado tributario entre Panamá y ese país como la razón de la no retención. Si no recuerdo mal las palabras exactas del licenciado que me conversó fueron *"... un tratado tributario de... de aviación o algo así ..."*.

Yo había estado 1 año entero estudiando tributación internacional al más alto nivel. Recuerdo haber pasado por un riguroso curso de tratados tributarios donde la crema y nata de la tributación internacional dictaba las clases. En el momento que escribo este libro, mi universidad está listada entre las 100 más prestigiosas del mundo[98] y su facultad de derecho entre las 25 más prestigiosas.[99] Recuerdo que nadie mencionó nunca la existencia de tratados tributarios firmados por Panamá. Recuerdo haber consultado al IBFD de Holanda que tampoco tenía este tratado en su lista. Era imposible que el IBFD de Holanda no hubiera notado la existencia de un tratado tributario. Era imposible que haya repetido mil veces que no existía tratado tributario entre Panamá y otro país. Sencillamente la persona que me lo decía estaba equivocada.

Unos días después recibí el tratado de *"aviación o algo así"* entre Panamá con Bélgica.[100] Ese tipo de tratados son muy breves, no siguen el modelo OCDE y no son estudiados en los pensum académicos de las maestrías de impuestos. Por eso, nunca nadie me habló en Leiden de la existencia de estos tratados. Al momento en que se escriben estas líneas, el site de la DGI no lo lista como un tratado tributario.[101] Sin embargo, era indudable que un tratado es un tratado. Si el texto del tratado tiene que

---

98 https://www.timeshighereducation.com/world-university-rankings/leiden-university
99 https://www.timeshighereducation.com/world-university-rankings/2018/subject-ranking/law#!/page/0/length/25/sort_by/rank/sort_order/asc/cols/stats
100 https://www.gacetaoficial.gob.pa/gacetas/15569_1966.pdf
101 https://www.gacetaoficial.gob.pa/gacetas/15569_1966.pdf

ver con un impuesto debe ser un tratado de impuestos. ¿Quién era yo para cuestionar que eso no era un tratado tributario? Más allá de eso. ¿Quién era yo para decir que no se retenía en una transacción donde un tratado eximía la remesa?

Jamás he vuelto a estudiar 1 año entero absolutamente nada. A mi edad, no creo que lo haga. Sin embargo, esa única reunión me demostró que puedes pasar 1000 años estudiando algo sin llegar a saberlo todo. Años después, cuando creé Momento Fiscal, llegué a cometer el mismo error. Hice una página dedicada a los "Tratados Tributarios" firmados por Panamá sin tomar en cuenta ese tratadito que una vez desprecié.

Nunca desprecies el conocimiento del *target* ni creas mucho del tuyo. Participarás en DD donde estarás convencido que algo estaba mal hasta que alguien, a quien no tomes por fiscalista, saque una ley que decía algo que no sabes.

Jamás digas que ... "eso hasta un estudiante lo sabe" porque quizá el estudiante terminarás siendo tú.

## 17.4. Si aquí llega la DGi hay que entregar la llave…:

Eres contador. No adivino. Recuerda que jamás sabes si la DGi va a algún lugar, ni tampoco sabes qué encontrará si lo hace.

Una vez oí al director de ingresos decir que iba a cerrar una empresa. Ese director era particularmente bocón y era evidente que había sido el chiquillo gordito de la escuela al que todo el mundo le hacía lo que hoy llamamos *bullying*. En ese momento, con el poder que le daba ser director de ingresos, veía la oportunidad de ejercer la autoridad que la vida le había negado desde chiquito. Por esto, amenazaba a todos y quería proyectar la imagen de chico malo que siempre ansió tener.

Esto causó que entrara a la empresa de la forma más grosera que yo haya visto. A esta grosería le añadió amenazas. Esto causó gran preocupación en la empresa. La contadora, a quien conocía bien, puso a circular su CV para buscar nuevo trabajo.

Pasaron los meses y la auditoría, no sólo no acabó, sino que los auditores se retiraron de la empresa sin acabarla. Por mucho tiempo no se supo más de la auditoría.

Luego de más de un año vino un alcance. Ese alcance no hubiera cerrado la empresa, pero, de todas formas, la calidad del mismo era tan deficiente que el alcance se reconsideró. Luego de 7 años la DGi no había ni siquiera emitido el fallo en reconsideración y el bocón que había amenazado a la empresa, terminó preso por corrupto.

Esto me enseñó que ni siquiera el director de ingresos puede saber lo que diga la DGi. Tampoco dependerá de él cuando la DGi lo diga. Momento Fiscal hizo una estadística donde determinó que para el año 2014 la vía gubernativa demoró 36 meses.[102] Esto es el tiempo que pasa entre un alcance de la DGi y un caso en el TAT. Por tal razón, el caso podrá incluso llevarse a la Corte y en ese lugar dormirá un término de tiempo similar.

Con esos plazos tan largos, ni el que sea director de la DGi podrá saber cuándo un alcance deberá ser pagado por una empresa. Menos lo puedo saber yo o cualquiera que entre a hacer un DD. Esto te debe enseñar que tu DD no es más que una opinión. Nunca será ciencia exacta.

## 17.5. Esta compañía está por quebrar:

Una herida que jamás se cierra es esta. Nunca digas que la empresa está por quebrar. Las empresas, al igual que las personas, siempre tienen alguien que los quiere. Usualmente el personal de muchos años desarrolla amor por la empresa que les ha dado trabajo.

---

102 http://www.momentofiscal.com/MuseExport/via-gubernativa-demoro-36-meses-en-2014.html

Esta empresa, al igual que las personas, tienen un ciclo de vida. Algunas lograron grandes éxitos comerciales en el pasado pero una decisión corporativa hizo que cerraran en el país. Si hablas con un banquero viejo, te dirá que el banco tal y cual llegó a tener 500 empleados en Panamá. Con orgullo te dirá que él empezó de cajero y terminó siendo gerente de tal y cual departamento. Esos bancos tuvieron su ciclo de vida, nacieron, crecieron y alguien en Nueva York decidió que no les interesaba seguir con la operación en Panamá. ¿Importan esas glorias del ayer en el sector bancario de hoy? Para el 99.9% no, pero quizá estás hablando con el 0.01% al que sí le importan.

Recuerdo, en mi profesión, a colegas que hablan de la vieja Arthur Andersen o cuando sólo éramos Coopers and Lybrand. Esos nombres no dicen mucho a las nuevas generaciones, pero lo dicen todo a quienes se formaron en esas empresas. Todavía estoy en un grupo de *whats* app con el título "Deloitte – Piso 21". ¿Te dice algo ese nombre? No me respondas. Yo no quiero escuchar tu respuesta. Yo sé que para mí ese nombre representa algo porque fue ahí donde aprendí más de la mitad de las cosas que me generan plata hoy.

Si la empresa está por quebrar es como si una persona está por morir. ¿Tienes que recordarle a un ser querido que su abuelo de 100 años está por morir? Al desaparecer una empresa que te dio trabajo se va el logo, la marca, el nombre y sólo quedan los recuerdos. ¿Te pasa eso cuando se muere un familiar? Si la respuesta es sí, entonces te pasará lo mismo cuando se vaya la empresa que te dio de comer.

Recuerdo una auditoría, no un DD, donde se usó una expresión similar. A los años, esa empresa se convirtió en líder de ese mercado y, la firma donde laboraba, no atendió esa cuenta más. Nunca sabré si lo que escuché en esa conversación fue la razón por la que no atendimos más a ese cliente.

# 18. Finalización del DD – Evaluación del Procedimiento:

No termines tu DD sin evaluar que se hizo bien o qué se hizo mal. Pon a tu equipo a pensar qué cosas se aprendieron en este procedimiento. Los educadores hablan de varios tipos de evaluación. Todas empiezan con saber qué quieres evaluar. ¿Te interesa ahorrar horas en el próximo DD? ¿O tu interés es que alguien en el equipo asuma más liderazgo en el futuro DD?

Los educadores hablan de un normo tipo. Ellos se refieren a un referente de comparación, que puede ser interno o externo. Define tu normo tipo. ¿Puedes compararte con un DD anterior? Ahí tienes tu normo tipo interno. Esto sería lo ideal. Si no puedes encontrarlo trata de buscar un DD hecho anteriormente por la firma donde laboras. Trata de ver qué tan extenso fue en horas en comparación con el tuyo.

Calcula qué cosas no pudiste hacer y las razones por las que no se hicieron. No dejes de hacerte a ti mismo la siguiente pregunta: ¿Si te hubieran dado una semana más hubieras terminado? Contéstala en un pedazo de papel y guarda la repuesta para tu próximo DD.

## 18.1. Autoevaluación:

Trata de hacer una autoevaluación. Mira en qué fallaste y por qué. Trata de listar las fallas de menor a mayor y esfuérzate por no buscar un culpable.

Trata de pensar en qué orden diste a tu personal que no se cumplió y qué orden no diste y hubieras aprovechado más al darla.

Mientras hagas esta autoevaluación no converses con nadie ni se la compartas, físicamente, a nadie.

Guarda esta autoevaluación para tu próximo DD. Piensa que te estás mandando una carta, a ti mismo, para que la recibas en el futuro. Ábrela en tu próximo DD.

## 18.2. Heteroevaluación:

Luego haz una heteroevaluación. Pregúntale a tu equipo como se *rankean* en este *engagement*.

Usa por lo menos las siguientes preguntas y escucha sus respuestas:

1. Qué hicimos bien en este engagement,
2. Qué hicimos mal en este engagement,
3. Qué cosas hubiéramos hecho si hubiéramos contado con una semana más,
4. Qué cosas no entendió el target de nuestros requerimientos,
5. Qué cosas el cliente no entendió de nuestro engagement,
6. Qué aprendimos en este DD.

Mientras escribía este libro pensé qué pediría si tengo que hacer otro libro como este. Se me vinieron a la mente las palabras del Presidente Kennedy cuando dijo que no preguntaras lo que el país podía hacer por ti, sino lo que tu podías hacer por el país. Luego se me vino a la mente que yo no soy, Kennedy, yo soy Urbina. Yo sí puedo preguntarme qué cosa pedir. Tu personal también tiene derecho a pedir herramientas para el próximo DD.

Pregúntales esta última pregunta: ¿qué cosa necesitan para un próximo DD?

Por último, si la oportunidad se da, pregúntale a tu cliente qué cosas le hubiera gustado escuchar.

Trata, cada vez que acabas un DD de ver las cosas que hiciste desde otra perspectiva. Esto te hará comprender que cada vez que creas entender algo verás que hay cosas por aprender.

El Anexo LV trata de resumir estos puntos.

# 19. Conclusión:

He disfrutado tanto escribir este libro que no me gustaría concluirlo. Me gustaría que la conclusión la des tú mismo. Esa conclusión comiénzala comprando algo. Recuerda que empecé este libro preguntándote si habías comprado un carro usado. Al terminar de leer este libro trata de comprar cualquier cosa usada y trata de entender qué preguntas debes hacer en la negociación. No pierdas la oportunidad de preguntar y pensar antes de hacerlo. Esto te dará una buena práctica para DD en el futuro.

Si has leído este libro te darás cuenta que el proceso de Due Diligence no debe ser extremadamente complicado. Si tuviera que pedirte que hagas algo después de leer este libro es repensar qué falló en tu último DD. ¿Fue falta de conocimiento?, quizá fue falta de organización?, o ¿falta de un modelo? Al responderte esta pregunta trata de atacar estos puntos de primero en tu próximo DD.

En adición a temas técnicos quiero que tengas en mente tu forma de relacionarte con tu equipo y con tu cliente. Estas son dos cosas fundamentales que te ayudarán a relacionarte con un tercero (el *target*).

Por último, quiero que guardes este libro para el futuro. Me gustaría mucho, si llegamos a conocernos, conversar contigo sobre lo que escribí y espero que las cosas que aquí escribo te puedan servir.

# Abreviaturas:

**Balance**: Balance de Situación

**CAIR**: Cálculo Alternativo del Impuesto sobre la Renta

**CF**: Código Fiscal

**COPA**: Compañía Panameña de Aviación, S.A

**CPA**: Contador Público Autorizado

**CSS**: Caja del Seguro Social

**CT**: Código de Trabajo

**CxC**: Cuentas por Cobrar

**CxP**: Cuentas por Pagar

**CSJ**: Corte Suprema de Justicia

**DD**: *Due-Diligence*

**DE**: Decreto Ejecutivo

**DGI**: Dirección General de Ingresos

**DR**: Declaración de Rentas

**EEFF**: Estados Financieros

**ETAX**: Sistema informático de la Dirección General de Ingresos.

**EEUU**: Estados Unidos

**FCPA**: Foreign Corrupt Practices Act

**GR**: Gastos de Representación

**IBFD**: Oficina Internacional de Documentación Fiscal (en inglés, "International Bureau of Fiscal Documentation")

**IBI**: Impuesto de Bienes Inmuebles

**ISR**: Impuesto sobre la Renta

**ITBMS**: Impuesto de Transferencia de Bienes Muebles y prestación de Servicios

**JPG**: Grupo Conjunto de Expertos en Fotografía,(en inglés,

*"Joint Photographic Experts Group"*); formato de imagen.

**MITRADEL**: Ministerio de Trabajo y Desarrollo Laboral

**MUPA**: Municipio de Panamá

**NDA**: Acuerdo de No Divulgación (en inglés, "Non-Disclosure Agreement")

**NIA**: *Normas Internacionales de Auditoría*

**NIIF**: Normas Internacionales de Información Financiera

**NIT**: Número de Identificación Tributaria

**PAT**: Pagos A Terceros

**PDF**: *Portable Document Format*, (en inglés, "Formato de Documento Portátil")

**PPT**: *Power* Point

**PT**: Precios de Transferencia

**RRHH**: Recursos Humanos

**RUC**: Registro Único de Contribuyente

**SIPE**: Sistema de Ingresos y Prestaciones Económicas

**SOX**: Sarbanes- Oxley Act

**USGAAP**: Principios de Contabilidad Generalmente Aceptados (en inglés, "Generally Accepted Accounting Principles")

**VPN**: Red Privada Virtual (en inglés, "Virtual Private Network").

# ANEXO I - MATERIALIDAD

| | |
|---|---|
| **General** | **PT 2** |
| Target expresó preferencia por materialidad: | Utilizarás un criterio numérico en tu materialidad: |
| Sí ☐   No ☐ | Mucho ☐   Poco ☐   Nada ☐ |
| Qué test marcó más riesgoso: _____ | Es consistente esto con el precio de compra del target: |
| _____ | Sí ☐   No ☐ |
| Tu juicio profesional acepta esto como un elemento de materialidad: | Está basada esta materialidad en algún cálculo aritmético: |
| Sí ☐   No ☐   NA ☐ | Sí ☐   No ☐ |
| En caso de ser NO qué posición explique porqué: _____ | Expliqué cuál fue este cálculo o la razón para no hacer cálculo: _____ |

# ANEXO II - FIJACIÓN DE MATERIALIDAD:

Fijación de materialidad en DD:

De:

Para:

Ref: Fijación de la Materialidad – Proyecto ABC

_____

Nuestro juicio indica que el impuesto de más riesgo es el IMPUESTO _____.

Este impuesto tiene como pago anual US$ _____.

Por consecuencia nuestra materialidad se fija en 25% de esa cantidad lo que representa: US$ _____.

# ANEXO III – FIJACIÓN DE PERIODO CUBIERTO

## Fijación del periódo cubierto

### General

Target tiene política de archivo y posterior destrucción de información:

Sí ☐　　No ☐

Cuánto tiempo se mantiene el archivo: _____ años.

Quién determina la destrucción del archivo _____

Coincide este plazo con algún propósito fiscal:

Sí ☐　　No ☐　　NA ☐

Qué posición tiene el target para cubrir contingencias fiscales que exceden este término de destrucción: _____
_____

### PT 2

Según tu juicio por cuantos años podrás encontrar información:

1 año ☐　　5 años ☐　　10 años ☐　　Más de 10 ☐

Fijarás tu materialidad en los años en los que el target guarda archivo:

Sí ☐　　No ☐

Tu cliente está de acuerdo con esta fijación:

Sí ☐　　No ☐

Expliqué cuál fue este cálculo o la razón para no hacer cálculo: _____
_____

# ANEXO IV – CHECKLIST DE PROPUESTA

## Checklist Propuesta (1)

### Parte I

Para quién se hace el procedimiento: ☐

Fuerte limitación de Responsabilidad ☐

Honorarios: ☐

Forma de Pago de Honorarios: ☐

Salvedades al Servicio: ☐

Alcance del trabajo a realizar: ☐

Lugar donde se hará el DD: ☐

### Parte II

Periodo cubierto en el DD: ☐

Deadlines: ☐

Dline en el que no se podrá terminar: ☐

Forma de terminación del contrato: ☐

Duración del Servicio: ☐

Qué requerimos del Cliente: ☐

Qué requerimos del target: ☐

### Parte III

Quién es el contacto en el cliente: ☐

Quién es el contacto en el target: ☐

Qué email es el contacto contigo: ☐

Quién da el OK a tu trabajo: ☐

Para quién se presta el servicio: ☐

Tiempo que conservarás tus papeles: ☐

Con quien se discute tu entregable: ☐

# ANEXO V – ASIGNACIÓN DEL PERSONAL AL PROYECTO

Memo de Asignación del Personal al Proyecto

DE:

PARA:

Ud está asignado al proyecto XX. Este proyecto requiere la firma del NDA adjunto. De usted se espera la asignación de sus horas desde XXX hasta XXX de 201X.

El proyecto está liderado por _____ quien estará comunicando los pasos a seguir.

# ANEXO VI
# PROGRAMACIÓN

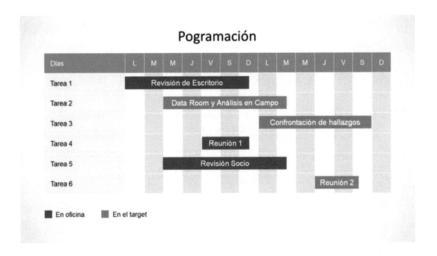

# ANEXO VII
## ACUERDO DE CONFIDENCIALIDAD

Entre los suscritos, **TRABAJADOR**, sexo, de nacionalidad XXX, mayor de edad, con pasaporte N°XDA000000, en adelante para los efectos del presente acuerdo denominados **EL TRABAJADOR**, por una parte, y por la otra parte, EMPLEADOR, varón, mayor de edad, de nacionalidad panameña, con cédula N° 9-999-999, actuando en nombre y representación de **ABC & ASOCIADOS**, una firma de contabilidad constituida en la República de Panamá, de aquí en adelante referida como **ABC**. Ambas partes serán llamadas en lo sucesivo **LAS PARTES** y declaran:

## DECLARACIÓN DE ENTREGA DE INFORMACIÓN CONFIDENCIAL:

Que usted ha sido asignado al proyecto DDD. Que en las gestiones en que las partes interactúen en relación con ese proyecto, **EL TRABAJADOR** obtendrá información confidencial relacionada a aspectos técnicos, financieros, contables, comerciales, operaciones corporativas, información de productos y demás información que tendrá el carácter confidencial, incluyendo el presente acuerdo, y por lo tanto acuerdan las siguientes cláusulas:

## CLÁUSULAS DEL ACUERDO DE CONFIDENCIALIDAD:

**PRIMERO**: Toda la información confidencial provista en el proyecto DDD a **EL TRABAJADOR** es propiedad exclusiva de ABC o de alguno de sus clientes y no puede ser revelada total o en parte sin permiso escrito con la excepción de:

   a. Los casos en los que sea necesaria su revelación para propósitos internos de **ABC**, específicamente, pero sin limitar a las inspecciones internas o controles de calidad de la firma y su representación internacional.

b. Casos de información estadística gremial que no revele el nombre de **ABC** o las partes dueñas de la información, pero sí los honorarios cobrados, horas invertidas, dictamen profesional contratado, norma contable aplicable y demás información gremial,

c. Auditorías, certificaciones, revisiones de la práctica o inspecciones de las que **EL TRABAJADOR** forme parte en el giro habitual del negocio contable,

d. Para las autoridades competentes en la República de Panamá, cuando por una orden debidamente emitida así lo requiera, dentro de los términos que fijen las disposiciones legales de la República de Panamá, comprometiéndose **EL TRABAJADOR** a comunicarle de esta solicitud a **ABC**, salvo indicación contraria expresa por parte de la referida autoridad competente.

En las excepciones establecidas en esta cláusula, numerales a, b y c, las personas a quien **EL TRABAJADOR** revele o comparta determinada información de **ABC**, deberán igualmente guardar la debida confidencialidad de la información clasificada a la que tengan acceso, y **URBINA** deberá hacer extensivo los controles y responsabilidades para verificar que así sea.

**SEGUNDO: EL TRABAJADOR** se compromete a:

a. Mantener en un lugar seguro y a salvo la información provista por ABC.

b. Informar a su equipo de trabajo la obligación contenida en este contrato de confidencialidad.

**TERCERO: EL TRABAJADOR** será sancionado en base a lo que se establece en la legislación laboral por violaciones a las normas de confidencialidad de este acuerdo.

**CUARTO**: Las **PARTES** acuerdan que este contrato estará vigente desde su firma hasta la terminación de la relación laboral entre ellas o hasta que sea derogado, subrogado o modificado, sin embargo la obligación por parte de **EL TRABAJADO**R de guardar confidencialidad sobre la información confidencial de ABC, subsistirá, obligándose **EL TRABAJADOR** a que mientras tenga archivos, información o documentación de carácter confidencial o reservada de ABC, a que deberá abstenerse de revelarla, así como de mantener las medidas, controles y cuidados para custodiar en debida forma la confidencialidad y la reserva de dicha información.

**QUINTO**: La Ley aplicable a este contrato será la de la República de Panamá.

En constancia de lo cual, ambas partes firman el presente acuerdo hoy, a los días (XX) días del mes de mes del año dos mil (20XX).

Por **EL TRABAJADOR**                    Por **ABC**

_____                    _____

XXXXXX                                         JUAN ABC

X-XXX-XXXX                                   9-999-9999

# ANEXO VIII
## LISTADO DE DOCUMENTOS A PEDIR EN EL DD

En un DD clásico se pedirían, los siguientes documentos del periodo cubierto:

1. Declaración de Rentas.
2. EEFF.
3. Declaraciones de Dividendos.
4. Desglose del origen del Dividendo – Artículo 112 del DE170.
5. ITBMS presentados.
6. Estado de cuenta de la DGi.
7. Informe de Compras del periodo cubierto.
8. Informe 930 y Estudio de Precios.
9. Libro de acciones
10. Actas de Junta Directiva.
11. Apertura de los libros contables.
12. Estado de Cuenta del fondo de Cesantía.
13. Aprobación del Software Contable.
14. Toma de inventario, lo que incluye la toma de inventario de activo fijo.
15. Planilla 03.
16. Histórico de salarios en el periodo cubierto.
17. Todos los contratos de trabajo del personal
18. Lista de Memos al Personal
19. Todas las liquidaciones hechas.
20. Expedientes del Personal
21. Descripción de cargos del personal.

22. Estructura Organizacional del Equipo Contable.

23. Reglamento Interno o Comitte de Empresa.

24. Listas de NDAs firmados por el personal.

25. Lista de reconsideraciones ante la DGI

26. Lista de apelaciones en el TAT o recursos en Sala III.

27. Lista de comunicaciones recibidas por la DGi o de auditorías en marcha.

28. NIT

29. Clave del SIPE

30. Clave del MUPA o del Municipio (s) donde se esté.

31. Auxiliar de Cuentas por Cobrar

32. Auxiliar de Cuentas por Pagar

33. Auxiliar de Inventario de Activo Fijo

34. Listado de software usados

35. Listado de clientes

36. Listado de proveedores

37. Confirmaciones independientes

# ANEXO IX
## MODELO DE CARTA DE GERENCIA

Panamá, 1 de diciembre 2019

Junta Directiva

Empresa XXX, S.A.

**REF: Carta de Gerencia**

Estimados Señores,

En nuestro procedimiento de DD realizado en XXX observamos que no se firman los formularios de ITBMS.

La administración del target es de la posición que no existe riesgo ya que no se infringe norma alguna al no firmarlos.

Como una mejor práctica recomendamos la firma mensual de estos documentos por los responsables de este formulario.

Sin otro particular,

XXXXXX

# ANEXO X
## RECIBIDO DE INFORMACIÓN

Recibí de _____, la información siguiente:

1.

2.

3.

4.

...

La forma de recepción fue:

Electrónica ☐          Física ☐          Telefónica ☐

La fecha de recepción de esa información fue: _____.

# ANEXO XI
## BITÁCORA DE INFORMACIÓN RECIBIDA

| Bitácora de Recepción de Documentos: | | |
|---|---|---|
| **Fecha** | **Documento** | **Persona que recibe** |
| 10-jun-17 | Contrato de XYZ | Juan Pérez |
| 10-jun-17 | Acciones 01 a 09 | María González |
| 10-jun-17 | Recibo de pago de ABC | Pedro Martínez |
| 14-jun-17 | Detalle de cuenta de otros gastos | Juan Pérez |
| 14-jun-17 | Toma de inventario físico | Pedro Martínez |
| 15-jun-17 | Declaración de XXX | María González |
| ..... | ........................... | ......... |

# ANEXO XII
## CARTA DE REPRESENTACIÓN DEL TARGET (O de quién entrega la documentación)

Señores,

A nuestro mejor entender confiamos que XXXX se ha presentado a tiempo.

A nuestro mejor entender hemos aportado la información siguiente sin que tengamos alguna otra por aportar:

XXXXX.

Es nuestro entendimiento que nuestro saldo a favor del tesoro nacional a la fecha _____ es: _____.

Es nuestro entendimiento que nuestro saldo a pagar, a la fecha _____, con la CSS es de: _____.

Es nuestro entendimiento que sólo hemos funcionado en los siguientes municipios:

1.

2.

3.

4.

Es nuestro entendimiento que nuestro saldo con el Municipio listado en el punto 1 es de _____ a la fecha de _____.

Es nuestro entendimiento que nuestro saldo con el Municipio listado en el punto 2 es de _____ a la fecha de _____.

Es nuestro entendimiento que nuestro saldo con el Municipio listado en el punto 3 es de _____ a la fecha de _____.

Es nuestro entendimiento que nuestro saldo con el Municipio listado en el punto 4 es de _____ a la fecha de _____.

Los abajo firmantes damos fe, a lo mejor de nuestro conocimiento, que no hemos retenido información alguna y que hemos entregado a la firma _____, toda la información, documentación y constancias que nos fueron solicitadas.

# ANEXO XIII

## MEMO RESUMEN DE ENTREVISTAS REALIZADAS AL TARGET

El día _____ del año _____ me (nos) reuní (mos) con las siguientes persona (s) que trabaja (n) con el target:

_____,

_____,

_____,

_____,

Esta reunión ocurrió en el siguiente lugar: _____
_____.

Conversamos los siguientes temas: _____
_____

_____
_____
_____
_____
_____
_____.

Concluimos lo siguiente: _____
_____

_____
_____
_____
_____
_____
_____.

# ANEXO XIV

## Propuesta de Servicios Profesionales de Due Dilligence Fiscal a (EMPRESA)

## Índice

## 1. Introducción a **Propuesta**

Sr. XXXX

Tenemos el agrado de someter a su consideración nuestra propuesta de servicios profesionales en relación con las tareas sobre las que oportunamente nos solicitaran cotización.

En la presente propuesta confiamos haber planteado un alcance del trabajo adecuado con sus expectativas y necesidades.

## 2. **Alcance** del trabajo a realizar (A)

El trabajo a realizar, de acuerdo con lo que nos fue comunicado previamente por Uds. estará compuesto por las siguientes tareas:

A) xxxxxxxxxxxxxxxxxxxxxxxxxxxxx
xxxxxxxxxxxxxxxxxxxxxxxxxxxxxx
xxxxxxxxxxxxxxxxxxxxxxxxxxxxxx
xxxxxxxxxxxxxxxxxxxxxxxxxxxxxx
xxxxxxxxxxxxxxxxxxxxxxxxxxxxxx
xxxxxxxxxxxxxxxxxxxxxxxxxxxxxx
xxxxxxxxxxxxxxxxxxxxxxxxxxxxxx
xxxxxxxxxxxxxxxxxxxxxxxxxxxxxx

# 3. Honorarios

| Cargo | | Tasa x Hora | Premium | Horas | Total |
|---|---|---|---|---|---|
| | | | | | |
| Socio | | 300 | 30% | 30 | 11700 |
| Gerente | | 200 | 30% | 55 | 14300 |
| Senior | | 150 | 30% | 80 | 15600 |
| Asistente | | 100 | 30% | 100 | 13000 |
| Staff | | 50 | 30% | 20 | 1300 |
| | | | | | |
| Total Horas / Fees | | | | 285 | 55900 |

## Nuestros Honorarios

Dicha estimación fue realizada exclusivamente en base a nuestra experiencia anterior en trabajos de similar naturaleza y según los siguientes aspectos:

1. Evaluación del grado de responsabilidad asumida al aceptar un compromiso;
2. Tiempo, horas hombre;
3. Especialidades que requieran para efectuar el servicio, de conformidad con las normas de la profesión;
3. Valor del servicio ofrecido al cliente;
4. Cargos que por dicho servicio que se acostumbran hacer sus colegas profesionales;
5. Otras consideraciones afines.

# 4. Delimitación de Responsabilidad

Esta empresa se hará responsable civilmente, hasta el siguiente monto:

B/. Xx,xxx.xx

**5. ¿Para quién se hace el servicio?**

(NOMBRE DE EMPRESA)
xxxxxxxxxxxxxxxxxxxxxxxxxxxxxxxxxxxxxxxxxxxxxxxxxxxxx
xxxxxxxxxxxxxxxxxxxxxxxxxxxxxxxxxxxxxxxxxxxxxxxxxxxxx
xxxxxxxxxxxxxxxxxxxxxxxxxxxxxxxxxxxxxxxxxxxxxxxxxxxxx
xxxxxxxxxxxxxxxxxxxxxxxxxxxxxxxxxxxxxxxxxxxxxxxxxxxxx
xxxxxxxxxxxxxxxxxxxxxxxxxxxxxxxxxxxxxxxxxxxxxxxxxxxxx

## 6. Duración del Servicio

**Momento en que**
Finaliza el Servicio

Nuestros servicios profesionales los estaremos iniciando, a la firma de aceptación de esta propuesta y se entenderán por cancelados, por las siguientes razones:

1. Terminación anticipada por decisión nuestra;
2. Terminación anticipada porque el cliente así lo decide en forma explícita o tácita;
3. Terminación anticipada por falta de información del target.

## 7. Salvedades a nuestros servicios

- No serán revisados los siguientes años: xxxx, xxxx, xxxx, xxxx, xxxx, etc...;
- No serán revisados los impuestos: xxxx, xxxx, xxxx y xxxx;
- No serán revisados los impuestos municipales de regiones apartadas;
- Nuestro equipo no ve temas aduaneros y, por lo tanto, no se determinarán estas contingencias;
- No asumiremos responsabilidad sobre aquellas operaciones, transacciones o actividades en otras jurisdicciones;
- No será objeto de DD, la información retenida.

## 8. DOCUMENTACIÓN **REQUERIDA**

Al momento de inicializar la relación laboral se deberá consignar la siguiente documentación del periodo cubierto:

1. Declaración de Rentas.
2. EEFF.
3. Declaraciones de Dividendos.
4. ITBMS presentados.
5. Estado de cuenta de la DGI.
6. Informe de Compras del periodo cubierto.
7. Informe 930 y Estudio de Precios.
8. Libro de acciones
9. Actas de Junta Directiva.
10. Apertura de los libros contables.
11. Estado de Cuenta del fondo de Cesantía.
12. Aprobación del Software Contable.
13. Toma de inventario, lo que incluye la toma de inventario de activo fijo.
14. Planilla 03.
15. Histórico de salarios en el periodo cubierto.

Es común pedir, aunque difícil de obtener, lo siguiente:

1. NIT
2. Clave del SIPE
3. Clave del MUPA o del Municipio (s) donde se esté.

En forma virtual o en un dataroom físico, es usual pedir parte, si no la totalidad, de lo siguiente:

1. Principales Auxiliares
2. Confirmaciones independientes
3. Contratos del personal clave

Los plazos para el servicio, serán los siguientes:

## 9. PLAZOS

1. Inicio: x de xx de xx
2. Entrega de información: x de xx de xx
3. Primer Borrador: x de xx de xx
4. Discusión con el Target: x de xx de xx
5. Discusión final con el Cliente: x de xx de xx
6. Aprobación: x de xx de xx

# 10. ¿Quiénes Somos?

## Nuestro Equipo

Nuestro equipo está conformado por profesionales en el área contable.

En los siguientes slides presentamos a nuestro equipo clave.

## Nuestro Equipo

Juan Pérez
*Gerente*

José Martínez
*Senior*

Rommel Hernández
*Asistente*

Ana González
*Concurrencia*

### 11. TIEMPO EN QUE SE CONSERVARÁ LA DOCUMENTACIÓN

Se conservará la documentación hasta la siguiente fecha:

X de xx de xxxx

Recibirá de nosotros lo siguiente:

## 12. ENTREGABLE

1. Reporte en formato PPT (Power Point) de nuestros bajo la norma 4400 de auditoria

Deseamos agradecer una vez más la oportunidad que nos brindan de prestar nuestros servicios a vuestra Sociedad así como también aprovechamos la ocasión para saludarlos muy cordialmente.

_____

Firma del cliente como Aceptación de la Propuesta

Fecha:_____

_____

**Juan Pérez**

**(SOCIO)**

# ANEXO XV

## MEMO DE PLANIFICACIÓN – PROYECTO ABC

Asignados:

MARIA GONZALEZ - SOCIO

JUAN PEREZ – GERENTE

MIGUEL MARTÍNEZ – SENIOR

Timeline: Enero 17 – Febrero 20

Inicio: Enero 17

Deadline de entrega: Febrero 24

Finalización: Este trabajo debe finalizarse el 20 de febrero

**Procedimientos:**

**Procedimiento 1:**

Conocimiento de Cliente:

Realizar los 7 tests del enfoque de DD.

Realizar un Memo Infográfico de los riesgos principales del target.

Obtener info básica corporativa del target.

**Procedimiento 2:**

Obtener los contratos siguientes debidamente firmados por las partes:

1.

2.

3.

4.

## Procedimiento 3:

Detalle de facturas de _____.

Se cotejara de un listado que se enviará a _____ y que formará parte de la carta representación que firmará _____.

## Procedimiento 4:

Detalle los municipios en los que dice operar el target:

1.

2.

3.

...

**Confronte este listado con:**

1. Directorio Telefónico
2. Buscadores de Internet

## Procedimiento 5:

Obtener confirmación de redes sociales y otras fuentes de información sobre partes relacionadas.

Confrontarlas con el Formulario de Precios de Transferencias.

## Procedimiento 6:

Obtener detalle de cuentas por pagar y cuentas por cobrar accionistas con la intención de observar si fueron reportadas en la línea correspondiente de la renta.

**Procedimiento 7:**

Obtener detalle de salarios en especie pagados al personal.

Confrontar este pago con las normas que eximen o gravan los mismos.

Detectar posibles incumplimientos con la DGI o CSS.

**Procedimiento 8:**

Obtención de libro de accionistas y listado de los mismos.

Observar los movimientos (cambios) en este listado.

Confrontar estos cambios con el pago de impuesto de ganancia de capital.

**Procedimiento 9:**

Obtener:

Copia de proveedores extranjeros.

Obtener copia de retención por remesas de estos proveedores.

Confrontar fecha de pago con aplicación de remesa en ETAX.

**PRESUPUESTO DEL TIEMPO**

1 mes.

**PERSONAL INVOLUCRADO EN LA AUDITORIA**

Por parte del cliente: _____.

URBINA & Asociados: _____ Socio Director

_____ – Gerente

_____ – Socio Concurrente.

## FECHAS DE LAS REUNIONES

Al inicio del procedimiento: 27 – Septiembre - 2017

Para Planear el Trabajo

28 – Septiembre – 2017 (con el equipo de trabajo)

29 – Septiembre -2107 (con la Señora _____ en URBINA & Asociados).

Al final del DD

28 – Octubre – 2017

## CARGAR HORAS A ENGAGEMENT: ZXSYAP

# ANEXO XVI

## PT Forma Corporativa

### Nombre o Razón Social

El target ha cambiado de nombre: Sí ☐ No ☐

A que se debió este cambio:

Fusión ☐ Escisión ☐ Nueva Sociedad ☐ Nuevo Logo ☐

Pérdida De Franquicia ☐ Nuevo socio o retiro de socio ☐ Cambio de actividad ☐

Otro (especifique): _____

DD incluye nombre previo: Sí ☐ No ☐

Cliente conocía de este nombre anterior: Sí ☐ No ☐

### Forma Corporativa Usada

Forma corporativa usada:

SA ☐ Sucursal ☐ SdeRL ☐ S. Civil ☐

Otra (especifique): _____.

Fecha de constitución: ___ / ___ / ___

Coincide esta fecha con el inicio de las actividades del target:

Sí ☐ No ☐ Si marcó no explique la razón: _____

_____

Capital autorizado: _____

Han existido fusiones o escisiones en el target: Sí ☐ No ☐

Liste cuáles: _____

---

# ANEXO XVI

## PT Facturación

### Requisitos básicos

Tiene máquina fiscal: Sí ☐ No ☐

Razones por no tener la máquina: _____

_____

El nombre de la factura coincide con el target:

Sí ☐ No ☐

Tiene letrero de Llevar Factura: Monto total del descuadre:

Sí ☐ No ☐

Si está exenta de máquina fiscal, documente en que se basa y diga qué ítems tiene la factura:

_____.

### Compra controlada

Se realizó visita física: Sí ☐ No ☐

En qué punto de venta se hizo: _____

_____.

Se emitió factura: Sí ☐ No ☐

Ofrecieron no hacerla: Sí ☐ No ☐

Personalizaron la factura: Sí ☐ No ☐

Razones por las que no se individualizó la factura: _____

_____

_____.

### Backup x falta de luz y Mantenimiento

Tiene plan de backup: Sí ☐ No ☐

Cuándo fue la última vez que la revisaron o le dieron mantenimiento: _____

_____.

Monto total del descuadre: _____

Razones dadas por el target: _____

_____

_____

Cómo se comunica la obligación de facturar a los empleados: _____

_____

_____.

# ANEXO XVII

## ▯ PT Forma Corporativa

### Nombre o Razón Social

El target ha cambiado de nombre:   Sí ▢   No ▢

A que se debió este cambio:

Fusión ▢   Escisión ▢   Nueva Sociedad ▢   Nuevo Logo ▢

Pérdida De Franquicia ▢   Nuevo socio o retiro de socio ▢   Cambio de actividad ▢

Otro (especifique): _____

DD incluye nombre previo:   Sí ▢   No ▢

Cliente conocía de este nombre anterior:   Sí ▢   No ▢

### Forma Corporativa Usada

Forma corporativa usada:

SA ▢   Sucursal ▢   SdeRL ▢   S. Civil ▢

Otra (especifique): _____

Fecha de constitución: ___ / ___ / ___

Coincide esta fecha con el inicio de las actividades del target:

Sí ▢   No ▢   Si marcó no explique la razón: _____
_____

Capital autorizado: _____

Han existido fusiones o escisiones en el target:   Sí ▢   No ▢

Liste cuáles: _____

# ANEXO XVIII

## ▯ PT2 Forma Corporativa

### Operaciones fuera del país

Target tiene sucursal fuera del país:   Sí ▢   No ▢

En que lugar (es): _____

Si las ha tenido en el pasado diga motivo de cierre: _____

Consolidan (aron) con los EEFF del target:   Sí ▢   No ▢

Porqué no consolidan: _____

Accionista es a su vez acreedor del target:   Sí ▢   No ▢

### Estructura Corporativa

Cuál de estas situaciones explica mejor la forma en que el grupo está organizado (circulo – casa matriz; cuadro – sociedad; triangulo – sucursal)

a.   b.   c.   d.

e. Ninguna ▢   Si es ninguna diga porqué: _____

Diga residencia del accionista (s): _____

# ANEXO XIX

## Apertura de Libros

| Diligencia de Apertura | Diligencia de Apertura 2 | Asiento de Apertura |
|---|---|---|
| Existen libros físicos: Sí ☐ No ☐ | Existen libros electrónicos:<br>Sí ☐ No ☐ | Existe un asiento de apertura de capital:<br>Sí ☐ No ☐ |
| Indique Cuál (físico o electrónico): | Coexisten con los manuales:<br>Sí ☐ No ☐ | Describa este asiento:_____ |
| Diario ☐ Mayor ☐ Acciones ☐ | | |
| Actas ☐ Auxiliares ☐ | De no tener apertura que posición tiene el target: _____ | Asiento es consistente con libro de acciones: __ |
| Diga qué auxiliares: _____ | Están los libros oficiales actualizados:<br>Sí ☐ No ☐ | Razones dadas por el target para no tener este asiento: |
| Fueron aperturados: Sí ☐ No ☐ | Meses de atraso: _____ | |

# ANEXO XX

Yo, CARLOS URBINA, con cédula 8-714-327, contador público autorizado, con idoneidad 97-2012, APERTURO, este libro _____ en los que se asentarán registros de: _____.

Este libro consta de _____ fojas y se encontraba en blanco para el año _____.

Carlos Urbina

8-714-327

# ANEXO XXI

## Apertura de Libros

| Operaciones fuera del país | Estructura Coporativa |
|---|---|

**Operaciones fuera del país**

Target emitió acciones : Sí ☐  No ☐

En que fecha (s): Día: ____ Mes: ____ Año: ____
Día: ____ Mes: ____ Año: ____
Día: ____ Mes: ____ Año: ____

A nombre de quién (es): _____
_____
_____

Esto coincide con el libro de acciones: Sí ☐  No ☐

Se han producido cambios: Sí ☐  No ☐

**Estructura Coporativa**

Dividendos se han distribuido a estos accionistas:

Sí ☐  No ☐

Se lista nacionalidad / residencia de los accionistas en el libro:

Sí ☐  No ☐

Se confirmó con el secretario de la sociedad este accionista (s):

Sí ☐  No ☐

# ANEXO XXII

## PT Actualización del RUC

| Firma de Formularios | Firma de Formularios 2 | Firma de Formularios 3 |
|---|---|---|

**Firma de Formularios**

Rentas están firmadas:
Sí ☐  No ☐

ITBMS firmados:
Sí ☐  No ☐

Informe 43 firmados:
Sí ☐  No ☐

Planilla 03:
Sí ☐  No ☐

Remesas: Sí ☐  No ☐

Informe 930: Sí ☐  No ☐

**Firma de Formularios 2**

Renta Municipal Firmada:
Sí ☐  No ☐

SIPE Firmado:
Sí ☐  No ☐

Anexo 94:
Sí ☐  No ☐

Diga la razón dada por el target para no firmalos: _____
_____

Liste sí o no en la siguiente columna.....

**Firma de Formularios 3**

_____
Sí ☐  No ☐

_____
Sí ☐  No ☐

_____
Sí ☐  No ☐

_____
Sí ☐  No ☐

# ANEXO XXIII:

## PT Info Básica 2

### Aprobación de Formularios

Firmante aprobó los formularios : Sí ☐ No ☐

Qué constancia existe de esta aprobación: _____

_____

_____

En caso de no tener aprobación qué posición tiene el Target: _____

_____

Firmante vive en Panamá: Sí ☐ No ☐

Firmante desvinculado del target: Sí ☐ No ☐

### Actualización de Info Básica

Dirección: Sí ☐ No ☐

Teléfono: Sí ☐ No ☐

Email: Sí ☐ No ☐

Actividades Económicas: Sí ☐ No ☐

Obligaciones Tributarias: Sí ☐ No ☐

Representante legal: Sí ☐ No ☐

Qué otra cosa debe ser actualizada: _____

_____

# ANEXO XXIV:

## PT Info Básica 3

### Redes Sociales

Tienes redes sociales: Sí ☐ No ☐

Si respondió Sí, márquelas en la columna de la derecha.

Quién las maneja: _____

_____

_____

Conoce el que las maneja que puede ser notificado por esta vía:

Sí ☐ No ☐

Si respondió Sí diga qué constancia hay: _____

### Actualización de Info Básica

Twitter: Sí ☐ No ☐

Instagram: Sí ☐ No ☐

Facebook: Sí ☐ No ☐

SnapChat: Sí ☐ No ☐

YouTube: Sí ☐ No ☐

WhatsApp: Sí ☐ No ☐

Qué otra: _____

_____

# ANEXO XXV:

Carreras Restringidas

1. Enfermería. Ley 1 de 1954
2. Barbería y cosmetología. Ley 4 de 1956
3. Odontología. Ley 22 de 1956
4. Arquitectura. Ley 15 de 1959
5. Ciencias agrícolas. Ley 22 de 1961
6. Farmacia. Ley 24 de 1963
7. Quiroprácticos. Decreto 8 de 1967
8. Nutrición. Decreto 362 de 1969
9. Medicina. Decreto 196 de 1970
10. Psicología. Ley 56 de 1975
11. Asistente Médico. Decreto 32 de 1975
12. Contabilidad. Ley 57 de 1978
13. Periodismo. Ley 67 de 1978
14. Laboratoristas. Ley 74 de 1978
15. Relaciones Públicas. Ley 37 de 1980
16. Fonoaudiología, terapistas y similares. Ley 34 de 1980
17. Economía. Ley 7 de 1981
18. Trabajo Social. Ley 17 de 1981
19. Medicina Veterinaria. Ley 3 de 1983
20. Fisioterapia. Ley 47 de 1984
21. Radiología Médica. Ley 42 de 1980
22. Derecho. Ley 9 de 1984
23. Asistente Dental. Ley 21 de 1994
24. Sociología. Ley 1 de 1996
25. Química. Ley 45 de 2001
26. Visitador Médico. Ley 24 de 1963 (artículo 35)
27. Educación en algunas ramas (historia, geografía, cívica, etc.). Ley 47 de 1946.

# ANEXO XXVII

## PT Amarre de Renta

### Amarre de Rentas

Existe un amarre de rentas:

Sí ☐ No ☐

El amarre ha sido consistente en años previos:

Sí ☐ No ☐

El amarre puede rastrearse por todo el periodo cubierto:

Sí ☐ No ☐

Quién lo prepara:

Internamente ☐ Firma Auditora ☐

Otro (especifique): _____ .

### RUC de Proveedores

Sistema Contable emite RUC de proveedores:

Sí ☐ No ☐

Anexos a Renta no tienen RUCs o faltan RUCs:

Sí ☐ No ☐

Informe de Compras hace March con Anexos:

Sí ☐ No ☐

Diga la razón por la que no hacen match:

_____
_____
_____

### Capital Emitido

Capital social fue emitido:

Sí ☐ No ☐

Capital social fue pagado:

Sí ☐ No ☐

Puede identificarse deudor de CxC accionista:

Sí ☐ No ☐

Acciones fueron entregadas:

Sí ☐ No ☐

# ANEXO XXVIII

## PT - Dividendos

| Año | Monto | Retención | | | |
|-----|-------|-----------|-----|-----|-----|
| | | 20% | 10% | 5% | 0% |
| 2014 | 100 | 0 | 40 | 9 | 51 |
| 2012 | 60 | 0 | 25 | 10 | 25 |

**Area de Riesgo**

# ANEXO XXIX

## PT Reducción de Capital

### Afectaciones al Capital

Capital disminuyó en periodo cubierto: Sí ☐    No ☐

En que fecha (s): Día: _____ Mes: _____ Año: _____
                 Día: _____ Mes: _____ Año: _____
                 Día: _____ Mes: _____ Año: _____

Diga la Razón: _____
               _____
               _____

Existió una Escisión:    Sí ☐    No ☐

Existió compensación x deuda:  Sí ☐    No ☐

### Distribución de Dividendos

Se ha distribuido un dividendos según las normas del Decreto 170 sobre distribución presunta:

Sí ☐    No ☐

Es esto una renta presunta para el accionista:

Sí ☐    No ☐

Causa esto ITBMS:

Sí ☐    No ☐

Target sabe sobre esta norma:  Sí ☐    No ☐

# ANEXO XXX

## PT Complementario como Gasto

### Complementario

Se ha pagado IC en el periodo cubierto:  Sí ☐    No ☐

En que fecha (s):   Año: _____
                    Año: _____
                    Año: _____

Se registró como gasto:   Sí ☐    No ☐

Se registró como activo:  Sí ☐    No ☐

Se tomó en cuenta para AO:  Sí ☐    No ☐

### Complemenario 2

Se toma en cuenta complementario para acreditarlo al impuesto de dividendos:

Sí ☐    No ☐

Se ha pagado ID sin tomar en cuenta IC:

Sí ☐    No ☐

Causó esto un pago doble:

Sí ☐    No ☐

Target sabe sobre esta norma:  Sí ☐    No ☐

# ANEXO XXXI

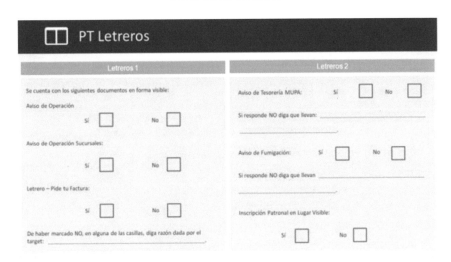

## PT Letreros

### Letreros 1

Se cuenta con los siguientes documentos en forma visible:

Aviso de Operación

Sí ☐     No ☐

Aviso de Operación Sucursales:

Sí ☐     No ☐

Letrero – Pide tu Factura:

Sí ☐     No ☐

De haber marcado NO, en alguna de las casillas, diga razón dada por el target: _____

### Letreros 2

Aviso de Tesorería MUPA:   Sí ☐   No ☐

Si responde NO diga que llevan: _____
_____

Aviso de Fumigación:   Sí ☐   No ☐

Si responde NO diga que llevan _____
_____

Inscripción Patronal en Lugar Visible:

Sí ☐   No ☐

# ANEXO XXXII

## PT departamento contable

### Departamento Contable 1

Cuántos componen el departamento contable: _____

Quién lo lidera: _____

Sueldos están de acuerdo a mercado:

Sí ☐     No ☐

Se dan aumentos anuales:

Sí ☐     No ☐

Antigüedad promedio del departamento: _____

Antigüedad del personal con el que interactúas en el DD es menos de 24 meses:

Sí ☐     No ☐

### Departamento Contable - Actualización

Hay plan de actualización fiscal del personal:

Sí ☐     No ☐

En qué consiste este plan: _____
_____

Plan de actualización está en el presupuesto del dpto:

Sí ☐   No ☐

Tu contraparte en el target es CPA:

Sí ☐   No ☐

## ANEXO XXXIII

### PT departamento contable 2

**Departamento Contable - Archivo**

Lugar donde se encuentra el archivo: _____.

Varía este lugar luego de un término de tiempo:

Sí ☐    No ☐

A qué fecha se envían a un depósito los documentos:

☐ 1 año    ☐ 2 años    ☐ 3 años    ☐ 4 años o más

Docs se destruyen:    Sí ☐    No ☐

Docs se digitalizan:    Sí ☐    No ☐

**Departamento Contable - Archivo**

Documentos en Castellano:    Sí ☐    No ☐

Si responde NO diga en que idioma: _____

_____

Han sido traducidos:    Sí ☐    No ☐

Quién lleva las claves de SIPE, DGI, MUPA, etc. _____

_____

Ha firmado un NDA sobre el uso de estas claves:

Sí ☐    No ☐

## ANEXO XXXIV

### PT departamento contable 3

**Departamento Contable - Archivo**

Qué pasa si el que maneja las claves causa baja en la empresa: _____

Se mantiene backup físico de esta clave:

Sí ☐    No ☐

Dónde: _____, Con quién: _____.

Rotan estas claves con frecuencia:    Sí ☐    No ☐

Exempleados manejaron estas claves:    Sí ☐    No ☐

Quiénes: _____

**Departamento Contable – Manejo de Riesgo**

Existe plan de manejo de catástrofe:    Sí ☐    No ☐

Cuál es el plan: _____

_____

Plan incluye reemplazo de personal:    Sí ☐    No ☐

Cuántas vacaciones se deben al personal: _____

_____

El backup informático de la documentación está un en lugar fuera de oficina:

Sí ☐    No ☐

# ANEXO XXXV

## PT El Proceso del Dpto de Impuestos

| ¿Quién lo Hace? | ¿Cuándo lo Hace? | ¿Quién Aprueba? |
|---|---|---|
| Declaración de Rentas: _____ , _____ | _____ | _____ |
| Declaración de ITBMS: _____ , _____ | _____ | _____ |
| Informe de Compras: _____ , _____ | _____ | _____ |
| SIPE: _____ , _____ | _____ | _____ |
| Remesas: _____ , _____ | _____ | _____ |
| _____ , _____ | _____ | _____ |
| _____ , _____ | _____ | _____ |
| _____ , _____ | _____ | _____ |
| _____ , _____ | _____ | _____ |
| _____ , _____ | _____ | _____ |
| _____ , _____ | _____ | _____ |

# ANEXO XXXVI

## PT Cuenta Tesoro Nacional ITBMS

| General | Estructura Coporativa |
|---|---|
| Llevan cta TESORO NACIONAL ITBMS: Sí ☐ No ☐ | Pasa el ITBMS no compensado a ITBMS Cta Gastos: Sí ☐ No ☐ |
| Si responde NO diga que llevan: _____ _____ | Se usa esta cuenta de forma mensual: Sí ☐ No ☐ |
| Es una cta de Balance: Sí ☐ No ☐ | Es usada 1 sóla vez al año (s): Sí ☐ No ☐ |
| Si responde NO diga que llevan _____ | De ser NO, diga razón dada por el target: _____ |
| La razón de no llevarla es el plan de ctas de la casa matriz: Sí ☐ No ☐ | |

# ANEXO XXXVII

## PT ITBMS – CPC y Crédito Recurrente

### General

Target tiene crédito de ITBMS recurrente: Sí ☐ No ☐

Si responde Sí diga cómo se usará este crédito: _____

_____

Cr viene por ser Ag de Retención: Sí ☐ No ☐

Se ha solicitado devolución de este cr: Sí ☐ No ☐

Target conocía la posibilidad de solicitar crédito:

Sí ☐ No ☐

### ITBMS CPC

Crédito de ITBMS proviene de ventas de comida:

Sí ☐ No ☐

Existe venta adicional a comida:

Sí ☐ No ☐

Si respuesta es NO obtuvimos papeles de trabajo que soporten la conclusión:

Sí ☐ No ☐

De ser NO, diga razón dada por el target: _____

# ANEXO XXXVIII

## PT ITBMS – Remesa

### General

Remesas pagaron ITBMS: Sí ☐ No ☐

Si responde no diga porqué: _____

_____

Obtuvimos pruebas de esto: Sí ☐ No ☐

Si la remesa pagó ITBMS obtuvimos pruebas:

Sí ☐ No ☐

Liste lugares donde se prestaron los servicios no sujetos a retención de ITBMS:

### ITBMS Remesas

Se hizo gross down en retención de ITBMS:

Sí ☐ No ☐

ITBMS de remesa se acreditó:

Sí ☐ No ☐

Si respuesta es NO obtuvimos papeles de trabajo que soporten la conclusión:

Sí ☐ No ☐

De ser NO, diga razón dada por el target: _____

# ANEXO XXXIX

## PT ITBMS – Crédito de Sociedad Accidental

| General | | |
|---|---|---|
| Target usó crédito de sociedad accidental: | Sí ☐ | No ☐ |

Si responde Sí diga cómo se compró este crédito: _____

_____

| | | |
|---|---|---|
| Existe constancia documental: | Sí ☐ | No ☐ |
| Existe constancia de venta a 2 empresas: | Sí ☐ | No ☐ |
| Target es parte relacionada del dueño del crédito: | Sí ☐ | No ☐ |

# ANEXO XXXL

## Papel de trabajo PyS

| DGI | CSS | MUPA |
|---|---|---|
| Tiene Paz y Salvo: ☐ Sí ☐ No | Tiene Paz y Salvo: ☐ Sí ☐ No | Tiene Paz y Salvo: ☐ Sí ☐ No |
| Razones por la falta de PyS: | Razones por la falta de PyS: | Razones por la falta de PyS: |

# ANEXO XXXLI

## PT Descuadre Renta-ITBMS-Facturación

| Renta | ITBMS | FACTURACIÓN |
|---|---|---|
| Cuadrada con libros: Sí ☐ No ☐ | Cuadrada con libros: Sí ☐ No ☐ | Cuadrada con libros: Sí ☐ No ☐ |
| Items descuadrados:_____ | Items descuadrados:_____ | Items descuadrados:_____ |
| Monto total del descuadre: _____ | Monto total del descuadre: _____ | Monto total del descuadre: _____ |
| Razones dadas por el target: _____ | Razones dadas por el target: _____ | Razones dadas por el target: _____ |

# ANEXO XXXLII

## PT ITBMS – Activo Fijo

| General | ITBMS Activo Fijo |
|---|---|
| ITBMS en activo fijo se capitaliza: Sí ☐ No ☐ | Decisión de capitalización forma parte de política de casa matriz: Sí ☐ No ☐ |
| Si responde NO diga si es consistente esta práctica: _____ | Económicamente conviene esta capitalización: Sí ☐ No ☐ |
| Existe política contable sobre esto: Sí ☐ No ☐ | Existe riesgo de actividad mixta en esta capitaliación: Sí ☐ No ☐ |
| Si responde NO diga quién determina la capitalización: _____ | De ser NO, diga razón dada por el target: _____ |
| Target conocía esta práctica: Sí ☐ No ☐ | |

# ANEXO XXXLIII

## PT Impuestos Municipales

### General

Gravado en con el Imp: Sí ☐ No ☐

Razón de la exención: _____
_____
_____
_____

En qué municipio opera:

1. _____
2. _____
3. _____

Qué sucursales tiene el target:

1. _____
2. _____
3. _____

### Pruebas externas

Website del target lista otra sucursal:

Sí ☐ No ☐

Si la respuesta es sí indique cuál:_____
_____

Directorio Telefónico lista otra sucursal:

Sí ☐ No ☐

Razones dadas por el target: _____
_____
_____
_____
_____

### FACTURACIÓN

Cuadrada con libros: Sí ☐ No ☐

Items descuadrados:_____
_____
_____

Monto total del descuadre: _____

Razones dadas por el target:_____
_____
_____
_____
_____
_____
_____

# ANEXO XXXLIV

## Prueba Impuesto Municipal - Publicidad

### General

Qué monto se paga en publicidad exterior: US$ _____ al mes.

Dónde se paga: _____

Cuándo fue la última vez que se revisó este monto: _____

Se usa publicidad exterior distinta al rótulo de ubicación de la oficina:

Sí ☐ No ☐ No se está claro ☐

Qué tipo de publicidad exterior se usa:

Valla Publicitaria ☐ Unipolar en vía pública ☐

Otra, especifique: _____

### Prueba 2

Se terceriza la campaña publicitaria:

Sí ☐ No ☐ No se sabe ☐

Esta campaña publicitaria reembolsa el impuesto de rótulos:

Sí ☐ No ☐

Se tiene un récord del metraje y ubicación de la publicidad exterior:

Sí ☐ No ☐

Existe alguna comunicación al municipio de este metraje y ubicación:

Sí ☐ No ☐

Posición del Target: _____

# ANEXO XXXLV

## PT Donaciones

### General

ONG tiene resolución: Sí [ ] No [ ]

Donación se lista en línea separada de la DR:

Sí [ ] No [ ]

Porqué no tiene resolución: _____

_____

_____

Donación sobrepasa el límite de 1%:

Sí [ ] No [ ]

Qué comprobante existe de la donación:

1. _____
2. _____
3. _____

### Pruebas Especiales

Donación fue en especie:

Sí [ ] No [ ]

Si la respuesta es sí indique cuál método se usó para registrar el monto:

_____

_____

Directorio Telefónico lista esta ONG:

Sí [ ] No [ ]

Cómo verificó la existencia de la ONG: _____

_____

_____

_____

### Prueba 3

Donación se pagó: Sí [ ] No [ ]

Si no se pagó en el año cual fue la razón: _____

_____

_____

Monto de donación no pagada en el periodo:

_____

Razones dadas por el target: _____

_____

_____

_____

_____

# ANEXO XXXLVI

## PT Facturas de Proveedores

### General

Existe auxiliar de proveedores:

Sí [ ] No [ ]

Este auxiliar tiene RUC listado:

Sí [ ] No [ ]

Se fotocopia o scannean las facturas:

Sí [ ] No [ ]

Que política existe de archivo para las facturas y por cuánto tiempo se conservan:

_____

_____

### Pruebas Especiales

Resultaron diferencias en pruebas selectivas:

Sí [ ] No [ ]

Se amplió la muestra:

Sí [ ] No [ ]

Cómo se fijó la muestra a tomar: _____

_____

Qué explicación dio el target en las diferencias:

_____

_____

### Prueba 3

Se cotejó la muestra con el I43:

Sí [ ] No [ ]

Liste como se declararon estas diferencias en I 143 o si las mismas fueron corregidas: _____

_____

Monto de las facturas con inconsistencias:

_____

Razones dadas por el target:

_____

_____

# ANEXO XXXLVII

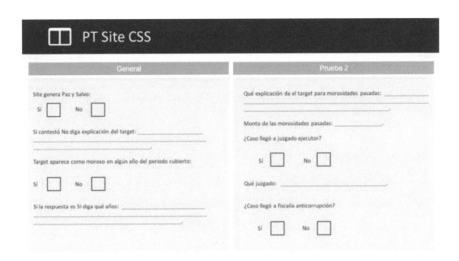

**PT Site CSS**

| General | Prueba 2 |
|---|---|
| Site genera Paz y Salvo:<br>Sí ☐   No ☐ | Qué explicación da el target para morosidades pasadas: _____<br>_____. |
| Si contestó No diga explicación del target: _____<br>_____. | Monto de las morosidades pasadas: _____.<br>¿Caso llegó a juzgado ejecutor? |
| Target aparece como moroso en algún año del periodo cubierto:<br>Sí ☐   No ☐ | Sí ☐   No ☐<br><br>Qué juzgado: _____. |
| Si la respuesta es Sí diga qué años: _____<br>_____. | ¿Caso llegó a fiscalía anticorrupción?<br><br>Sí ☐   No ☐ |

# ANEXO XXXLVIII

**PT Disminuciones en Activo**

| General | Prueba 1 |
|---|---|
| Activos totales disminuyeron año a año:<br>Sí ☐   No ☐ | Se registró ingreso / pérdida por venta de activo:<br>Sí ☐   No ☐ |
| Disminución se debió a descarte de activos:<br>Sí ☐   No ☐ | Se facturó esta venta:<br>Sí ☐   No ☐<br>Qué tarifa de ISR se pagó por este ingreso: ___<br>_____. |
| Disminución se debió a venta de activos:<br>Sí ☐   No ☐ | Qué formulario se llenó: _____<br>En caso de pérdida qué renta afectó: _____. |
| A qué otro ítem se debió la disminución del activo de un año a otro:<br>_____. | Razones dadas por el target: _____<br>_____. |

# ANEXO XLIX

## PT Venta de Fincas

### General

Esta autorizado, tu contraparte en el target, para vender la propiedad:

Sí ☐  No ☐

Quién da esta autorización en el target:

J Directiva ☐  J Accionistas ☐  Otro: _____

El target dueño al 100% sin gravámenes ni limitantes de venta:

Sí ☐  No ☐

Qué limitante / gravamen existe:  Hipoteca ☐  Secuestro ☐

Derecho a 1era Venta ☐  Promesa de C. Venta ☐

Otro: _____

### Prueba 1

Valor en libros coincide con valor catastral:

Sí ☐  No ☐  En cuánto no coincide: _____

Qué razón ha dado el target de la diferencia: _____

Cuál es la fecha legal de la última inscripción de mejoras: __/__/__

Coincide con la fecha de compra del inmueble:  Sí ☐  No ☐

IBI dejado de pagar por esta diferencia: _____

Saldo de la cuenta corriente: _____

Se pudo generar Paz y Salvo:  Sí ☐  No ☐

Razón por la que no se genera PyS: _____

# ANEXO L

## Destrucción de Inventario

### General

Existe disminución del inventario de un año a otro:

Sí ☐  No ☐

Es esta disminución producto de descartes de inventario:

Sí ☐  No ☐

Destrucción se debió a obsolescencia:

Sí ☐  No ☐

Qué otra razón, distinta a ventas o descarte, disminuyó el inventario: _____

### Prueba 1

En caso de robo existe denuncia a la DIJ:

Sí ☐  No ☐

En caso de incendio, inundación o robo existe póliza contra estos riesgos:

Sí ☐  No ☐

Cuánto se reembolso en este seguro: _____

Monto no compensado por el seguro: _____

Razones dadas por el target para la no compensación: _____

# ANEXO LI

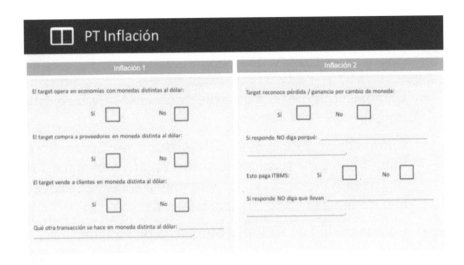

**PT Inflación**

| Inflación 1 | Inflación 2 |
|---|---|
| El target opera en economías con monedas distintas al dólar: | Target reconoce pérdida / ganancia por cambio de moneda: |
| Sí ☐  No ☐ | Sí ☐  No ☐ |
| El target compra a proveedores en moneda distinta al dólar: | Si responde NO diga porqué: _____ |
| Sí ☐  No ☐ | _____ |
| El target vende a clientes en moneda distinta al dólar: | Esto paga ITBMS:  Sí ☐  No ☐ |
| Sí ☐  No ☐ | Si responde NO diga que llevan _____ |
| Qué otra transacción se hace en moneda distinta al dólar: _____ | |

# ANEXO LII

**PT ITBMS**

| General | Prueba 2 |
|---|---|
| Target toma gastos deducible y crédito de ITBMS simultáneamente: | Qué tanto fluctúa el débito sobre el crédito de ITBMS: |
| Sí ☐  No ☐ | Mucho ☐  Poco ☐  Nada ☐ |
| Qué prueba realizó para basar su respuesta: _____ | Es consistente esto con la historia corporativa del target: |
| | Sí ☐  .No ☐ |
| Target acepta esto como una contingencia: | Facturación coincide con fecha de pago: |
| Sí ☐  No ☐  NA ☐ | Sí ☐  No ☐ |
| En caso de ser NO qué posición tiene el target: _____ | Facturación coincide con fecha de prestación de servicio: |
| | Sí ☐  No ☐ |
| | Posición del Target: _____ |

# ANEXO LIII

Estos son los documentos para comunicar una fusión en Panamá:

- Comunicación de la fusión y/o reorganización a la DGI del Ministerio de Economía y Finanzas.

- Comunicación de nuevo propietario a la ANATI (de existir fincas).

- Comunicación de fusión al Ministerio de Comercio e Industrias. Este paso tiene como objetivo eliminar los Avisos de Operación viejos y reemplazar las actividades que no tenía la sociedad sobreviviente.

- Comunicación de fusión al Municipio de Panamá

- Comunicación a la C.S.S. Este paso tiene como propósito hacer la sustitución patronal y eliminar al target como patrono.

# ANEXO LIV

**Autoevaluación – Proyecto _____**

**Qué hiciste bien:**

1. _____
2. _____
3. _____
4. _____
5. _____

**Qué hiciste mal:**

1. _____
2. _____
3. _____
4. _____
5. _____

**Si me hubieran dado una semana más hubiera hecho:**

_____
_____
_____
_____

# ANEXO LV

## PT Evaluación del Proyecto

**Proyecto NOMBRE:**                                                                        Fecha: _____

**Miembros del equipo:**

**Paso 1 - Define tu Normotipo:**                    **Paso 2 – Autoevaluación:**

**Paso 3 - Heteroevaluación:**                         **Paso 4 – Qué cosas necestias en tu próximo DD:**

**Observaciones el Cliente:**

**Paso 5: Evalúa las 4 acciones a mejorar, quien las hizo y cuando.**

| Acciones para mejorar | Quién la hace? | Cuándo la hace? |
|---|---|---|
|  |  |  |
|  |  |  |
|  |  |  |
|  |  |  |

# ANEXO LVI

## PT Inflación

| Inflación 1 | Inflación 2 |
|---|---|

**Inflación 1**

El target opera en economías con monedas distintas al dólar:

Sí ☐    No ☐

El target compra a proveedores en moneda distinta al dólar:

Sí ☐    No ☐

El target vende a clientes en moneda distinta al dólar:

Sí ☐    No ☐

Qué otra transacción se hace en moneda distinta al dólar: _____

**Inflación 2**

Target reconoce pérdida / ganancia por cambio de moneda:

Sí ☐    No ☐

Si responde NO diga porqué: _____

_____

Esto paga ITBMS:    Sí ☐    No ☐

Si responde NO diga que llevan _____

_____

# ANEXO LVII

## PT ITBMS

| General | Prueba 2 |
|---|---|

**General**

Target toma gastos deducible y crédito de ITBMS simultáneamente:

Sí ☐    No ☐

Qué prueba realizó para basar su respuesta: _____

_____

Target acepta esto como una contingencia:

Sí ☐    No ☐    NA ☐

En caso de ser NO qué posición tiene el target: _____

**Prueba 2**

Qué tanto fluctúa el débito sobre el crédito de ITBMS:

Mucho ☐    Poco ☐    Nada ☐

Es consistente esto con la historia corporativa del target:

Sí ☐    No ☐

Facturación coincide con fecha de pago:

Sí ☐    No ☐

Facturación coincide con fecha de prestación de servicio:

Sí ☐    No ☐

Posición del Target: _____

# Bibliografía

1. THE ART OF M&A DUE DILIGENCE (ISBN 0-7863-1150-9). De Alexandra Reed Lajoux y Charles M. Elson.

2. Operations Due Diligence. James F. Grebey. McGraw Hill. Año 2012. ISBN 978-0-07-177761-2

3. Due Diligence and the business transaction. Jeffrey W. Berwman. Año 2013. ISBN 978-1-4302-5086-9. Editorial Apress.

4. Due Diligence for Global Deal Making. Editado por Arthur H. Rosembloom. Vision Books. ISBN 81-7094-565-8. Año 2004.

5. La Revisoría Fiscal, Un Modelo de Fiscalización Integral Permanente con Enfoque en Metacontrol Organizacional. José Pinilla y Jorge Chavarro. Grupo Editorial Nueva Legislación LTDA. ISBN 958837154-6. Año 2010.

6. Tax Due Dilligence. Matthew Peppitt. Spiramus. ISBN 978-1904905-46-2. Año 2009.

7. La Habitualidad Como Condición Necesaria para la Causación del Impuesto sobre la Transferencia de Bienes Corporales Muebles y la Prestación de Servicios (ITBMS). Rafael Rivera Castillo. Gaceta Fiscal I. Año 2004.

8. Due Dilligence, A Scholarly Study. Gary M. Lawrence. Second Edition. ISBN 978-0-9897576-0-7. Año 2013.

9. Reestructura de Sociedades, Manual de los aspectos fiscales y legales. Antonio González Rodríguez. Instituto Mexicano de Contadores Públicos. ISBN 978-607-8384-54-9. Año 2015.

10. La Due Diligence Financiera. El Paso previo a la adquisición de una empresa. Ana Martos Martín. Profit Editorial. ISBN 978-84-15735-58-8. Año 2013.

11. Fusión y Escisión de Sociedades. Salomón Vaie Lustgarten.

Editorial Temis. ISBN 978-958-35-1027-4. Año 2014.

12. Tax Planning and Compliance for Tax-Exempt Organizations. Fifth Edition. Jody Blazek con Amanda Adams. Editorial Wiley. Año 2012. ISBN 978-0-470-90344-5.

13. The Acquirer's Playbook. Ian D. Smith. Editado por Christopher Keith. Año 2015. ISBN 13-978-1512197556.

14. The guide to Due Diligence, "any deal, any size, any location". Nathan Tabor. Año 2018. ISBN 9781092864954.

15. Due Diligence for the Financial Professional. L Burke Files. Editorial Thomas R. Nesbitt & Joseph A. Agiato. Año 1996. ISBN 1-886295-08-5

16. Commercial Due Diligence. The Key to Understanding Value in an Acquisition. Peter Howson. Editorial Ashgate Publishing Limited. Año 2006. ISBN 9780566086519

17. Due Diligence, Disclosures and Warranties in the Corporate Acquisitions Practice. Varios autores. Editorial Graham & Trotman. Año 1988. ISBN 1-8533-086-8

18. Conducting Due Diligence. Coordinador Craig E. Chapman. Practising Law Institute. Año 2004. ISBN 1-4024-0439-5

Made in the USA
Columbia, SC
15 August 2024

40100402R00181